CZAS
TO SKARB

Przełożył Władysław Jeżewski

JIM MUNCY

CZAS TO SKARB

24 zasady

zarządzania czasem

WYDAWNICTWO
Studio
Emka

Tytuł oryginału
Time Basics

Przekład
Władysław Jeżewski

Projekt polskiej wersji okładki
MDESIGN Michał Duława | michaldulawa.pl

Redakcja i korekta
Monika Baranowska

Redakcja techniczna
Paweł Żuk

Wszelkich informacji udziela:
Wydawnictwo Studio EMKA
wydawnictwo@studioemka.com.pl
www.studioemka.com.pl

ISBN 978-83-65068-30-9

Skład i łamanie
Anter Poligrafia

Druk i oprawa
Abedik S.A.

Książkę tę dedykuję wszystkim moim studentom,
dawnym, obecnym i przyszłym.
Uczę się od was więcej,
niż mógłbym kiedykolwiek nauczyć was.

WSTĘP

Wszystko zaczyna się od podstaw

Vince Lombardi, legendarny trener futbolu amerykańskiego, zawsze tak samo rozpoczynał pierwszy trening w sezonie. Zbierał drużynę, podnosił do góry piłkę futbolową i mówił: „Panowie, to jest piłka". Dla doświadczonych zawodników nie była to oczywiście żadna rewelacja. Po wielu latach kariery zdążyli się już zorientować, jak wygląda piłka. Lombardi odprawiał ten rytuał, niemal tak słynny jak on sam, żeby coś im uświadomić. *Wszystko zaczyna się od podstaw.* Choćbyś był bardzo doświadczony i biegły w jakiejś dziedzinie, nigdy nie powinieneś zapominać o podstawach.

Co jest słuszne w sporcie, jest tym bardziej słuszne w nauce. Od czego zaczniesz edukację, jeżeli chcesz zostać lekarzem? Od dowiedzenia się, jakie leki przepisywać na dane objawy? Nie, zanim zaczniesz studiować medycynę, musisz opanować podstawy, na których medycyna się opiera. Najpierw więc nauczysz się biologii i chemii. Dopiero gdy poznasz podstawy nauk przyrodniczych, będziesz naprawdę przygotowany do studiów medycznych. A jeśli chcesz zostać inżynierem? Czy rozpoczniesz od nauki projektowania mostów? Nie, zaczniesz od studiowania podstaw, na których opiera się inżynieria. Najpierw opanujesz rachunek różniczkowy i całkowy oraz fizykę. Bez dobrej znajomości tych podstaw nauka inżynierii nie będzie miała większego sensu.

Nieważne zatem, czy chodzi o futbol, medycynę, inżynierię czy jakąś inną dziedzinę, w której chciałbyś osiągnąć mistrzostwo – zawsze wszystko zaczyna się od dobrej znajomości podstaw. Dlatego książka ta jest poświęcona dwudziestu czterem podstawowym zasadom zarządzania czasem. Czas jest ograniczony, a wszystko, co robimy, pozbawia nas pewnej jego ilości. Aby zyskać biegłość w jakiejś dziedzinie, najpierw musimy się nauczyć zarządzania czasem. Poznamy podstawowe zasady, zrozumiałe dla wszystkich, którzy potrafią efektywnie zarządzać swoim czasem.

Dlaczego nie uczymy się zarządzania czasem?

Na ogół uważamy, że powinniśmy lepiej zarządzać swoim czasem. Kiedy spotykam się z ludźmi, często jestem pytany o zawód. Odpowiadam, że jestem nauczycielem akademickim, a wtedy oczywiście słyszę pytanie, czego uczę. Wyjaśniam, że wykładam na wydziale biznesu, a potem wyliczam przedmioty, z których prowadzę zajęcia. Gdy mówię, że uczę sprzedaży, rozmówcy dyskretnie chowają portfele. Dodaję, że uczę też korzystania z komputerów w marketingu, a wtedy widzę, jak ziewają. Potem mówię, że uczę zarządzania czasem, na co prawie każdy odpowiada: „Muszę zapisać się na ten kurs". Gdy wspominam, że napisałem książkę o zarządzaniu czasem, zawsze słyszę: „Muszę ją przeczytać". Czemu więc najczęściej są to puste słowa? Każdy mówi, że musi przeczytać książkę o zarządzaniu czasem, ale prawie nikt tego nie robi. Dlaczego? Odpowiedź na to pytanie poznałem już w pierwszym semestrze swoich wykładów z zarządzania czasem.

Ponieważ różni ludzie mają odmienne problemy z zarządzaniem czasem, postanowiłem, że fakt ten będzie punktem wyjścia moich wykładów. Na początku podzieliłem studentów na cztery grupy, według ich typów osobowości. Być może znacie cztery podstawowe typy osobowości, które wyodrębnił już Hipokrates. Pierwszy typ to ludzie weseli, drugi – wymagający, trzeci – niefrasobliwi, a czwarty – ostrożni i staranni. Osobom należącym do tego samego typu osobowości kazałem stanąć w tym samym kącie sali. Wiedziałem, czego się spodziewać, jeśli chodzi o liczebność poszczególnych grup.

Gdyby moja klasa była reprezentatywna dla całego społeczeństwa, najmniejszą grupę tworzyłyby osoby wymagające, a nieco większą – ostrożne. Ludzie weseli i niefrasobliwi stanowiliby dwie największe grupy. Rzeczywistość okazała się zupełnie inna.

W jednym z narożników znalazło się około 80 procent studentów. Były to osoby ostrożne i staranne. Hipokrates nazwał takich ludzi „melancholikami". Wyznają oni zasadę, że „życie musi być zorganizowane i należy dążyć do perfekcji". Najlepiej czują się wtedy, gdy wokół nich panuje doskonały porządek. Lubią, gdy wszystko jest poukładane jak w pudełku. Kto nie zna takich ludzi, niech wybierze się na zjazd księgowych. Znajdzie tam mnóstwo melancholików. Od księgowego wymaga się, żeby był dobrze zorganizowany i staranny. Ostatnią rzeczą, którą chciałbym usłyszeć od swojego księgowego, byłoby: „Zupełnie nie wiem, gdzie się podziały te wszystkie pieniądze". Świat potrzebuje melancholików, ale źle by było, gdyby wszyscy byli melancholikami. W całej populacji jest ich około 25 procent. Dlatego zdziwiłem się, że wśród moich studentów stanowią oni zdecydowaną większość.

Natomiast „sangwiników", jak ich nazywał Hipokrates, było w sali tylko dwóch. Tymczasem na świecie jest to najpowszechniejszy typ osobowości. Sangwinicy są weseli i traktują życie jak zabawę. Bardziej interesują ich kontakty z ludźmi, niż wykonywanie zadań. Na ogół są zbyt zajęci zabawą, żeby dbać o porządek w swoich sprawach. Byłem zaskoczony, że wśród moich studentów jest ich tylko dwóch, zwłaszcza że w populacji tworzą największą grupę.

Próbowałem dociec, skąd tak duża rozbieżność. Czy pod wpływem moich błędnych wskazówek studenci źle określili swoją osobowość? Czy naprawdę skierowałem ich we właściwe narożniki? Na czym polegał błąd? Popatrzyłem na studentów. W jednym kącie stali w równych rzędach starannie zadbani melancholicy. W przeciwległym rogu dwóch sangwiników zastanawiało się, kiedy skończymy i będą mogli pójść się bawić. Nagle zrozumiałem, skąd tak duża różnica między moją grupą a ogółem populacji.

No bo kto zapisuje się na wykłady z zarządzania czasem? Przecież nie lubiący się bawić sangwinicy. Kiedy zobaczą w programie studiów wykład z zarządzania czasem, mina im rzednie i myślą: „Fajnie to tam nie będzie". Dwóch biednych sangwiników chodziło na moje wykłady, bo żadnych innych nie mogli dopasować do swojego rozkładu zajęć. Natomiast poważni, dobrze zorganizowani melancholicy na widok mojego wykładu tylko się ucieszyli: „Rety, dostaniemy zaliczenie za organizowanie wszystkiego!" (czyli za to, co im najlepiej wychodzi). To tak jakby wiewiórka zapisała się na zajęcia ze zbierania orzechów. Przecież do tego właśnie melancholików stworzono. Organizowanie mają we krwi.

Książka dla wszystkich

Podczas wykładów doznałem olśnienia, z którego zrodziła się ta książka. Zrozumiałem, czemu tylu ludzi chce się nauczyć zarządzać czasem, ale tylko niewielu się to udaje. I dlaczego wszyscy wiedzą, że potrzebna im książka o zarządzaniu czasem, lecz przeczytają ją tylko nieliczni. Przypomniałem sobie wszystkie przeczytane książki z tej dziedziny. Nie różnią się prawie niczym.

Kto pisze książki o zarządzaniu czasem? Perfekcjoniści, którzy muszą panować nad każdym skrawkiem swojego świata. Uwielbiają zastanawiać się, w jaki sposób wszystko zorganizować. A ponieważ największym problemem podczas organizowania jest zarządzanie czasem, piszą o tym książki. Nie znają większej radości, niż dzielenie się z ludźmi pomysłami, jak zaprowadzić jeszcze większy porządek w swoim rozkładzie dnia.

A kto czyta książki o zarządzaniu czasem? Przecież nie lubiący się bawić sangwinicy. Książka o zaprowadzaniu porządku w życiu należy dla nich do tej samej kategorii, co książka o usuwaniu woskowiny z uszu: może się przydać, ale interesująca na pewno nie jest. To oczywiście melancholicy-perfekcjoniści kupują i czytają książki o zarządzaniu czasem. Chcą się dowiedzieć, jak lepiej posegregować wizytówki i uporządkować sprawy do załatwienia.

Większość książek o zarządzaniu czasem jest więc pisana przez melancholików dla melancholików. Melancholicy mają powody do zadowolenia, ale co z pozostałymi? My też przecież musimy zarządzać czasem, tyle że nie tak jak melancholicy. W jaki sposób lepiej gospodarować swoim czasem? Jeśli nie masz obsesji na punkcie porządku, potrzeba ci nietypowej książki poświęconej temu zagadnieniu. Mam nadzieję, że taka właśnie jest moja książka. Nawet jeśli dużo czytasz o planowaniu swojego życia, znajdziesz tutaj wiele nowych rzeczy. Zawiera ona oryginalne ujęcie zarządzania czasem, więc oferuje coś, czego nie ma w wielu innych.

Nie chodzi o zarządzanie twoim życiem

Ta książka nie jest tylko po to, żeby dać ci większe poczucie kontroli nad swoim życiem. Ma ci zapewnić lepsze życie. Jak już zauważyłem, wszyscy mi mówią, że powinni chodzić na moje wykłady z zarządzania czasem. Mało kto jednak chce poznać lepsze sposoby organizowania swojego rozkładu dnia. Większość ludzi uważa, że z powodu przyjętego sposobu zarządzania czasem omijają ich w życiu różne wspaniałe rzeczy. Gdyby mogli lepiej panować nad swoim czasem, mogliby robić to, na czym najbardziej im zależy. Mogliby spędzać więcej czasu z rodziną. Zrobiliby większą karierę. Mieliby czas na hobby lub ulubiony sport. Zaczęliby ćwiczyć i prowadzić zdrowszy tryb życia. Nie czuliby się winni, że brak im czasu na różne ważne dla nich sprawy. Mogliby nawet zyskać czas na to, żeby przystanąć i powąchać róże.

W tej książce nie znajdziesz ogólnego, dobrego dla wszystkich systemu zarządzania czasem. Systemy takie są sprzeczne z maksymą Stephena Coveya: „Zanim dasz receptę, postaw diagnozę". Aby pokazać, że ogólne rozwiązania nie są dobre, Covey posłużył się celną analogią. Załóżmy, że wzrok mi się pogorszył, więc poszedłem do okulisty. Mówię, co mi dolega, a lekarz odpowiada: „Wie pan, miałem to samo, ale sprawiłem sobie okulary". Po czym zdejmuje je i zakłada mi na nos. „Proszę, teraz powinno być dobrze". Czy dzięki jego okularom skończą się moje kłopoty ze wzrokiem? Istnieje niewielka szansa, że tak. Jest jednak znacznie bardziej prawdopodobne, że przez jego okulary będę widzieć jeszcze gorzej. Jeżeli akurat nie mamy identycznej wady wzroku, założenie jego okularów nic mi nie da.

Uwzględnienie różnic między nami

Moje rozwiązania dotyczące zarządzania czasem nie załatwią twoich problemów. Są trzy tego powody. Mamy różne osobowości, zawody i sytuacje życiowe. Przyjrzyjmy się tym różnicom, bo dzięki temu zrozumiemy, dlaczego marzenie o uniwersalnym systemie zarządzania czasem jest mrzonką.

Osobowość

Poznaliśmy już pierwszy z wymienionych powodów. Mamy różne osobowości, a co za tym idzie, różne problemy z czasem. Szczegółowy system zarządzania czasem, z mnóstwem pól do zaznaczenia i kolumn do wypełnienia, mógłby uradować melancholików, ale reszty z nas nie ucieszy. Sangwinikom twarz się wyciągnie. Złożony system, jaki polecają autorzy wielu książek, nadaje się tylko dla garstki. A przecież ludzie każdego typu osobowości potrzebują sposobu na skuteczne zarządzanie czasem. Potrzebują rozwiązania, które będzie odpowiadało ich osobowości.

Zawód

Mój system zarządzania czasem nie będzie się dla ciebie nadawał, bo zapewne nie jesteś wykładowcą akademickim. Jako profesor mam profesorskie problemy z czasem, odmienne niż akwizytorzy, księgowi, lekarze, urzędnicy, nauczyciele szkół średnich... Moje problemy nie zawsze są nawet takie same, jak problemy innych wykładowców akademickich. Przez dużą część kariery zawodowej wykładałem na uczelniach o profilu naukowo-badawczym: na uniwersytecie stanu Oklahoma, politechnice w Teksasie, uniwersytecie w Clemson. Musiałem koncentrować się przede wszystkim na teorii. Po kilku latach zapragnąłem lepiej poznać praktyczną stronę nauki o biznesie i przeniosłem się do uniwersytetu stanowego w mieście Valdosta, uczelni o zrównoważonym profilu. Nadal prowadzę badania naukowe, ale mam też więcej czasu na przedsięwzięcia z dziedziny biznesu. Po przeprowadzce moje problemy z czasem zmieniły się. Kiedy wykładałem na poprzednich uczelniach, rzecz polegała na eliminowaniu wszystkiego, co przeszkadza w prowadzeniu badań. Odkąd jestem w Valdoście, problemem jest pogodzenie ze sobą wykładów, badań naukowych i działalności poza uczelnią, aby jedne nie odbywały się kosztem drugich.

Sytuacja życiowa

Mój system nie będzie dla ciebie odpowiedni również dlatego, że jesteś pewnie w innej sytuacji życiowej niż ja. Przez pewien czas próbowałem nawet uczyć studentów swojego systemu zarządzania czasem, ale to także nie przyniosło spodziewanych wyników. Wychowywałem w tym czasie czworo dzieci i musiałem jakoś zmieścić domowe obowiązki w planie innych swoich zajęć. Kiedy zmuszałem studentów do wypróbowania mojego systemu, najczęściej słyszałem: „Rozumiem, że jest on dobry dla pana, ale nie bardzo widzę, jak mógłby przydać się mnie". Uważałem, że mój system nada się i dla nich, ale łamałem w ten sposób zasadę Coveya: przed daniem recepty nie postawiłem diagnozy.

Potrzebujesz systemu

Nie zrozum mnie źle: nie jestem przeciwnikiem systemów. W tej książce poświęcam cały rozdział budowie systemu zarządzania czasem. Nie jestem też przeciwnikiem publikacji, w których poleca się takie systemy. Przeczytałem wiele książek tego rodzaju i bardzo dużo im zawdzięczam. Zaczerpnąłem z nich mnóstwo pomysłów, które przydały mi się przy tworzeniu własnego systemu. Gorąco zachęcam do czytania książek, w których przedstawione są konkretne systemy zarządzania czasem. Jestem przekonany, że będzie to bardzo pożyteczna lektura. Chcę tylko zaznaczyć, że nie wierzę w uniwersalne systemy zarządzania czasem. Ze względu na różnice osobowości, pozycji zawodowej i sytuacji życiowej ludzie potrzebują odmiennych systemów. Każdy z nas musi więc opracować system, który będzie odpowiadał jego specyficznym potrzebom.

Ponieważ każdy potrzebuje własnego systemu, musimy się dowiedzieć, w jaki sposób go stworzyć. Jak się buduje system zarządzania czasem? Tak jak buduje się każdą inną rzecz. Zaczynamy od fundamentów. Przypomnij sobie, o co chodziło trenerowi Lombardiemu, gdy mówił zawodnikom: „Panowie, to jest piłka". Czy chodziło mu o to, że zawodnicy nie muszą się uczyć rozgrywania akcji? Nie, po prostu nie zaczynał od tego. Chciał zacząć od podstaw: atakowania, blokowania itd. Aby właściwie zarządzać czasem, potrzebujemy systemu, ale każdy dobry system musi się opierać na podstawach. Poznamy więc podstawy zarządzania czasem i dzięki temu będziemy mogli zbudować system.

Budowanie od podstaw

W tej książce położymy fundamenty pod dowolny system, jaki można stosować do zarządzania czasem. Omówimy dwadzieścia cztery podstawowe zasady, na których opierają się wszystkie dobre systemy. Zakładam, że czytasz tę książkę, bo chcesz mieć więcej z życia, i wiesz, że lepsze wykorzystanie czasu pozwoli ci na to. Musisz zbudować osobisty system oparty na podstawowych zasadach przedstawionych w tej książce. Nigdy nie zdobędziesz kontroli nad swoim czasem, jeśli nie opanujesz tych zasad.

O zarządzaniu czasem uczę od wielu lat, więc wiem, że podstaw nie da się pominąć. Gdybym chciał cię nauczyć, jak zbudować most, nie mógłbym przecież pominąć podstaw inżynierii. Nie nauczyłbym cię projektowania mostów, pokazując tylko, jak sam zaprojektowałem jakiś most. Powiedzmy, że podałem ci wszystkie dane do mojego projektu wiaduktu nad autostradą międzystanową. Gdybyś przyswoił sobie dokładnie wszystkie te dane, mógłbyś zaprojektować wiadukt nad autostradą. A gdybyś musiał zaprojektować most przez rzekę lub wiadukt nad torami kolejowymi? Nic by z tego nie wyszło. Gdybyś chciał się nauczyć budowy mostów, musiałbyś najpierw poznać podstawowe zasady inżynierii wodno-lądowej. Wtedy mógłbyś je zastosować do dowolnego mostu lub wiaduktu, jaki chciałbyś zaprojektować.

W książce znajdziesz więc omówienie dwudziestu czterech podstawowych zasad zarządzania swoim – a nie moim – czasem. Pomogą ci one rozwiązywać swoje – nie moje – problemy z czasem. Dowiesz się, jak zarządzać czasem, chociaż twoja osobowość, zawód i sytuacja życiowa różnią się od moich. Jeżeli przyswoisz sobie te podstawowe zasady, będziesz mógł rozwiązywać jedyne w swoim rodzaju wyzwania, przed którymi codziennie stajesz. Zasady te stosują się do wszystkich, są uniwersalne. Tylko od ciebie zależy, w jaki sposób zastosujesz je do własnego życia. Jesteś przecież wyjątkowy. Dzięki tym uniwersalnym zasadom osiągniesz swoje cele w życiu, rozwiązując własne, jedyne w swoim rodzaju problemy z czasem.

Prezentacja podstawowych zasad

Istnieją dwadzieścia cztery podstawowe zasady zarządzania czasem, które podzieliłem na cztery grupy. Każdej z tych grup poświęciłem jedną część książki. Pierwsza część dotyczy wizji twojego życia i czasu. Rozpatrzymy w niej kwestię, jak poświęcać czas na rzeczy naprawdę ważne, zamiast marnować go na to, co akurat zwróciło naszą uwagę. W drugiej części mowa jest o tym, jak przy użyciu tej wizji skoncentrować się na organizowaniu naszej codziennej aktywności. Omawiamy tu budowanie systemu zarządzania czasem i optymalne rozplanowanie naszego dnia. Trzecia i czwarta część dotyczą tego, jak zapewnić naszemu systemowi zarządzania czasem szybkość i moc. Chcemy zarządzać swoim czasem szybciej i energiczniej. W drugiej części książki dowiemy się, jak to zrobić. Wizja, koncentracja, szybkość i moc to cztery elementy układanki o nazwie zarządzanie czasem. Pokażemy, jak zastosować je do naszego życia, abyśmy mogli maksymalnie wyzyskać swój czas.

Wszystkie rozdziały mają taką samą konstrukcję. Są krótkie, liczą po zaledwie osiem stron. Mógłbym powiedzieć znacznie więcej o każdej zasadzie, ale sześćdziesięciostronicowy rozdział w książce o zarządzaniu czasem zniechęciłby czytelników. Jeżeli cenisz swój czas, pewnie nie masz go tyle, żeby oddawać się lekturze długich rozdziałów. Dlatego omówienie każdej zasady starałem się zmieścić na ośmiu stronach.

W każdym rozdziale jest dużo historyjek, przykładów, analogii i cytatów. Niektórzy czytelnicy mogą to uznać za plewy, ale niesłusznie. Nie piszę tego wszystkiego, żeby marnować wasz czas. Korzystając z wyników nauki o ludzkim poznaniu, staram się prezentować podstawowe zasady w taki sposób, żeby ich zapamiętanie było łatwiejsze. Badania dowiodły, że aby człowiek zapamiętał ogólne idee, musi je skojarzyć z jakimś konkretem. Takimi konkretami są właśnie historyjki, przykłady, analogie i cytaty. Prawdopodobnie łatwiej zapamiętasz te historyjki, analogie niż pojęcia, które mają one ilustrować. I bardzo dobrze, bo skonstruowałem je tak, aby nie dało się zapamiętać historyjki, przykładu, analogii i cytatu, nie zapamiętując jednocześnie, co chciałem przez nie powiedzieć.

Jeżeli interesuje cię coś więcej niż podstawy, zapraszam na stronę timebasics.com. Jest tam wiele narzędzi, które ułatwią ci dalsze kroki w zarządzaniu czasem. Są też darmowe rozwiązania, które możesz włączyć do swojego systemu zarządzania czasem. Są filmy, blogi i ważne linki dotyczące zarządzania czasem. Jeżeli chcesz wykonać pewne praktyczne ćwiczenia, sprawdzające opanowanie poszczególnych zasad, koniecznie zaopatrz się w zeszyt do ćwiczeń zatytułowany *Living the Basics* (Jak żyć według zasad). Jest do nabycia na stronie timebasics.com lub w wybranych księgarniach.

Co to jest zarządzanie czasem?

Zanim przejdziemy do wykładu podstawowych zasad, trzeba odpowiedzieć na podstawowe pytanie: co to jest zarządzanie czasem? Przyjmiemy następujące określenie: *zarządzanie czasem to dopasowywanie bieżących działań do naszych przyszłych celów*. Z definicji więc zarządzamy swoim czasem w takim stopniu, w jakim nasze obecne działania kierują nas tam, gdzie chcemy się znaleźć w przyszłości. Wielki koszykarz LeBron James wie, co to znaczy dążyć do jakiegoś przyszłego celu. Zapytany, co jest najtrudniejsze w dążeniu do mistrzostwa NBA, odparł: „Codziennie od nowa musimy uświadamiać sobie, że nie wolno nam zmarnować dnia".

Właśnie dlatego zarządzamy swoim czasem. Wiemy, jak ma wyglądać nasze życie w przyszłości, a przyszłość ta ma różne aspekty. Wiemy, jakie ma być nasze życie zawodowe i jaką pragniemy mieć rodzinę. Chcemy osiągnąć określone cele finansowe. Pragniemy być zdrowi i wiemy, jak chcielibyśmy wyglądać. Marzymy też o robieniu różnych fajnych rzeczy. Wszystkie te aspekty naszej przyszłości rywalizują o czas, który mamy w tej chwili do dyspozycji.

Jak się upewnić, czy dążymy do tych celów w sposób zrównoważony? Nie chcemy, żeby w naszej przyszłości, gdy już nadejdzie, ziała jakaś wielka dziura. A co jeszcze ważniejsze: skąd będziemy wiedzieć, że nie robimy rzeczy, które oddalają nas od przyszłości naszych marzeń? Jak zyskać pewność, że nie zmarnowaliśmy dnia? Tylko dzięki uczeniu się podstawowych zasad zarządzania czasem i stosowaniu ich w praktyce. Przystąpmy więc do rzeczy i po kolei zapoznajmy się z dwudziestoma czterema zasadami zarządzania czasem.

Wizja

Zasada percepcji:
Jest później, niż ci się wydaje

✷

Zasada wykluczającej alternatywy:
Zdecydować się na coś to zrezygnować z czegoś innego

✷

Zasada wysiłku:
Możesz zrobić cokolwiek, ale nie jesteś w stanie zrobić wszystkiego

✷

Zasada priorytetów:
Słowa mogą zwodzić, ale czyny nie kłamią

✷

Zasada wartości:
Bieda czeka tych, którzy poświęcają najwartościowszy czas rzeczom małej wartości

✷

Zasada rozpraszania uwagi:
Najbardziej atrakcyjna droga rzadko jest tą, na której się znajdujemy

Część pierwsza

Wizja

Mój dobry znajomy Joe potrafi w ciągu doby dokonać bardzo wiele. Jest zawsze skupiony i pełen pasji życia. Cechuje go niewiarygodny entuzjazm i determinacja w dążeniu do celu. Jest bardzo oddany rodzinie, a jego firma wywarła wielki i bardzo dodatni wpływ na życie wielu ludzi. Niedawno w naszym gronie rozmawialiśmy o tym, że Joe mimo upływu lat jest wciąż niezwykle aktywny. Zastanawialiśmy się, jak udaje mu się nadal osiągać tak dużo w życiu zawodowym i osobistym. Od syna dowiedziałem się czegoś, co może być odpowiedzią na to pytanie.

Joe postanowił, że po osiągnięciu pewnego wieku kończy swoją intensywną aktywność. Chociaż granicę ustalił dość arbitralnie, po jej przekroczeniu rzeczywiście nie będzie już chyba w stanie utrzymać dotychczasowego tempa. Na biurku Joe stoi misa ze szklanymi kulkami, po jednej na każdy miesiąc dzielący go od ustalonej granicy. Po upływie każdego miesiąca Joe wyjmuje z misy jedną kulkę i wyrzuca ją.

Czemu służy misa z kulkami? Dzięki niej Joe zyskuje wizję. Po pierwsze, widzi wyraźnie, jakie ma przed sobą możliwości. W misie jest wiele kulek. Joe dokonał już mnóstwa wspaniałych rzeczy, ale szklane kulki mówią mu, ile jeszcze może osiągnąć. Dopóki jest czas, istnieją możliwości. Jeśli Joe czasami pomyśli, by się wycofać lub zwolnić tempo, spojrzenie na misę z kulkami mówi mu, że ma jeszcze sporo czasu. Może dokonać w swoim życiu i życiu innych ludzi nowych niesamowitych rzeczy.

Misa z kulkami uzmysławia mu jednocześnie, jak krótkie jest życie. W misie jest tylko określona liczba kulek. Nie ma ich tyle, ile kiedyś było. Misa z kulkami pomaga Joe zdać sobie sprawę, że chociaż możliwości są nieograniczone, czas ma granice. Jedyny sposób wykorzystania tych możliwości to nie marnować czasu.

Wszelkie efektywne zarządzanie czasem zaczyna się od wizji. Musimy mieć jasną wizję nieograniczonych możliwości i jeszcze wyraźniejszą wizję tego, że czasu jest niewiele. Zarządzanie czasem to punkt, w którym obie te wizje się zbiegają. Jeśli będziemy mieć tylko wizję możliwości, zmarnujemy wiele czasu, bo nie będziemy odczuwać pilnej potrzeby działania. Przeżyjemy życie w krainie „może kiedyś". Miesiąc będzie mijał za miesiącem, a my nawet tego nie zauważymy. Jeśli natomiast będziemy mieć tylko wizję ograniczoności czasu, nie będziemy wiedzieć, co z nim zrobić. Możemy się nawet zniechęcić do czegokolwiek – przecież w czasie, którym dysponujemy, nie da się zrobić wszystkiego, co chcielibyśmy zrobić.

Dobre zarządzanie czasem zaczyna się od wizji: zarówno ograniczoności czasu, jak i możliwości dokonania w tym ograniczonym czasie wielu wspaniałych rzeczy. Część pierwsza poświęcona jest temu, jak zyskać właściwą wizję czasu. Rozpoczniemy od złudzenia, które zniekształca nasze postrzeganie czasu: wydaje nam się, że mamy go więcej, niż jest go naprawdę. Potem pokażemy, jak maksymalnie wyzyskać dostępny czas. Wymaga to jasnej decyzji, czym zajmujemy się w życiu, a z czego rezygnujemy. Następnie przystąpimy do ustalania priorytetów i organizowania swojego czasu. Na zakończenie pierwszej części zajmiemy się tym, jak zachować jasność wizji mimo wielu czynników, które mogą ją zmącić.

Poznanie pierwszych sześciu zasad zarządzania czasem pomoże ci w uzyskaniu jasnej wizji tego, jak w ograniczonym czasie wykorzystać nieograniczone możliwości. Największy problem w zarządzaniu czasem polega na tym, że wiele cennego czasu przecieka nam przez palce. Dzieje się tak, bo albo uważamy, że czasu nigdy nam nie zabraknie, albo nie wiemy, co można zrobić w tak ograniczonym czasie. Dzięki jaśniejszej wizji tego, jak dokonać wielu rzeczy w krótkim czasie, pokonamy liczne problemy związane z zarządzaniem czasem.

1
Percepcja

Zasada percepcji:
Jest później, niż ci się wydaje

Sympatyczne małżeństwo ze Szkocji odziedziczyło chińską wazę. Była stara, ale ładna, więc Szkoci postawili ją na stole w salonie. Podobno przebiegający pies potrącił kiedyś stół i waza omal nie roztrzaskała się o podłogę. Zdarzyło się nawet, że dzieci podczas zabawy w salonie o mało co nie rozbiły wazy kijem do krykieta. Ale pewnego dnia Szkoci zobaczyli w muzeum wazę bardzo podobną do swojej. Poprosili rzeczoznawcę o wycenę i okazało się, że ich waza jest warta dziesięć milionów dolarów. Od razu zaczęli traktować ją inaczej.

Pozwól, drogi czytelniku, że zadam ci pytanie: czy gdybyś miał wazę wartą dziesięć milionów dolarów, trzymałbyś ją na stoliku w salonie, gdzie biega pies, a dzieci grają w krykieta? Chyba tylko wtedy, gdybyś nie wiedział, że waza jest warta dziesięć milionów. Przypuszczam jednak, że gdybyś tylko poznał jej prawdziwą wartość, zacząłbyś się z nią obchodzić zupełnie inaczej. Kiedy wydaje nam się, że jakiś przedmiot to byle co, traktujemy go jak byle co. Gdy się jednak dowiemy, że mamy prawdziwy skarb, zaczynamy traktować go jak skarb. Większość ludzi traktuje swój czas jak byle co, bo nie rozumieją, że jest to skarb.

Rzadkość jest źródłem wartości

Waza naszych Szkotów jest bardzo cenna, bo to jedyna czerwona waza z wczesnego okresu dynastii Ming zachowana w doskonałym stanie. Bardzo niewiele waz tego rodzaju w ogóle istnieje, a wszystkie pozostałe mają jakieś defekty. Waza Szkotów jest warta fortunę, gdyż jest wyjątkowo rzadka. Rzadkość nadaje jej wartość. Rzeczy mają dla nas wartość o tyle, o ile są rzadkie.

Nie zdajemy sobie sprawy, że mamy niewiele czasu, więc go nie cenimy. A ponieważ nie cenimy swojego czasu, traktujemy go jak byle co, a nie jak skarb. Wydaje nam się, że mamy nieograniczoną ilość czasu, i postępujemy zgodnie z tym przeświadczeniem. To złudzenie nie jest niczym nowym. Już dwa tysiące lat temu rzymski filozof Seneka zauważył, że ludzie nie rozumieją, jak cenny jest czas. Pisał:

> Wszyscy skarżymy się na krótkość czasu, a przecież mamy go tak wiele, że nie wiemy, co z nim robić. Życie nasze trawimy, albo nic nie czyniąc, albo nie czyniąc nic w jakimś celu, albo nie czyniąc nic, co czynić należy. Zawsze narzekamy, że nasze życie jest krótkie, a postępujemy tak, jakby nie było mu końca.

Wiemy, że czasu mamy niewiele, ale nie jestem pewien, czy naprawdę zdajemy sobie z tego sprawę. Gdyby było inaczej, nie traktowalibyśmy czasu jak byle czego i zaczęlibyśmy traktować go jak skarb.

Michael Landon* występował w serialach przez dwadzieścia osiem lat bez przerwy. Tylko Lucille Ball gościła na okładce „TV Guide" częściej niż on. Jeszcze w wieku pięćdziesięciu czterech lat Landon wyglądał jak okaz zdrowia. Ćwicząc w swojej domowej siłowni, mówił gościom: „W życiu nie czułem się lepiej". A jednak nie dożył pięćdziesięciu pięciu lat, umarł na raka.

W ostatnich tygodniach życia Landon zauważył coś, co większość z nas uświadamia sobie dopiero wtedy, gdy jest już za późno: zrozumiał, jak cenny jest czas. Powiedział:

> Na samym początku naszego życia ktoś powinien nas uprzedzić, że jesteśmy śmiertelni. Wtedy moglibyśmy żyć na całego, żyć pełnią życia w każdej minucie każdego dnia. Zróbcie

---

* Znany w Polsce z roli małego Joe w serialu *Bonanza* (przyp. tłum.).

tak, radzę wam! Cokolwiek chcecie zrobić, zróbcie to dziś! Jutra może już nie być.

Powinniśmy zawsze pamiętać, że czasu mamy niewiele. Inaczej go zmarnujemy.

Choćby jakaś rzecz była niezwykle ważna, nie będziemy jej cenić, jeśli nie jest rzadkością. Niedawno kupiłem puszkę sprężonego powietrza, żeby wyczyścić sprzęt fotograficzny. Kosztowała pięć dolarów. Wyobraź sobie tylko: zapłaciłem pięć dolarów za powietrze. Pomyślałem, że ktoś mnie nabił w butelkę. Powietrze nie jest przecież warte pięć dolarów. A może jednak? Nie cenimy powietrza, bo jest wszędzie. Ale niech nam go zabraknie na pół minuty, a od razu przekonamy się, jak bardzo jej cenne. Dla tonącego powietrze jest najbardziej upragnione na świecie. Dla chorych na astmę nie ma nic cenniejszego niż powietrze. To jego niedostatek sprawia, że tak je cenią. Reszta z nas wie, że jest ważne, ale tak naprawdę nie zdajemy sobie sprawy z jego prawdziwej wartości. Nie przeżylibyśmy pięciu minut bez powietrza, lecz go nie cenimy, bo mamy go pod dostatkiem.

Bez względu na to, jak ważna jest jakaś rzecz, cenimy ją dopiero wtedy, gdy jest rzadka. Parafrazując Thomasa Paine'a*, tylko rzadkość nadaje rzeczom wartość, bo tego, co zdobywamy zbyt łatwo, nie doceniamy. Dlatego właśnie nie cenimy czasu. Jest to najcenniejsza rzecz, jaką mamy, ale ulegamy złudzeniu, że nigdy się nie skończy. Dopóki nie przekonamy się, jaką rzadkością jest czas, nie docenimy go należycie.

Jest zawsze później, niż nam się wydaje

Jeśli pragniemy osiągnąć w życiu jakiś ważny cel, jest zawsze później, niż nam się wydaje. Jedna z moich studentek czytała ostatnio książkę o finansach osobistych. Jej zdaniem rozdział, który właśnie przeczytała, nie jest dla niej ważny, bo dotyczy przygotowań do

---

* Thomas Paine (1737–1809) – angielski pisarz i myśliciel okresu oświecenia, jeden z ojców założycieli USA (przyp. red.).

emerytury. Wyjaśniłem, że jeśli chodzi o odkładanie na emeryturę, to nawet w wieku dwudziestu jeden lat jest później, niż mogłoby się jej wydawać. Dla ilustracji obliczyłem, ile będzie mieć pieniędzy w wieku sześćdziesięciu pięciu lat, jeżeli mając lat dwadzieścia jeden, zacznie odkładać po pięćset dolarów miesięcznie (przy oprocentowaniu w wysokości 9,25 procent i kapitalizacji miesięcznej). Potem porównałem, co się stanie, jeśli nie będzie oszczędzać na emeryturę w wybranych okresach swojego życia. W wieku sześćdziesięciu pięciu lat będzie w takiej samej sytuacji finansowej, jeżeli opuści:

- 1 rok w wieku 21 lat.
- 3½ roku po ukończeniu 30 lat.
- 8 lat po ukończeniu 40 lat.
- 20 lat po ukończeniu 45 lat.

Nie jestem pewien, czy zrozumiała te wyliczenia, ale z matematyką nie ma dyskusji. Mogła zacząć oszczędzanie w wieku dwudziestu jeden lat i skończyć je po ukończeniu czterdziestu pięciu lat. Mogła też odczekać rok i zacząć oszczędzanie w wieku dwudziestu dwóch lat, oszczędzając aż do ukończenia sześćdziesięciu pięciu lat. Skutek byłby taki sam. Opóźnienie o jeden rok, który wydawał się jej pozbawiony znaczenia, gdy miała dwadzieścia jeden lat, mógł ją kosztować dwa dziesięciolecia oszczędzania w późniejszym okresie życia. Młodzi ludzie nie rozumieją, jak cenny jest czas w sprawach finansowych. Kiedy uświadamiamy sobie, że powinniśmy wcześnie zacząć myśleć o emeryturze, jest już za późno, aby wcześnie zacząć. Jak tylko stajemy się niezależni finansowo, ktoś powinien nas uprzedzić, że jest później, niż nam się wydaje.

Podam jeszcze jeden przykład. Dwoje moich przyjaciół po sześćdziesiątce nadal gra w koszykówkę przez trzy dni w tygodniu na pełnowymiarowym boisku. Jak to możliwe? Gdyby zaczęli dbać o kondycję w wieku sześćdziesięciu pięciu lat, byłoby im ciężko. Dbali jednak o nią przez całe życie, dzięki czemu nawet na emeryturze są silni i żywotni. Znów chodzi o to, że nie można czekać do sześćdziesiątki, żeby mieć formę fizyczną na ostatnie trzydzieści lat życia. Nie chcesz przecież brać przykładu z owego osiemdziesięcioletniego mężczyzny, który powiedział mi kiedyś: „Gdybym wiedział, że będę tak długo żył, bardziej bym dbał o siebie". Nie możesz czekać, aż będziesz czuł bóle i strzykania, żeby zacząć z nimi walczyć. Jeśli chodzi o dbałość o nasze ciało, jest o wiele później, niż nam się wydaje.

Nie dotyczy to tylko ostatniego okresu życia. Co semestr moi studenci są zdumieni, jak szybko przychodzi termin oddania prac semestralnych. Kiedy semestr się zaczyna, piętnaście tygodni zdaje się wiecznością. W połowie tego okresu wciąż się wydaje, jakby semestr dopiero się zaczął. I nagle przerwa międzysemestralna jest tuż-tuż, a wraz z nią termin oddania prac. Wybierz na chybił trafił dowolny tydzień w ciągu piętnastotygodniowego semestru, a ręczę, że będzie później, niż się wydaje studentom.

Jeżeli na studiach nie jest dość wcześnie, aby uświadomić sobie, że jest później, niż myślimy, cofnijmy się do wieku niemowlęcego. Z badań wynika, że w rozwoju intelektualnym dziecka istnieją ważne etapy. Na ogół uważamy, że najważniejszym z nich są lata szkolne. Nie jest to prawda. W pierwszych kilku latach życia dokonuje się w tej dziedzinie tak ogromny postęp, że jego skala jest astronomiczna w porównaniu z każdym innym okresem życia. Gdybyśmy czekali z rozpoczęciem nauki przez dziecko do czasu, aż pójdzie do szkoły, czekalibyśmy o wiele za długo. Nie chcę przez to powiedzieć, że mamy dwuletniego brzdąca uczyć matematyki, ale dziecko już w bardzo młodym wieku powinno mieć stworzone warunki do uczenia się i poznawania świata. Jeśli nie będzie miało, istotne dla rozwoju lata zostaną stracone. Gdy chodzi o nabywanie różnych potrzebnych umiejętności, jest później, niż nam się wydaje.

Kiedy więc jest później, niż ci się wydaje? Zawsze! Nie bez powodu zaczynam tę książkę od zwrócenia ci uwagi, jak bardzo cenny jest czas. Naprawdę nie chciałem od tego zaczynać. Mówienie o tym, jak szybko czas ucieka, jest dość przygnębiające. Nie możemy jednak patrzeć na to w ten sposób. Nie jest przecież tak, że czasu jest za mało. Jest go dość, abyśmy zrobili wszystko, co trzeba. Mamy mnóstwo czasu na wspaniałe życie, na zabawę, dokonanie wielu ważnych rzeczy i osiągnięcie celu, który sobie w życiu wyznaczyliśmy.

Pomyślmy tylko. Orville Wright miał trzydzieści dwa lata, a jego brat Wilbur trzydzieści sześć, gdy chłodnego grudniowego poranka ich samolot po raz pierwszy wzbił się w powietrze. Thomas Edison liczył sobie zaledwie trzydzieści dwa lata, gdy przełączył pierwszy kontakt. Martin Luther King kierował ruchem protestacyjnym i doprowadził do zniesienia segregacji rasowej w autobusach w mieście Montgomery przed ukończeniem dwudziestu ośmiu lat. Była to iskra, od której zaczął się cały ruch praw obywatelskich. King miał trzydzieści cztery lata, gdy wygłosił słynne przemówienie ze słowami: „Mam marzenie". To przesłanie przyświecało odtąd walczącym o prawa obywatelskie. Albert Einstein w wieku dwudziestu sześciu lat opublikował cztery artykuły, w których stworzył podwaliny współczesnej fizyki i zmienił poglądy uczonych na przestrzeń, czas i materię. Mozart skomponował ponad sześćset utworów, których słuchamy do dziś, a mimo to zmarł w trzydziestym szóstym roku życia. Aleksander Wielki podbił większość znanego wówczas świata, chociaż nie dożył trzydziestych trzecich urodzin. Alexander Graham Bell miał dwadzieścia dziewięć lat, gdy odbył pierwszą rozmowę telefoniczną z Thomasem Watsonem.

Wspomnieliśmy o początkach lotnictwa, wynalazku światła elektrycznego, ruchu praw obywatelskich, zmianie obrazu wszechświata, autorstwie wielu najbardziej lubianych utworów muzyki klasycznej i podboju rozległych obszarów. Ludzie, którzy tego wszystkiego dokonali, mieli po dwadzieścia, trzydzieści kilka lat. Chociaż nikt z nas nie wie, ile będzie żył, oczekiwana długość życia wynosi dziś siedemdziesiąt kilka, a nawet osiemdziesiąt lat. Ludzie dziewięćdziesięcioletni nie są rzadkością, a niektórzy dożywają i setki. Skoro Edison, Einstein, King i Mozart mogli dokonać tak wiele w ciągu kilku dziesięcioleci, to wyobraź sobie, ile moglibyśmy osiągnąć w ciągu ośmiu czy dziewięciu dekad. I jeśli nawet większość tych dekad jest już poza nami, wciąż mamy wiele czasu, żeby dokonać niezwykłych rzeczy.

Dlaczego więc ich nie dokonujemy? Może chodzi o ten sam powód, dla którego Szkoci nie trzymali w bezpiecznym miejscu wazy wartej dziesięć milionów dolarów? Może nie zdajemy sobie sprawy, co mamy? Postawmy sprawę jasno. Prawdopodobnie nie cenimy swego czasu tak, jak należy. Co do mnie, to tak właśnie jest. Dopiero gdy uświadamiamy sobie, jak niewiele mamy czasu i jak dużo możemy w ciągu tego czasu dokonać, zaczynamy rozumieć, jak bardzo jest on cenny.

Czas nas zwodzi

Cały szkopuł w tym, że czas w różny sposób nas zwodzi. Na krótko daje nam poczucie obfitości. Doba liczy dwadzieścia cztery godziny i każdy z nas dostaje te dwadzieścia cztery godziny. Kiedy mijają, dostajemy następne dwadzieścia cztery. I tak ciągle, dzień po dniu. Wydaje nam się, że mamy morze czasu, ale któregoś dnia ten czas się kończy. Zapas wyczerpał się.

Pod wrażeniem obfitości czasu, którą dziś dysponujemy, nie zastanawiamy się nad tym, że pewnego dnia obfitość ta się skończy i nic nam nie zostanie. Wszyscy słyszeliśmy o ludziach, którzy nagle dowiedzieli się, że zostało im tylko kilka miesięcy życia. Kiedy człowiek trafia do hospicjum i nagle uświadamia sobie, że jego życie się kończy, zapewne zmienia swój pogląd na czas. Czy nie byłoby lepiej, gdybyśmy docenili wartość czasu na początku życia, a nie dopiero pod jego koniec?

Nawet gdy czasu jest dużo, odczuwamy jego niedostatek. Praktycznie rzecz biorąc, jest to jedyne dobro, którego ilość jest ograniczona. Ilość żywności jest także ograniczona, ale przecież nikt nie zje jej całej. To samo dotyczy wody i powietrza – jedna osoba nie zużyje całej dostępnej wody i powietrza. Jeśli jednak chodzi o czas, to codziennie jest go ograniczona ilość i każdy z nas tę ilość zużywa. Pod koniec dnia zużyję każdą cząstkę czasu, którą zawierał ten dzień. Pod koniec roku zużyję każdą sekundę, którą ten rok oddał mi do dyspozycji.

Czas nas zwodzi, bo mija bardzo szybko. Dni są długie, a lata krótkie. Wydaje się to sprzeczne z prawami matematyki. Mnożąc jeden przez 365, dostajemy 365. Ale jeśli obejrzymy się za siebie, zdziwimy się, jak szybko minął rok – wydaje nam się, jakby miał znacznie mniej niż 365 dni, bo dni upływały bardzo powoli. I jakby miał mniej niż 52 tygodnie, bo każdy poniedziałek wlókł się niemiłosiernie.

Inne złudzenie wynika stąd, że zdarzają się w naszym życiu ciężkie okresy. Ale nawet gdybyśmy mogli zatrzymać dobre chwile, a pozbyć się złych, nie chcielibyśmy tego zrobić. Jedne i drugie są cenne, również trudne chwile należy docenić. W książce *The Book of Virtues** William J. Bennett zamieszcza francuską bajkę zatytułowaną

* *Księga cnót: skarbnica słynnych opowieści o tematyce moralnej*, red. i koment. William J. Bennett, Wydawnictwo Salezjańskie, Warszawa 2009 (przyp. red.).

Czarodziejska nić. Był sobie chłopiec o imieniu Piotruś. Pewnego dnia otrzymał on w prezencie kłębek złotej nici. Kiedy tylko chciał, mógł odwinąć nitkę i w ten sposób przyspieszyć bieg swego życia. Miał okazję pominąć nudne, jałowe i smutne chwile i przeżywać tylko dobre. Pierwszy raz użył swej cudownej nici w szkole, żeby przyspieszyć koniec nudnego dnia nauki. Spodobało mu się, więc zaczął odwijać nitkę codziennie. Dzień w dzień korzystał z samych miłych chwil, pomijając niemiłe.

Kiedy tak odwijał nić, jego życie szybko mijało. Starość nadeszła bardzo prędko i wtedy Piotruś zrozumiał swój błąd. Żałował teraz, że w ogóle sięgnął po czarodziejską nić i nie przeżył życia w całej pełni – zarówno jego dobrych, jak i złych chwil. Morał z tej bajki jest taki, że na bogactwo życia składają się również złe chwile. Na swoje szczęście Piotruś dostał drugą szansę. Pod koniec bajki budzi się i odkrywa, że to był tylko sen. Piotruś uświadomił sobie, że wszystkie chwile w życiu, dobre i złe, mają wartość. Mylimy się, myśląc, że tylko dobre chwile są cenne. Jeżeli przeżywamy tylko dobre chwile, nasze życie będzie krótkie i pozbawione głębi.

Jak kształtować swoje życie?

Mamy pewną ilość czasu i jedynie od nas zależy, jak go wykorzystamy. Czas jest dla nas tym, czym glina dla garncarza. Możemy go formować, jak nam się podoba, aby ukształtować takie życie, jakie chcemy. Jest tak, jak powiedział Benjamin Franklin. „Czy kochasz życie?" – zapytał. – „W takim razie nie marnuj czasu, albowiem czas to materiał, z którego zrobione jest życie". Franklin miał rację. Jak ukształtujemy czas, który mamy do dyspozycji, takie będzie nasze życie.

Niewielu ludzi przypomina garncarza z czasów dynastii Ming, który wziął trochę gliny i ulepił z niej wazę wspomnianą na początku tego rozdziału. Nikt nie wie, kim był ów garncarz, ale można sobie wyobrazić, jak pieczołowicie formował on wazę, która po kilkuset latach osiągnęła tak wysoką cenę. A gdybyśmy kształtowali swój czas tak starannie, jak garncarz glinę? Jakie życie moglibyśmy stworzyć? Niestety, najczęściej ludzie biorą ten materiał, z którego zrobione jest życie, rzucają go na koło garncarskie i liczą, że powstaną z niego cuda. A potem dziwią się, że wyszła im bezkształtna bryła.

Jim Rohn opowiada, że pewnego dnia zrobił zaskakujące odkrycie: ludzie bogaci mają do dyspozycji dwadzieścia cztery godziny na dobę – dokładnie tyle samo, ile biedni. Zaczął się zastanawiać, dlaczego mając tyle samo czasu, jeden człowiek się bogaci, a drugi ledwie wiąże koniec z końcem. Myślał, myślał i w końcu zrozumiał, że jedni i drudzy inaczej wykorzystują swoje dwadzieścia cztery godziny. Jeden bierze czas i formuje z niego fortunę. Drugi bierze ten sam czas i formuje biedę.

Słuchając Rohna, nie mogłem nie pomyśleć o Billu Gatesie. Między nami są niecałe dwa miesiące różnicy. Zaczęliśmy się dorabiać mniej więcej w tym samym czasie. Miał wprawdzie nade mną dwa miesiące przewagi, ale to wszystko. Od tej pory codziennie miał do dyspozycji dwadzieścia cztery godziny – tak jak ja. Jeśli chodzi o uformowanie z naszego czasu pieniędzy, spisał się znacznie lepiej ode mnie. Mieliśmy tyle samo czasu, lecz uzyskaliśmy odmienne wyniki. Dlaczego? Ponieważ w tym samym czasie robiliśmy inne rzeczy.

Nie mówię, że zamieniłbym się miejscami z Billem Gatesem, ale chętnie zamieniłbym się z nim na rachunki bankowe. Oczywiście w życiu nie chodzi tylko o pieniądze. A o co? – można zapytać. Kiedy bierzemy się do kształtowania swojego życia, to jak ma ono wyglądać? Nie chciałbym, żeby chodziło w nim tylko o pieniądze, ale marzyłoby mi się, by miało choć trochę zielony odcień.

Musimy zacząć od decyzji, jak chcemy wykorzystać swój czas. Aktorka Lily Tomlin zażartowała kiedyś: „Zawsze chciałam być kimś, ale dziś wiem, że powinnam była określić to bardziej konkretnie". Czasami myślę, że tak właśnie jest z czasem. Wszyscy chcemy zrobić coś ze swoim życiem i rzeczywiście coś z nim robimy. Formujemy coś z czasu, jaki mamy do dyspozycji. Może jednak powinniśmy określić bardziej konkretnie, jaki ma być końcowy efekt naszych zabiegów.

Peter Drucker był w swoim czasie bodaj najwybitniejszym autorem, doradcą, teoretykiem i prelegentem w dziedzinie zarządzania. Jest dla współczesnego zarządzania tym, kim Einstein lub Newton dla fizyki. Znał się na zarządzaniu lepiej niż ktokolwiek. I wiedział, że wszystko zaczyna się od zarządzania czasem. Uważał, że dopóki nie nauczymy się zarządzać czasem, nie będziemy potrafili zarządzać niczym innym.

Przez cały dzień zarządzamy swoimi pieniędzmi, planujemy drogę do pracy, kierujemy swoim życiem zawodowym, planujemy kolację, zarządzamy swoją wirtualną biurową ligą futbolową, planujemy letni urlop, zarządzamy swoimi rozrywkami… Powinniśmy więc znaleźć też czas na zarządzanie tym, czego nie sposób zastąpić – czasem.

Nie wahaj się

Cenię niektóre piosenki country, bo zawierają cenne mądrości życiowe. Dlatego chętnie odtwarzam je na swoich zajęciach. Nie mam większych złudzeń, że studenci lubią je tak jak ja, ale mam nadzieję, że rozumieją, o co mi chodzi. Podczas wykładów z zarządzania czasem najchętniej nastawiam jedną z piosenek Kenny'ego Chesneya. Pewien staruszek skończył sto dwa lata i udziela wywiadu w telewizji. Dziennikarz pyta, czy ma jakąś radę dla widzów. „Nie wahajcie się, sto lat mija szybciej, niż wam się wydaje" – odpowiada starzec. Jestem pewien, że nawet w tak sędziwym wieku czas nie przestanie nas zwodzić. Bez względu na to, ile mamy lat, jest później, niż nam się wydaje.

Wyzwanie percepcji:

Traktuj czas jak skarb, a nie jak byle co.

2
Wykluczająca alternatywa

Zasada wykluczającej alternatywy:
Zdecydować się na coś to zrezygnować z czegoś innego

Ponieważ jest później, niż nam się wydaje, nie możemy marnować cennego czasu. Oczywiście nikt nie budzi się rano z myślą: „Ile czasu dziś zmarnuję?". Nie chcemy marnotrawić ani chwili, to samo jakoś tak wychodzi. Robimy mniej ważne rzeczy, a zaniedbujemy ważniejsze. Nie chodzi o to, że robimy złe rzeczy. Całkiem możliwe, że robimy dobre. Po prostu nie robimy tego, co najważniejsze, więc nie wykorzystujemy czasu maksymalnie. To właśnie przydarzyło mi się kilka lat temu, gdy prowadziłem własne wydawnictwo.

Nawiązałem kontakty z wydawcami pism akademickich i założyłem firmę, zajmującą się całym procesem produkcyjnym związanym z publikowaniem tych pism. Ponieważ wszystkie fazy procesu, od składu po dystrybucję, zleciłem podwykonawcom, prowadzenie bieżącej działalności nie zabierało mi wiele czasu. Mogłem się skoncentrować na rozbudowie firmy. W krótkim czasie firma stała się bardzo dochodowa i rosła jak na drożdżach.

I wtedy popełniłem fatalny błąd. Obliczyłem, o ile mógłby wzrosnąć nasz zysk, gdybyśmy sami zajęli się wszystkimi etapami produkcji. Okazało się, że w ciągu kilku tygodni moglibyśmy czterokrotnie zwiększyć zyski. Kupiliśmy więc potrzebny sprzęt i wyposażyliśmy cały zakład produkcyjny. W krótkim czasie nasze dochody rzeczywiście poszybowały w górę. Ale wówczas pojawił się problem. Firma ustabilizowała się na nowym poziomie i cały rozwój skończył się raz na zawsze. W końcu sprzedałem ją człowiekowi, który szukał tylko stałego i pewnego źródła dochodów.

Dziś rozumiem, że padłem ofiarą zasady wykluczającej alternatywy. Decydując się na produkcję, zrezygnowałem z marketingu. Mogłem wybrać produkcję lub marketing. Byłem w stanie robić albo jedno, albo drugie, ale z powodu innych zobowiązań nie miałem czasu na obie te rzeczy. Doba miała za mało godzin, żeby to było możliwe. Kiedy produkcją zajmowali się podwykonawcy, większość czasu poświęcałem na marketing i sprzedaż. Gdy sam zająłem się produkcją, doglądanie procesu produkcyjnego pochłaniało cały mój czas. Nie starczało go już na marketing. Na tym polegał problem. Zdecydowałem się na pracę, którą mógł wykonać każdy, rezygnując tym samym z tego, co mogłem zrobić tylko ja sam. Łatwo było znaleźć ludzi, którzy zajęli się procesem produkcyjnym, znacznie trudniej kogoś, kto miałby moje kontakty i moją znajomość branży. Faktycznie nie mogliśmy znaleźć nikogo poza mną, kto mógłby zajmować się marketingiem. Zdecydowałem się na coś, co przynosiło nam natychmiastowy zysk, zamiast wybrać to, co zapewniłoby firmie długoterminowy rozwój. Nigdy świadomie nie zrezygnowałem z marketingu, po prostu wybrałem jeden z członów wykluczającej alternatywy. Tym samym żyłę złota zamieniłem w źródło stałego, ale nie rosnącego dochodu.

Dokonywanie wyborów

Historia mojego wydawnictwa to przykład kiepskiego zarządzania czasem. Efektywne zarządzanie czasem jest wtedy, gdy dokonujemy dobrych wyborów, mając ograniczoną ilość czasu. Nie musi stąd jednak wynikać, że kiepskie zarządzanie czasem jest skutkiem złych wyborów, jeśli chodzi o dysponowanie nim. Najgorzej jest wówczas, gdy nie dokonujemy żadnego wyboru i pozostawiamy sprawy własnemu biegowi. Tak się właśnie stało w wypadku mojej firmy. Nie było tak, że postanowiłem zrezygnować z marketingu i w ten sposób zatrzymałem rozwój firmy. Postanowiłem zająć się produkcją, a wtedy czynności marketingowe same wypadły z mojego terminarza.

Kiedy pozwalamy, aby pewne czynności wypadły z naszego rozkładu zajęć, nie jest to dobre zarządzanie czasem. Istnieje ono wtedy, gdy dokładnie zastanowimy się, z czego trzeba zrezygnować, żeby zyskać czas na to, co powinno zostać. Lubię grać w golfa i uwielbiam chodzić z kijami po pięknym polu golfowym. Lubię wyzwanie, jakim jest każdy kolejny dołek. Mimo to przez ostatnie dwadzieścia lat nie byłem w klubie golfowym. Przez ten czas razem z żoną wychowywaliśmy dzieci. Kiedy dopiero przychodziły na świat, dużo grałem w golfa, ale potem uświadomiłem sobie, że decydując się na osiemnaście golfowych dołków, rezygnuję z czterech godzin z rodziną. Chociaż golf to bardzo przyjemna rozrywka, postanowiłem z niego zrezygnować, bo nie chciałem rezygnować z czterech godzin w gronie rodzinnym.

Czasami jednak decyduję się na programowanie komputerowe. Lubię od czasu do czasu napisać mały program komputerowy. Zdaję sobie sprawę, że zajmując się tym, rezygnuję z wielu innych rzeczy. Zdziwisz się pewnie, że decyduję się na programowanie, a rezygnuję z golfa. Otóż programowanie sprawia mi wielką frajdą, a napisane programy są bardzo przydatne. Dlatego rezygnacja z innych zajęć jest uzasadniona.

Zwróć uwagę na dwa czynniki, które wziąłem pod uwagę, decydując się na programowanie i rezygnując z golfa. Chodziło o to, czy dane zajęcie jest ważne i czy sprawia mi frajdę. Programowanie komputerowe jest użyteczne i daje mi radość. Dla większości ludzi nie jest ono ani użyteczne, ani nie sprawia im frajdy, toteż nawet nie myślą o zajmowaniu się nim. Z kolei wiele osób gra w golfa, chociaż ma bardzo napięty terminarz. Ze względu na liczne korzyści, uważają to zajęcie za pożyteczne. Jest przyjemne i zdrowe, odstresowuje, daje okazję do spotkań z ważnymi ludźmi. Dodajcie jeszcze frajdę, jaką sprawia, a zrozumiecie, że dla niektórych ludzi golf jest wart poświęcanego mu czasu.

Kiedy decydujemy się na coś, musimy wziąć pod uwagę, czy jest to rzecz ważna i czy sprawia nam frajdę. Oczywiście to, co dla mnie jest ważne i co sprawia mi frajdę, nie musi być ważne dla ciebie ani nie musi sprawiać ci frajdy. Z tym można się zgodzić. Nie można natomiast zgodzić się z tym, żeby decydować się na wiele rzeczy, które nie są ani ważne, ani nie sprawiają frajdy. Oznacza to bowiem, że rezygnujemy z życia mającego znaczenie i sprawiającego frajdę. Spójrzmy na to w ten sposób: wszystko, co robimy, sprawia nam przyjemność lub nie sprawia, jest ważne lub nie jest. A więc wszystko, co robimy, należy do jednej z czterech kategorii. Rozpatrzmy je po kolei.

Najlepsze chwile

Najlepsze chwile naszego życia są wtedy, gdy robimy rzeczy ważne, które sprawiają nam frajdę. Jestem pewien, że ludzie najbardziej liczący się w świecie to ci, którzy łączą pasję ze zdolnością do wywierania wpływu na innych. Po przeczytaniu wielu biografii zauważyłem, że wszyscy ludzie sukcesu lubili to, co robią. Cała sztuka to znaleźć sposób, aby odegrać rolę w świecie, robiąc rzeczy, które się lubi.

Na pewno słyszałeś to powiedzenie: jeśli będziesz zarabiać na życie, wykonując ulubione zajęcie, nigdy nie będziesz musiał pracować. To właśnie powinno być naszym celem. Kiedy zarabiamy na życie, wykonując ulubione zajęcie, większość życia zawodowego przypada na „nasze najlepsze chwile". Nie przyjdzie to jednak samo. Trudno znaleźć dobrze płatną pracę, która jednocześnie sprawia frajdę. Kilka lat temu miałem studenta, który kochał sztukę i znał się na niej bardzo dobrze. Kiedy poszedł na studia, wszyscy sądzili, że będzie się specjalizował w dziedzinie sztuki. Tymczasem jako specjalizację wybrał marketing, ale chodził na wszystkie wykłady poświęcone sztuce. Mówił, że chce zostać „artystą", ale nie „głodującym artystą". Jeszcze przed dyplomem zarobił na swoich dziełach więcej niż większość dyplomowanych artystów w ciągu całego życia. Wykonuje więc ulubione zajęcie, a rynek hojnie go wynagradza. Ale zapracował na to. Nie zajął się wyłącznie tworzeniem dzieł sztuki, licząc, że klienci sami po nie przyjdą.

Kiedy robimy rzeczy ważne, które sprawiają nam frajdę, musimy uważać, żeby zachować równowagę. Pamiętaj, że decydując się na coś, rezygnujesz z czegoś innego. W życiu nie chodzi o dokonanie wielkich rzeczy w jednej dziedzinie kosztem wszystkiego innego. Koncentrując się wyłącznie na jednej rzeczy, którą lubimy robić, ryzykujemy, że odniesiemy sukces tylko w jednej dziedzinie, a we wszystkich pozostałych poniesiemy porażkę. J. Paul Getty uwielbiał robić interesy i został najbogatszym człowiekiem na świecie. Przyznał jednak, że oddałby wszystkie pieniądze za jedno udane małżeństwo. Tak, przez całe życie Getty robił rzeczy ważne, które sprawiały mu frajdę. Tym samym jednak rezygnował z tego, co dałoby mu szczęście.

Chwile frajdy

Wszyscy powinni robić rzeczy, które sprawiają im przyjemność. Nie możemy od rana do nocy robić tylko tego, co ważne. Niektórzy po wejściu w dorosłość zapominają, co to zabawa. Pamiętasz, jak w dzieciństwie biegałeś po trawniku w strugach wody ze zraszaczy? No dobrze, nie musimy koniecznie biegać w strugach wody, ale przydałaby się nam dorosła wersja takiej zabawy. Czy jest coś, co robisz tylko dla frajdy? Jeśli nie, powinieneś sobie coś takiego znaleźć. Nigdy nie zapominaj, że zabawa to część życiowego sukcesu. Jeśli prowadzimy bardzo owocne życie, ale zatraciliśmy zdolność bawienia się, najlepsze dni mamy za sobą.

Z zabawą jest jednak pewien kłopot. Nie możemy dopuścić, żeby nasze życie stało się jedną wielką imprezą. Kiedy człowiek tylko pracuje i nigdy się nie bawi, staje się nudziarzem. Kiedy jednak tylko się bawi i nie pracuje, zamienia się w obiboka. Zabawa wiąże się z pewnymi kosztami. Są to tak zwane przez ekonomistów koszty alternatywne. Znany autor Jim Rohn zapytał kiedyś przyjaciela, ile kosztował go telewizor. Przyjaciel odparł, że 800 dolarów. Rohn zauważył, że tyle zapłacił, ale to nie są wszystkie koszty. Gdyby uwzględnił to, co zarobiłby w czasie spędzanym przed telewizorem, przekonałby się, że telewizor za 800 dolarów kosztuje go dziesiątki tysięcy dolarów rocznie.

Wszystko jedno, czy jest to telewizja, gry wideo, golf czy dziesiątki innych rzeczy, które lubimy robić – decydując się na nie, rezygnujemy z czegoś innego. Paradoksalnie – to, z czego rezygnujemy, może na dłuższą metę sprawić nam znacznie większą frajdę. Mogę oglądać programy podróżnicze lub wyłączyć telewizję i poświęcić ten czas na zarabianie pieniędzy, żeby samemu wyjechać w podróż. Co sprawia większą radość: oglądanie innych ludzi na egzotycznych wakacjach czy wyjazd na własne wakacje? Jeśli wybiorę program podróżniczy, może to znaczyć, że zrezygnowałem z wakacji.

Czas wyrzeczeń

Czasami musimy zajmować się czymś, co nie sprawia nam frajdy, ale jest ważne. Nie wszyscy lubimy swój zawód, ale praca może być ważna, bo potrzebujemy pieniędzy. Nie wszyscy lubimy ćwiczenia fizyczne, lecz mogą być one ważne, bo dzięki nim będziemy zdrowsi. Możemy bardzo lubić naszą specjalizację na studiach, ale nie lubimy wszystkich wykładów, które potrzebne są nam do dyplomu. Nie wszystkie ważne rzeczy w życiu muszą nam sprawiać przyjemność.

Stephen Covey mówi o tym w swoich *7 nawykach skutecznego działania**. Jego zdaniem ludzie sukcesu robią rzeczy, których inni nie lubią robić. Co to za rzeczy? Te same, za którymi ludzie sukcesu też nie przepadają. Chociaż jedni i drudzy nie lubią pewnych rzeczy, ludzie sukcesu nie uciekają przed nimi i dlatego odnoszą sukces. Jeśli zawsze będziemy myśleć tylko o frajdzie, a nigdy o ważnych rzeczach, los nie da nam wielu nagród.

Bywa, że trzeba wyrzec się frajdy w imię tego, co ważne. Pracuję w żłobku, prowadzonym przez kościół. Wolałbym być na mszy, ale pamiętam o ludziach, którzy poświęcali się dla nas, gdy mieliśmy małe dzieci. Czuję, że mam pewien obowiązek wobec osób znajdujących się dziś w takiej sytuacji. Ludzie, którzy zdecydowali się na to poświęcenie, gdy nasze dzieci były małe, dali nam wiele dobra. Skoro więc mogę uczynić to samo dla innych, chętnie to robię.

Czasem poświęcamy zabawę w imię przyszłości. Ludzie mówią mi, że też bardzo by chcieli wykładać na wyższej uczelni. Odpowiadam, że to rzeczywiście wspaniały zawód. Praca ze studentami daje wielkie zadowolenie. Cudownie jest pomyśleć, że wywarło się wpływ na życie niektórych z nich. Samo przebywanie w sali wykładowej to duża frajda. Potem jednak zaznaczam, że kto chce wykładać, musi zrobić doktorat. Zwykle słyszę wtedy: „Nie chce mi się robić doktora-

---

* Stephen R. Covey, *7 nawyków skutecznego działania*, Medium, Warszawa 1996 (przyp. red.).

tu". Zgadzam się. Nikt zdrowy na umyśle nie pali się do harówki, której wymaga napisanie rozprawy doktorskiej. Studium doktoranckie to akademickie otrzęsiny. Człowiek decyduje się na nie, bo tylko tak uzyska doktorat, chociaż nie zawsze lubi pracę, jaka się z tym wiąże. Poświęca się jednak dla korzyści, które odniesie z niej w przyszłości.

Zmarnowany czas

Niekiedy jesteśmy w sytuacji owego niefortunnego studenta, który odpowiedział na ogłoszenie o pracy wakacyjnej. W ogłoszeniu obiecywano „rejs wycieczkowy po Karaibach", trwający przez całe lato. Student szybko pobiegł pod wskazany adres. Gdy tylko przestąpił próg, został uderzony w głowę i stracił przytomność. Kiedy się ocknął, był skuty łańcuchem z innym mężczyzną. Znajdowali się na statku, a przed sobą mieli wielkie wiosło. Przez całe lato musieli wiosłować po Karaibach. Jakiś człowiek bił w wielki bęben, a ilekroć uderzał w niego i krzyczał: „Iii raz!!", musieli ciągnąć za wiosło. Całe lato tkwili w ciemnym i brudnym wnętrzu statku, wiosłując w takt uderzeń bębna. Schodząc na ląd pod koniec lata, student zapytał towarzysza, czy mają dać napiwek doboszowi – tak jak się daje napiwek muzykom. Ten odparł: „Chyba nie. W zeszłym roku nie daliśmy napiwku".

Dwóch facetów przez całe lato robiło coś, co nie było ani ważne, ani nie sprawiało im za grosz przyjemności. Tyle tylko że pierwszy robił to z niewiedzy, a drugi z głupoty. Czasami nie mamy wyboru, musimy zrobić coś mało ważnego, czego w dodatku nie lubimy. To zrozumiałe, wszystkim nam się to zdarza. Ale jeśli jest wybór? Jakie wtedy mamy wytłumaczenie? Czasem przypominamy tego drugiego faceta: powinniśmy już dobrze wiedzieć, co nas czeka. Jeśli kiedykolwiek zadamy sobie pytanie: „dlaczego to robię?", a odpowiedź nie będzie brzmiała ani: „bo to ważne", ani „bo sprawia mi to frajdę", to lepiej zrezygnujmy.

Dlaczego wyrażamy zgodę?

Czemu więc się zgadzamy, choć tak naprawdę chcielibyśmy odmówić? Oto dwie przyczyny.

Zgadzamy się, bo nie możemy odmówić

Czasami odmowa nie wchodzi w grę. Jeśli szef zleca nam jakąś robotę i mówi, że mamy ją wykonać na piątek, odmawiając, decydujemy się na bezrobocie. Ale zgodnie z zasadą wykluczającej alternatywy, zajmując się pracą zleconą przez szefa, rezygnujemy z czegoś innego.

Niedawno jedna ze studentek opowiedziała na zajęciach o swoim problemie. Szef zawalał ją taką ilością spraw, że nie była w stanie wszystkich załatwić. Nie mogła odmówić, ale nie mogła też wykonać całej pracy, którą zlecał jej szef. Padła ofiarą zasady wykluczającej alternatywy. Zapytała mnie więc, co ma robić. Jak ma rozstrzygnąć, którymi sprawami się zająć, a które odłożyć? Odpowiedziałem, że nie powinna podejmować takiej decyzji. To należy do jej szefa. Powinna tylko podać mu potrzebne do podjęcia decyzji dane. Poradziłem, żeby sporządziła wykaz spraw, nad którymi pracuje, i jeśli szef da jej jakąś następną, niech mu pokaże ten wykaz. Zastrzegłem, że ma zachowywać się taktownie i z szacunkiem, ale niech zapyta szefa, w którym miejscu wykazu ma dopisać nową sprawę.

Kilka tygodni później wyznała, że poszła za moją radą i szef z aprobatą odniósł się do jej pytania. Nie zdawał sobie sprawy, jak bardzo zapracowana jest jego podwładna i ile potrafi zrobić. Zlecając jej odtąd jakąś sprawę, na pytanie, na ile ta sprawa jest ważna, często odpowiadał, że wszystko, nad czym teraz pracuje, jest ważniejsze. W rezultacie studentka zawsze zajmowała się najważniejszymi sprawami, a szef wiedział, jak bardzo jest zajęta.

Jaki jest morał z tej historii? Nie przywykliśmy do myślenia zgodnie z zasadą wykluczającej alternatywy, tak samo jak ludzie, którzy wydają nam polecenia. Jest to słaby punkt wielu szefów. Przy odrobinie taktu i dyplomacji ułatwimy im zarządzanie czasem, który oddajemy im do dyspozycji.

Zgadzamy się, bo nie chcemy odmówić

Czasami, gdy jesteśmy o coś proszeni, zgadzamy się, choć w duchu krzyczymy „nie". Jeśli chodzi o zgodę lub odmowę, musimy zacząć słuchać swojego głosu wewnętrznego. Pamiętajcie, że „nie" to najważniejszy wyraz w naszym słowniku zarządzania czasem i musimy się nauczyć go wypowiadać. Odmowa może być dla nas trudna z wielu powodów. Możemy czuć się winni. Możemy nie chcieć kogoś urazić. Możemy się obawiać, że kiedy będzie nam zależało na zrobieniu czegoś, już nas o to nie poproszą. Wszystko to sprawia, że czasem trudno nam odmówić.

Stephen Covey mówił o „odmowie wolnej od poczucia winy". Twierdził, że jedyny sposób, by czuć się w porządku, odmawiając w jednej sprawie, jest gorliwe zajmowanie się inną. Im gorliwiej zajmuję się jakąś sprawą, tym łatwiej mi odmówić w innej. Załóżmy, że przeglądam na komputerze jakieś zamulające mózg strony internetowe, a moja żona wraca do domu ze sklepu i prosi, żebym jej pomógł przynieść zakupy z samochodu. Odmawiając, czułbym się jak palant. Skazałbym żonę na dźwiganie zakupów, żeby zajmować się w tym czasie czymś zupełnie błahym. Gdyby jednak sytuacja była inna i musiałbym odwieźć dziecko do lekarza, bo właśnie upadło i być może złamało rękę? Bez najmniejszych skrupułów nie pomógłbym żonie przynieść zakupów. Nie czułbym się winny, że jej odmawiam, bo miałbym do załatwienia bardzo ważną inną sprawę. Będziemy się czuć w porządku, jeżeli zapamiętamy, że do odmowy musimy mieć ważny powód.

Decyduj z namysłem

Co roku zastępy osiemnastolatków przybywają na naszą uczelnię, żeby rozpocząć studia. Chcą się pilnie uczyć i zdobywać dobre stopnie, ale czyhają na nich liczne pokusy. Tymczasem nie da się robić wszystkich fajnych rzeczy, które kuszą pierwszoroczniaków, a jednocześnie przykładać się do nauki. Na drugi rok udaje się przejść tylko tym, dla których studiowanie nie jest wykluczającą alternatywą. I nie zmienia się to po ukończeniu studiów. Zawsze jest mnóstwo rzeczy, które bardzo chcielibyśmy robić. Zanim jednak się na nie zdecydujemy, musimy nauczyć się zadać sobie pytanie: „Z czego rezygnuję, decydując się na to?". Jeśli decydujemy z namysłem, to najważniejsze rzeczy w naszym życiu nie padną ofiarą wykluczającej alternatywy.

Wyzwanie wykluczającej alternatywy:
Decyduj z namysłem, a nie mimowolnie.

3
Wysiłek

Zasada wysiłku:
Możesz zrobić cokolwiek,
ale nie jesteś w stanie zrobić wszystkiego

Zasada wykluczającej alternatywy uświadamia nam, że mamy ograniczoną ilość czasu. Jeżeli wykorzystujemy go w jednym celu, nie możemy wykorzystać w innym. Z zasadą tą ściśle wiąże się zasada wysiłku. Mówi ona, że jesteśmy w stanie podjąć tylko określony wysiłek. Możemy rozproszyć siły, zajmując się wszystkim, co się pojawia, albo zachować je na coś, co naprawdę ma znaczenie. Na ogół bardzo rozpraszamy swoje siły, zajmując się wszystkim, cokolwiek się zdarzy. Ludzie pracujący wydajnie podejmują taki sam wysiłek, ale kierują go na sprawy, które są dla nich najważniejsze.

David Allen opisał typowy dzień większości ludzi, zauważając: „Znaczna część spraw w naszym życiu i pracy pojawia się nagle i zwykle staje się wtedy naszym priorytetem". Kiedy reagujemy na wszystko, z czym się stykamy, mamy kłopoty z właściwym zarządzaniem czasem. Ludzie, którzy efektywnie zarządzają czasem, nie działają w ten sposób. Dokonują wspaniałych rzeczy, skupiając się na ograniczonej liczbie spraw, na których naprawdę im zależy. Nie każda sprawa warta jest naszego wysiłku.

Truett Cathy, założyciel sieci restauracji Chick-fil-A, był jednym z największych liderów biznesu w Georgii, stanu, w którym mieszkam. Kiedy jeszcze żył, miałem okazję się z nim spotkać. Pamiętam, że jego gabinet był elegancki, ale prosto urządzony i schludnie utrzymany. Z całej wizyty najbardziej jednak zapadła mi w pamięć tacka na dokumenty. Piętrzyła się na niej co najmniej trzydziestocentymetrowa sterta papierów.

Nie wiem, czy sterta na biurku pana Cathy'ego zawsze była tak wysoka, ale tego dnia była. Zwróciło to moją uwagę, bo zupełnie się tego nie spodziewałem. Sądziłem chyba, że człowiek zarządzający korporacją wartą miliardy dolarów nie ma nic lepszego do roboty, niż siedzieć w gabinecie i opróżniać swoją tackę na dokumenty. Nie przypuszczałem, że może nie mieć czasu tkwić przez cały dzień za biurkiem i zajmować się tym, co trafi do jego tacki na dokumenty. Kiedy zrozumiałem, że moje wyobrażenia były niemądre, całkowicie zmieniłem stosunek do własnej tacki.

Przed wizytą u Truetta Cathy'ego tacka na dokumenty była najbardziej przygnębiającą rzeczą w moim życiu. Zawsze wypełniała się szybciej, niż byłem w stanie ją opróżniać. Jeżeli pojawiało się coś, co mogło mnie zainteresować, odkładałem ją na tackę. Kiedy miałem wolną chwilę, zabierałem się do opróżniania tacki. Ale jeśli nawet robiłem to z wielkim zapałem, tacka nigdy nie była pusta.

Widok biurka pana Cathy'ego podziałał na mnie niemal ozdrowieńczo. Pomógł mi pogodzić się z tym, że moja tacka nigdy nie będzie pusta. Choćbym nie wiem jak się starał, nigdy nie ujrzę jej dna. Dziś wiem, że kiedy umrę, tacka na dokumenty nadal będzie pełna. No i dobrze. Kiedy znajdę się po drugiej stronie, Bóg nie wyrzuci mnie chyba dlatego, że zostawiłem na biurku stos papierów. Pisząc te słowa, spoglądam na ten stos i nie czuję żadnych wyrzutów sumienia. Tacka pełna papierów zupełnie mnie nie martwi.

W życiu zawsze mamy jakąś metaforyczną tackę na dokumenty. Możemy rozproszyć siły, zajmując się wszystkim, co w niej jest, albo skupić je na tym, co ma największe znaczenie. Tak czy owak, tacka prawdopodobnie nie pozostanie pusta. Jeśli rozproszymy siły, załatwimy więcej spraw, ale na pewno nie wszystkie. Jeśli włożymy tyle samo wysiłku w kilka najważniejszych spraw, dokonamy więcej. W każdym razie pod koniec dnia zużyjemy wszystkie siły, a na tacce wciąż pozostaną jakieś papiery. Tego dnia mieliśmy określony zasób sił i wyczerpaliśmy je. Chodzi o to, czy załatwiliśmy kilka bardzo ważnych spraw, czy tylko nieznacznie uszczupliliśmy górę mało istotnych.

Jak załatwiać sprawy?

Lubię uczyć zarządzania czasem z punktu widzenia metaforycznej tacki na dokumenty. Pamiętaj, twoja tacka jest *twoja*, możesz więc postępować z nią wedle własnego uznania. Jeśli chcesz przez całe życie starać się ją opróżnić, proszę bardzo. Nie musisz jednak postępować w ten sposób. Możesz wybrać tylko te sprawy, które są dla ciebie najważniejsze. Możesz wybrać dowolną i zająć się nią. Zawsze pamiętaj, że nie załatwisz wszystkich spraw. Jest bardzo prawdopodobne, że w ciągu dnia nie uda ci się zrobić wszystkiego, co chciałeś zrobić tego dnia. Pod koniec roku zapewne okaże się, że nie dokonałeś wszystkiego, czego zamierzałeś w tym roku dokonać. I nawet w ostatnich dniach twego życia pozostanie pewnie sporo rzeczy, które chciałbyś zrobić przed śmiercią.

Wspaniałe życie jest wtedy, gdy widzimy przed sobą wiele możliwości, a potem wkładamy wysiłek tylko w te, które najbardziej nam odpowiadają. Nie powinno nas zniechęcać, że tyle spraw trafia do naszej metaforycznej tacki na dokumenty. Dzięki temu mamy większy wybór. Problem zaczyna się wtedy, gdy jesteśmy mało wybredni w swoich wyborach. Dzięki właściwemu zarządzaniu czasem wybierzesz ze swojej metaforycznej tacki tylko to, co jest dla ciebie najlepsze. Nie znaczy to, że twoja metaforyczna tacka opustoszeje. Znaczy, że będziesz miał tackę pełną papierów, ale będziesz wiedział, co z niej wybrać, a co pominąć. Jak to się robi? Trzeba pamiętać o trzech kwestiach.

Uporządkuj papiery

Po pierwsze, musimy zaprowadzić porządek w swojej tacce na dokumenty. Istnieje niemal nieskończona liczba dokumentów, które mogą do niej trafić. Czasami patrzę na swoją tackę ze zdumieniem, że tak szybko się wypełnia. Ale z tego, że dwie rzeczy trafiły na tackę, nie wynika, że są jednakowo ważne. W dzisiejszej poczcie znalazłem kilka ładnych ulotek reklamowych i czek od człowieka, który kupił kilka paczek jednej z moich książek. Wziąłem ten plik papierów i położyłem na tacce. Mógłbym zerknąć na kilka prospektów, ale są one dla mnie o wiele mniej ważne niż czek za książki. Ulotki i czek znalazły się na tacce, ale na pewno nie mają takiego samego znaczenia.

Jak więc wygląda porządkowanie papierów? Jadłem ostatnio kolację z byłym pracownikiem działu konsumenckiego Coca-Coli. Co dzień rano jego tacka na dokumenty była już w pewien sposób uporządkowana. Kiedy przychodził do pracy, na biurku leżały trzy teczki. W czerwonej były sprawy, którymi musiał zająć się natychmiast. Gdyby nie zajął się nimi od razu, wkrótce odwiedziłby go pracownik działu kadr, żeby mu pomóc spakować rzeczy. Choćby się waliło i paliło, musiał załatwić sprawy znajdujące się w czerwonej teczce. Wszystkie nieistotne rzeczy, takie jak jedzenie i spanie, musiały poczekać, jeśli w czerwonej teczce pozostała choć jedna niezałatwiona sprawa. Ludzi, którzy nie potrafili opróżniać czerwonej teczki, szybko zastępowano takimi, którzy to umieli. Taka była brutalna prawda.

Druga teczka miała kolor żółty. Znajdowały się w niej sprawy wymagające pilnego załatwienia. Nie były to w danej chwili gardłowo ważne sprawy, ale szybko mogły się takimi stać. Znajomy powiedział mi, że musiał szybko załatwiać sprawy z żółtej teczki, bo inaczej jego związek z Coca-Colą ograniczyłby się do kontaktu z automatami tej firmy.

Był wreszcie trzeci rodzaj teczek – zielone. Tu znajdowały się sprawy, dzięki którym mój znajomy mógł się wykazać przed zwierzchnikami. Bez załatwienia spraw z czerwonej teczki nie zagrzałby miejsca w firmie. Załatwiając te z żółtej, nie wyróżniał się niczym spośród pracowników, tyle tylko że nie stał w kolejce po zasiłek dla bezrobotnych. Dopiero sprawy z zielonej teczki pozwalały mu zabłysnąć. Kto potrafił szybko i dobrze załatwiać sprawy z zielonej teczki, nie tylko miał w firmie pewną posadę – czekała go wielka kariera.

Pomysł z teczkami bardzo mi się spodobał. A może dałoby się uporządkować wszystkie życiowe sprawy w trzech teczkach? Istnieją sprawy tak ważne, że człowiek rzuca niesione naczynia i biegnie, aby się nimi zająć. Nie muszą być to rzeczy, które przyniosą nam na dłuższą metę największą korzyść, ale trzeba się nimi zająć jak najszybciej. Powinny znajdować się na wierzchu naszej metaforycznej tacki na dokumenty, w jasnoczerwonej teczce. Dalej idą sprawy pilne, która wymagają zajęcia się nimi zaraz po załatwieniu spraw z czerwonej teczki. Powinny trafić do teczki żółtej, znajdującej się tuż pod czerwoną na naszej metaforycznej tacce.

Większość z nas potrafi załatwiać sprawy z czerwonej teczki. Nieźle też radzimy sobie z załatwianiem spraw z żółtej. To zielona sprawia nam największe kłopoty. A przecież to, jak dajemy sobie radę z zieloną teczką, decyduje, na ile udane jest nasze życie. Problem z zielonymi teczkami polega na tym, że pęcznieją szybciej, niż jesteśmy w stanie je opróżniać. Jeżeli nie będziemy uważać, zielona teczka szybko zamieni się w zielony segregator, zielony segregator w zielone pudło, a zielone pudło w zielony pokój. Im grubsza jest teczka, tym trudniej powiedzieć, czym w następnej kolejności powinniśmy się zająć. Twoje życiowe sukcesy będą w dużej mierze uzależnione od umiejętności porządkowania zielonej teczki. W dalszej części książki przedstawimy wiele pomysłów na to, jak zrobić najlepszy użytek z zielonej teczki. Czerwona i żółta teczka zwykle nie stanowią problemu, bo i tak wiadomo, że wszystkie sprawy, które się w nich znajdują, trzeba załatwić. Nie możemy jednak pominąć zielonej tylko dlatego, że załatwienie znajdujących się w nich spraw nie jest żywotnie konieczne.

Zawsze bierz z samej góry

Nasza metaforyczna tacka z dokumentami jest więc uporządkowana. Stajemy teraz przed wielkim wyzwaniem. Musimy zawsze zajmować się sprawą, która znajduje się na samej górze. Każda kartka papieru na tacce to sprawa, którą trzeba załatwić. Bierzecie kolejną kartkę z tacki i załatwiacie sprawę, którą ta kartka reprezentuje. Jeżeli jest to lista zakupów, idziecie na zakupy. Jeżeli jakiś rachunek, zajmujecie się swoimi finansami. Jeżeli zdjęcie, dzwonicie do przyjaciela. Każda kartka to jakby nakaz załatwienia jakiejś sprawy.

W gruncie rzeczy robimy to codziennie od rana do wieczora. Tacka na dokumenty może mieć charakter metaforyczny, a kartki papieru mogą w rzeczywistości być myślami, przechowywanymi w naszej pamięci, ale każdy z nas przez cały dzień wybiera jedną sprawę po drugiej i załatwia ją. Naprawdę ważna jest kolejność, w jakiej bierzemy poszczególne kartki. Miejmy nadzieję, że nasza tacka jest uporządkowana w sposób opisany wcześniej. Na wierzchu sprawy z czerwonej teczki (do natychmiastowego załatwienia), a potem z żółtej (pilne). Zanim zajmiemy się naprawdę ważnymi sprawami, od których wiele w naszym życiu zależy, musimy załatwić wszystkie sprawy z czerwonej i żółtej teczki.

Jest bardzo źle, jeżeli na koniec dnia nigdy nie wychodzimy poza czerwoną i żółtą teczkę. Zdarza się tak, gdy w czerwonej i żółtej teczce mamy tyle spraw, że zajmują nam one cały czas. Zielona teczka nigdy nie trafia na wierzch. Przypominamy człowieka, który jest tak zajęty zbieraniem wody z podłogi, że nigdy nie ma czasu naprawić pękniętej rury. Jeżeli chcemy, żeby podłoga była sucha, kiedyś musimy zaprzestać zbierania wody i zająć się naprawą rury.

Bywa, że nigdy nie załatwiamy spraw z zielonej teczki. Kiedy już do niej docieramy, jesteśmy zbyt wyczerpani fizycznie lub psychicznie, aby zająć się choćby pierwszą sprawą z tej teczki. Robimy więc przerwę albo zaczynamy szukać w stercie czegoś, co da się załatwić szybko, co lubimy robić albo co jest łatwe, ale niezbyt ważne. Kiedy odpoczywamy lub zajmujemy się błahostkami, czerwona i żółta teczka znowu zaczynają pęcznieć.

Sprawy znajdujące się na wierzchu naszej metaforycznej tacki rzadko bywają najprzyjemniejsze. Jest tak dlatego, że najciekawsze sprawy są rzadko najważniejsze. Gdybyśmy uporządkowali tackę według tego, co lubimy robić, to pewnie wyglądałaby ona zupełnie inaczej niż wtedy, gdy uporządkowaliśmy ją zgodnie z tym, co zrobić należy. Wszyscy chcemy brać sprawy ze środka albo nawet spodu sterty, bo zapewne tam znajdują się najfajniejsze rzeczy.

Interesujące jest to, że ludzie odnoszący wielkie sukcesy też woleliby zajmować się rzeczami nieleżącymi na wierzchu sterty. Pod tym względem nie różnią się od reszty. Też chcieliby brać kartki ze środka sterty, ale swoje sukcesy zawdzięczają właśnie temu, że potrafią się oprzeć pokusie. Kiedy ich ręka sięga w kierunku środka sterty, coś ją chwyta i przesuwa ku górze. Co chwyta ich za rękę? To ich wizja przyszłości. Ludzie sukcesu wiedzą, co chcą osiągnąć, i rozumieją, że osiągną to tylko dzięki załatwieniu spraw z samej góry sterty. To dzięki jasnej świadomości długofalowych korzyści, jakie przynosi zajmowanie się najważniejszymi rzeczami, ludzie sukcesu sięgają po sprawy z samej góry.

Od czasu do czasu trzeba posprzątać

Jest jeszcze trzecia rzecz, której wymaga nasza metaforyczna tacka z dokumentami. Od czasu do czasu musimy w niej posprzątać. I nie chodzi o to, że trzeba przejrzeć papiery i wyrzucić kilka z nich. Musimy posprzątać w naszej tacce tak, jak generał Sherman posprzątał w Atlancie*. Papiery znajdujące się na spodzie właściwie nie powinny nas obchodzić, bo i tak nigdy do nich nie dojedziemy. Mogą jednak odwracać naszą uwagę od tego, czym naprawdę powinniśmy się zajmować.

Jedna rzecz Gary'ego Kellera** należy do najlepszych książek o zarządzaniu czasem, jakie czytałem. Keller był bardzo wziętym biznesmenem, który swoje sukcesy przypisywał umiejętności skoncentrowania się na jednej rzeczy. Twierdził, że zawsze wie, co jest w danej chwili tą jedną rzeczą, którą powinien robić w życiu. Jego książka zyskała wielką poczytność, bo znakomicie utrafiła w drzemiące w każdym z nas pragnienie uproszczenia sobie życia. Kiedy lista rzeczy do zrobienia liczy pięćdziesiąt pozycji, łatwo może nas ogarnąć zniechęcenie. Jakże jednak byłoby cudownie obudzić się rano ze świadomością, że tego dnia musimy zrobić tylko jedną naprawdę ważną rzecz. Byłaby to fantastyczna sprawa.

Nie jestem pewien, czy wielu z nas może sprowadzić wszystko, co robi, do jednej rzeczy. Jako wykładowca mam zawsze do wykonania co najmniej dwie. Muszę prowadzić wykłady dla studentów, bo inaczej moja obecność na uczelni nie miałaby racji bytu. Muszę też kontynuować badania naukowe, gdyż bez tego nie będę miał kwalifikacji do nauczania. Tak więc koncepcja „jednej" rzeczy nie ma w moim wypadku zastosowania. Jednak dla mojej kariery akademickiej największe znaczenie mają tylko dwie rzeczy, które właśnie wymieniłem. Muszę się na nich skoncentrować i nie rozpraszać sił na inne sprawy, które akurat się pojawiają.

---

* Jak wiadomo, William Sherman (1820–1891) – amerykański wojskowy i polityk kazał spalić miasto (przyp. tłum.).

** Gary Keller, *Jedna rzecz: zaskakujący mechanizm niezwykłych osiągnięć*, Galaktyka, Łódź 2013 (przyp. red.).

Prelegent i autor bestsellerów John Maxwell* powiedział, że ograniczył swoją listę zajęć do pięciu pozycji. Wygłasza prelekcje, nawiązuje kontakty, pisze, doradza i lideruje. To wszystko, nie robi nic więcej. Cała reszta leży poza obszarem jego zainteresowania. Wkładając wszystkie wysiłki w te pięć zajęć, kieruje swoje przesłanie do milionów ludzi na całym świecie. Gdyby rozpraszał siły na każdą sprawę, która się pojawia, jego przesłanie mogłoby trafić w próżnię. Jest bardzo uzdolniony, ale jego talent marnuje się, ile razy coś odrywa go od jednego z pięciu zajęć, którym powinien poświęcać czas.

Nie chodzi o to, że mamy na swojej tacce ustaloną liczbę spraw, które naprawdę się liczą. Może to być jedna, dwie, pięć albo jakaś inna liczba. Chodzi o to, że liczba spraw na naszej metaforycznej tacce nie powinna stać się tak duża, że stracimy nad nimi panowanie. Wielość możliwości jest przyjemna, ale w pewnym momencie musimy realistycznie ocenić, czy zdołamy skorzystać z niektórych z nich. Jeśli nie, to najlepiej się ich pozbyć – nie dlatego że są złe, ale ponieważ mogą nas niepotrzebnie rozpraszać.

Nieomal cokolwiek

Zasada wysiłku mówi, że możemy zrobić cokolwiek, ale nie jesteśmy w stanie zrobić wszystkiego. Możemy wybrać sobie dowolny cel i starać się go osiągnąć. Nieważne, czy cel ten jest wielki czy mały, jeśli włożymy odpowiedni wysiłek, dopniemy swego. Pod warunkiem jednak, że nie będziemy usiłowali zrobić wszystkiego. Musimy pogodzić się z tym, że nigdy nie będziemy mieć dość czasu na wszystko, co chcielibyśmy zrobić. Chcąc zrobić wszystko, nie zrobimy nic. Jeśli jednak skoncentrujemy wysiłki, osiągniemy dowolny cel.

W zasadzie wysiłku jest pewna przesada. Ściśle rzecz biorąc, nie możemy osiągnąć dowolnego celu. Pewna nauczycielka zaprosiła na

* John Maxwell – znany na świecie ekspert w dziedzinie przywództwa. Jego książki zostały uznane za bestsellery przez „New York Times", „Wall Street Journal" i „Business Week". Nakładem Wydawnictwa Studia Emka ukazały się m.in. *Prawa przywództwa – przestrzegaj ich a ludzie podążą za [illegible]* (2001) czy *21 cech skutecznego lidera. Jak stać się osobą, za którą pójdą [illegible]* (2012) (przyp. red.).

lekcję pielęgniarkę, która opowiedziała uczniom o swoim zawodzie. Jedna z uczennic wróciła do domu i oświadczyła matce, że chce zostać pielęgniarką. Matka ucieszyła się: „To wspaniale, kochanie". Chcąc jednak uświadomić córce, że istnieją różnorodne możliwości, zauważyła: „Możesz wybrać dowolny zawód. Jeśli chcesz, możesz być lekarką. Możesz zająć się interesami, możesz być adwokatką. Możesz nawet zostać prezydentem Stanów Zjednoczonych, jeśli naprawdę tego chcesz. Możesz być kimkolwiek".

„To cudownie!" – ucieszyła się dziewczynka. – „Chciałabym być kucykiem".

Są oczywiście rzeczy, których nie jesteśmy w stanie dokonać. Mam ponad metr dziewięćdziesiąt wzrostu i jestem bardzo szeroki w ramionach. Choćbym nie wiem jak się starał, nie wygram jako dżokej dorocznej gonitwy w Kentucky. Istnieją rzeczy, których nigdy nie dokonam. To samo dotyczy ciebie. Ale liczba rzeczy, których nie możemy dokonać, jest bardzo mała w porównaniu z tymi, które leżą w naszym zasięgu.

To, czego nie jestem w stanie osiągnąć, tak naprawdę nie powinno się liczyć. Mogę mieć przecież niewiarygodnie wspaniałe życie, nawet jeśli nigdy nie będę dżokejem. Nie powinniśmy martwić się tym, że pewne rzeczy przekraczają nasze możliwości. Powinniśmy się przejmować czym innym: tym, że nie wkładamy wszystkich wysiłków w dokonanie tych kilku rzeczy, które naprawdę się dla nas liczą. Powinniśmy się martwić, że nigdy nie dokonamy kilku naprawdę ważnych rzeczy, bo trwonimy wszystkie siły na zbyt wiele drobiazgów.

Wyzwanie wysiłku:

Skoncentruj wysiłki na najważniejszych rzeczach, a nie tych, które są ważne tylko w danej chwili.

4
Priorytety

Zasada priorytetów:
Słowa mogą zwodzić, ale czyny nie kłamią

Andrew Carnegie był jednym z najbogatszych ludzi świata. Majątek zrobił w przemyśle stalowym, ale nigdy nie ukrywał, że wielu ludzi zna się na stali lepiej od niego. Twierdził, że sukces zawdzięcza umiejętności postępowania z ludźmi, a nie temu, że potrafił wytwarzać stal. Doświadczenie nauczyło go, że słowa mogą zwodzić, ale czyny nie kłamią. „Z biegiem lat" – rzekł kiedyś – „zwracam coraz mniejszą uwagę na to, co ludzie mówią. Ważne jest dla mnie to, co robią". Słuchając ludzi, dowiesz się, co cenią, ale obserwując, co robią, poznasz ich prawdziwe priorytety. To samo dotyczy człowieka, którego odbicie widzisz w lustrze.

Jak wiemy z poprzednich dwóch rozdziałów, nie da się zrobić wszystkiego. Pewne rzeczy muszą wypaść z naszego terminarza. Istnieje cienka granica między tym, co trafia do naszego terminarza, a co z niego wypada. Granica ta to chyba najbardziej wiarygodna miara naszych prawdziwych priorytetów. Cienka granica oddziela też ludzi, którzy potrafią zarządzać czasem, od tych, którym się to nie udaje. Zarządzanie czasem i zarządzanie priorytetami wiążą się ze sobą tak ściśle, że niektórzy uważają je za to samo.

Wygłaszałem kiedyś w Orlando prelekcję o zarządzaniu czasem. Mój znajomy, który miał mnie przedstawić widowni, tuż przed wyjściem na scenę powiedział: „Jim, nie wiedziałem, że jest coś takiego jak zarządzanie czasem. Jak można zarządzać czasem? Czas jest i już.

Zawsze uważałem, że można zarządzać priorytetami, a nie czasem". Po tych słowach wszedł na scenę, żeby mnie przedstawić, a kilka minut później wygłaszałem do kilkuset handlowców prelekcję o tym, jak zarządzać czasem.

Jest to interesujące zagadnienie. Czy naprawdę istnieje coś takiego jak zarządzanie czasem? Prelekcja o zarządzaniu czasem nie jest jednak właściwym miejscem do zastanawiania się nad tym. W jej trakcie jedna część mojego mózgu skupiona była na mówieniu o zarządzaniu czasem, a druga ciągle jej przeszkadzała, zadając pytania: „Czy mam rację? Czy zarządzanie czasem w ogóle istnieje? Czy tego twierdzenia nie należałoby uściślić?". Można sobie wyobrazić, jak trudno jest wygłaszać mądrą prelekcję, kiedy twój mózg toczy spór sam ze sobą.

Myślałem nad tym przez wiele lat i doszedłem do przekonania, że jednak istnieje coś takiego jak zarządzanie czasem. Ilość czasu jest ściśle określona i właśnie dlatego trzeba nim zarządzać. Podam przykład, ilustrujący to, co mam na myśli. Kiedy byłem na studiach, odbyłem letni staż z logistyki. W firmie, w której pracowałem, był magazyn pełen pudeł z towarem i plac zastawiony ciężarówkami. Nasza praca polegała na ładowaniu towarów do odpowiednich ciężarówek. Przydzielano nam określoną partię towaru, a my musieliśmy załadować ją do ciężarówki. Do tego właśnie były potrzebne nasze umiejętności z dziedziny zarządzania. Gdyby ciężarówki miały rozmiary stadionu piłkarskiego, nasze zadanie byłoby łatwe. Wrzucilibyśmy towar byle gdzie i byłoby po robocie. Tak jednak nie było. Musieliśmy załadować do ciężarówki ilość towaru odpowiadającą pojemności pojazdu. Towar ledwie się w nim mieścił. Trzeba było bardzo uważać, żeby nie marnować miejsca, bo inaczej nie wystarczyłoby go na całą partię towaru. Ponieważ ilość miejsca była ściśle określona, musieliśmy starannie nią zarządzać.

Co wkładamy do swojego dwudziestoczterogodzinnego pudełka?

Na tym właśnie polega zarządzanie czasem. Mamy określony pojemnik, który nazwiemy „pudełkiem". Jest to nasz czas. Pudełko ma dokładnie określone rozmiary: dwadzieścia cztery godziny. Nie możemy go powiększyć, rozmiary pudełka nie zależą od nas. Natomiast to, co chcielibyśmy do tego pudełka włożyć, podlega już naszej kontroli. Każdemu z nas na czym innym zależy i każdy co innego chce w życiu osiągnąć. Nie ma dwóch ludzi, którzy ceniliby te same rzeczy. Mamy zupełną swobodę decydowania, co jest dla nas ważne, a co nie jest. Jeśli chcemy kłaść największy nacisk na pieniądze, a nieduży na ćwiczenia fizyczne, wybór należy do nas. Jeśli chcemy poświęcić się rodzinie, a nie oglądaniu telewizji, mamy wolną rękę. Tylko od nas zależy, jak wysoko cenimy rzeczy konkurujące ze sobą o miejsce w naszym pudełku.

Sytuacja jest więc taka: mamy magazyn pełen rzeczy, których wartość możemy określić, i dwudziestoczterogodzinne pudełko, w którym umieszczamy niektóre z tych rzeczy. Wiadomo, że wszystko się nie zmieści. Wierzch pudełka reprezentuje nasze priorytety. To granica między tym, co wkładamy do niego, a co pozostawiamy poza nim. Zarządzamy swoimi priorytetami w takim stopniu, w jakim wierzch pudełka odpowiada naszym wartościom. Jeśli cenimy rodzinę, ale nigdy nie mieści się ona w naszym dwudziestoczterogodzinnym pudełku, to nie zarządzamy czasem efektywnie. Rodzina jest tylko wtedy priorytetem, kiedy istnieje dla niej miejsce w pudełku. Jeśli naprawdę zależy nam na dobrej kondycji, ale na ćwiczenia fizyczne nigdy nie ma miejsca w pudełku, nie są one dla nas priorytetem. Aby naprawdę stały się priorytetem, muszą trafić do pudełka. Jeżeli chcemy mieć więcej pieniędzy, żeby zapewnić sobie i rodzinie lepsze życie, musimy włożyć do pudełka coś, co przyniesie nam więcej pieniędzy. Rzeczy, które otrzymamy od życia, zależą wyłącznie od tego, co włożymy do pudełka. Jeżeli coś cenimy, ale nie ma dla niego miejsca w pudełku, nasze priorytety są niejasne, a zatem nie zarządzamy czasem właściwie.

Wykonajmy małe ćwiczenie, żeby sprawdzić, na ile skutecznie zarządzamy czasem. Przyjmijmy na chwilę, że ziemia nagle zaczęła obracać się wolniej. Zamiast dwudziestu czterech godzin pełny obrót kuli ziemskiej wokół osi trwa dwadzieścia pięć. Doby są teraz o godzinę dłuższe. A więc twoje pudełko jest teraz o godzinę większe. Co zrobiłbyś z tą dodatkową godziną? Czym jest rzecz, którą włożyłbyś do pudełka? Wiem, myślisz sobie: „Hurra, można będzie pospać godzinę dłużej". Powiedzmy jednak, że to nie wchodzi w rachubę. Musisz spożytkować dodatkową godzinę inaczej niż na sen. Co byś zrobił? Zanim pójdziesz dalej, zdecyduj się, jak zagospodarowałbyś tę godzinę.

A zatem zdecydowałeś, jaka jest najważniejsza rzecz, której dotychczas nie umieszczałeś w pudełku. Zastanów się teraz, co w nim jest. Pomyśl, co robisz na co dzień. Czy cała zawartość pudełka jest ważniejsza od tego, co pozostawiasz poza nim? Przyjmijmy, że dodatkową godzinę postanowiłeś wykorzystać na ćwiczenia fizyczne. Zastanów się dobrze. Czy wszystko, co znajduje się w pudełku, jest ważniejsze od ćwiczeń fizycznych? Ilekroć będziesz odtąd zaglądać na Facebook, grać w grę wideo czy gapić się na telewizję, zadaj sobie pytanie, czy jest to ważniejsze od ćwiczeń fizycznych. Albo załóżmy, że chciałbyś się zająć pewnym projektem, ale dotąd nie miałeś na to czasu. Następnym razem, gdy będziesz paplać o niczym z kolegami z pracy albo surfować po internecie, zadaj sobie proste pytanie: czy te zajęcia są ważniejsze niż projekt?

Jeżeli cała zawartość pudełka jest ważniejsza od najważniejszej rzeczy, którą pozostawiasz poza nim, to twoje priorytety są jasno określone; należysz do jednego procenta osób na świecie, które optymalnie zarządzają czasem. Jeśli jednak wraz z dziewięćdziesięcioma dziewięcioma procentami innych ludzi poza twoim pudełkiem są rzeczy ważniejsze od tych, które się w nim znajdują, to może najwyższa pora, byś sprawdził jeszcze raz zawartość swojego dwudziestoczterogodzinnego pudełka.

Jasne określenie priorytetów

Ustalenie priorytetów jest proste: trzeba tylko zdecydować, co włożyć do pudełka, a co zostawić poza nim. Być może wielu ludziom trudno jest określić swoje priorytety, bo niepotrzebnie komplikują całą sprawę. Niektórzy mylnie uważają, że dla określenia priorytetów trzeba rozstrzygnąć, co jest dla nich najważniejszą rzeczą, co jest drugą najważniejszą rzeczą, trzecią najważniejszą rzeczą… Może to wymagać niezwykle trudnych wyborów. Niektóre rzeczy w życiu są bardzo istotne, nie ma więc sensu próbować ustalić, która jest ważniejsza. To tak jakby rozstrzygać, co ma większe znaczenie: wdech czy wydech. Nie możemy przecież obejść się bez jednego i drugiego.

Po co więc na przykład łamać sobie głowę, czy ważniejsza jest dla nas rodzina czy praca? Jedno i drugie musi znaleźć się w naszym pudełku. Czy lepiej spędzić czas z rodziną, czy pójść do pracy i zarabiać pieniądze? Czemu nadać wyższy priorytet? To niemądre pytanie. Spróbuj rzucić pracę, żeby spędzać cały czas z synem. Kiedy syn przez kilka dni będzie chodzić głodny, sam cię poprosi, żebyś wrócił do pracy. Jeżeli jednak nigdy nie widujesz syna, bo ciągle przesiadujesz w pracy, może on nabrać wątpliwości, czy w ogóle go kochasz. Co jest gorsze: narazić dziecko na głód czy na głód miłości? Jedno i drugie jest niedopuszczalne, nie trzeba więc odpowiadać na to pytanie. Musimy się tylko upewnić, że spędzanie czasu z rodziną i zarabianie pieniędzy znajdą się w naszym pudełku. Dopóki tak jest, dobrze zarządzamy swoimi priorytetami. Jeśli jedno lub drugie pozostaje poza pudełkiem, z naszymi priorytetami coś jest nie tak.

A jeśli musimy dokonać wyboru?

No dobrze, ale jeśli mamy wybór między ważną podróżą w interesach a doniosłą uroczystością rodzinną? Czy nie trzeba ich jakoś uszeregować na liście priorytetów, żeby wiedzieć, co wybrać? Na szczęście chyba nie. Decyzja nie polega na prostym wyborze między priorytetem numer 1 i priorytetem numer 2. Dokonanie wyboru wymaga uwzględnienia wielu czynników. Jako dyrektor wielkiej instytucji badania konsumentów musiałem być na zebraniach zarządu bez względu na to, co się działo w mojej rodzinie. Nie oznaczało to wcale, że kariera była dla mnie ważniejsza niż rodzina. W istocie wybrałem taką drogę kariery, gdyż była ona bardzo korzystna zarówno dla mojego rozwoju zawodowego, jak dla rodziny. W tej sytuacji podróż w interesach była dla mnie ważniejsza niż pozostanie w domu z rodziną. Istniał jednak w moim życiu okres, kiedy dzieci były małe, a ja zbyt często wyjeżdżałem. Postanowiłem wtedy zająć się czymś, co nie wymagało częstego podróżowania. Nie znaczyło to, że dla rodziny porzuciłem karierę. Znalazłem po prostu sposób, aby jedno i drugie pozostało w moim pudełku.

Wymagając, żeby każda rzecz znalazła się na liście priorytetów, stwarzamy sztuczną sytuację, w której możliwy jest tylko wykluczający wybór. Jeśli powstaje u mnie konflikt między obowiązkami rodzinnymi a zawodowymi, przeciwstawiam pracę rodzinie. A wcale nie musi tak być. Kiedy wkładamy do pudełka więcej niż jedną rzecz, przyjdzie czas, gdy wiele rzeczy będzie konkurować o nasz czas. Faworyzując w takiej sytuacji pracę, będę zaniedbywał rodzinę. I odwrotnie: faworyzując rodzinę, zaniedbam karierę. Jeżeli wezmę wszystko pod uwagę i będę się starał pogodzić ze sobą rodzinę i karierę, jedna i druga pozostaną w pudełku.

Słyszałem niedawno o dyrektorze, który zarabiał dziesiątki milionów dolarów rocznie. Któregoś dnia córka wręczyła mu listę ważnych wydarzeń z ostatnich dwóch lat jej życia. Lista liczyła dwadzieścia pozycji, a ojciec dziewczynki nie był obecny na żadnym z tych wydarzeń. Zapewniał wprawdzie, że bardzo ją kocha, ale lista mówiła co innego – i nie kłamała. Mógł oczywiście wytłumaczyć każdą nieobecność ważnymi przyczynami zawodowymi, lecz musiał w końcu przyznać, że jego praca była ważniejsza niż córka. Zawsze miała miejsce w jego pudełku, a ważne wydarzenia z życia córki – nie. Zrezygnował więc z lukratywnej posady, aby częściej być z córką. Nie znaczy to oczywiście, że w ogóle przestał pracować. Po prostu zmienił posadę, żeby zarówno praca, jak i córka znalazły się w pudełku. Jedna i druga miały być jego priorytetami.

Co najpierw?

Istnieje również kwestia, jak organizujemy swoje życie. Czyż nie należy kierować się zasadą: „najpierw to, co najważniejsze”? Jest to słuszna zasada ogólna, ale decydując, jak uporządkować swoje sprawy w ciągu dnia, tygodnia lub miesiąca, musimy wziąć pod uwagę wiele czynników. Nawet jeśli coś jest dzisiaj dla mnie najważniejszą sprawą do załatwienia, nie znaczy to jeszcze, że zajmę się nią najpierw. Pamiętacie moją opowieść o ładowaniu towarów do ciężarówki? Nie miało większego znaczenia, czy umieściłem jakiś towar z przodu, czy z tyłu ciężarówki. Jeśli tylko się w niej znalazł, musiał dotrzeć do miejsca przeznaczenia. Decyzja, gdzie umieścić dany towar w ciężarówce, zależała więc od tego, czy pudła pasują do siebie, a nie od ważności danego pudła.

Tak samo jest z naszym pudełkiem: koniec końców liczy się to, co się w nim znajdzie, a co nie. Jeśli coś do niego trafia, nie ma zwykle znaczenia, kiedy to następuje. Rzecz, którą zajmujemy się w pierwszej kolejności, nie musi być wcale najważniejsza ani mieć najwyższego priorytetu. Rodzina nie jest dla ciebie mniej ważna niż praca tylko dlatego, że najwięcej czasu spędzasz z nią wieczorem, po powrocie z pracy. Jeśli jednej i drugiej poświęcasz odpowiednią ilość czasu, obie są dla ciebie priorytetem. Decydując, gdzie daną rzecz umieścić w pudełku, trzeba wziąć pod uwagę wiele czynników. W następnym rozdziale, poświęconym zasadzie wartości, omówimy je dokładniej.

Trzy kategorie priorytetów

Oczywiście nie chodzi mi o to, żebyśmy zarządzając czasem, abstrahowali od tego, ile znaczą różne rzeczy w naszym życiu. W całej książce będzie mowa o tym, jak skupiać się na najważniejszych rzeczach. Pamiętajmy, że ustalanie priorytetów służy nam do upewnienia się, że zrobimy to wszystko, co powinniśmy zrobić. Rozważmy więc pewien prosty sposób ustalania priorytetów, który nie wymaga określenia, na ile ważna jest dana rzecz w porównaniu z innymi. Sposób ten polega na uwzględnieniu tylko trzech czynników.

Co musi się znaleźć w pudełku?

Nie możemy zmieścić w pudełku wszystkiego, co chcielibyśmy zrobić. W punkcie wyjścia trzeba więc zadać sobie proste pytanie: co musi na pewno trafić do pudełka? Przy wyborze należy zachować zdrowy rozsądek. Jeśli spróbujemy wtłoczyć do pudełka za dużo, istnieje ryzyko, że coś popsujemy. Trzeba bardzo ostrożnie decydować o tym, że coś musi znaleźć się w pudełku. Uwielbiam koszykówkę, ale rzadko będę brał udział w rozgrywkach ligowych. Jeśli zgodzę się grać w lidze, wszystkie mecze znajdą się w pudełku. Kiedy nie mieliśmy jeszcze z żoną dzieci, nie było z tym kłopotu. Gdy jednak przyszły na świat, a praca pochłaniała mi coraz więcej czasu, zrezygnowałem z tego zobowiązania. Grywałem w amatorskich meczach, gdy miałem akurat czas, ale nie mogłem sobie pozwolić, żeby rozgrywki ligowe wypełniły moje pudełko. Lepiej mieć w pudełku za mało rzeczy, z których nie można zrezygnować, niż za dużo. Kiedy planuje się tydzień, dobrze jest dysponować pewnym luzem na wierzchu pudełka.

Co powinno pozostać poza pudełkiem?

Musimy się pogodzić z tym, że pewne rzeczy, które chcielibyśmy robić, nie znajdą się w pudełku. Jestem zwykłym amerykańskim chłopakiem i cieszyłbym się, gdyby moje życie kręciło się wokół ESPN*. Chciałbym śledzić rozgrywki w najważniejszych dyscyplinach sportowych, i to na każdym szczeblu. Świadomie jednak postanowiłem wyrzucić ze swojego pudełka prawie cały program sportowy. Pozwoliłem sobie tylko na luksus oglądania jednej dyscypliny, i tylko na jednym szczeblu. Oglądam NBA i to wszystko. Nie śledzę rozgrywek ligi uniwersyteckiej koszykówki, nie oglądam w ogóle meczów futbolu amerykańskiego, baseballu, piłki nożnej ani hokeja. Z rozgrywek sportowych do pudełka włożyłem tylko NBA, nie chcąc ryzykować jego przepełnienia. Zauważcie, że nie wyrzuciłem całego sportu. W naszym pudełku musi się znaleźć jakaś rozrywka. Chodzi o to, żebyśmy nie wypełnili nią całego pudełka, nie zostawiając miejsca na rzeczy ważniejsze, mające trwalsze znaczenie. Można grać w golfa, oglądać telewizję, grać w gry wideo, chodzić na ryby, oglądać sport itd. Włóż coś z tego do swojego pudełka. Musimy jednak ograniczyć miejsce, jakie te rzeczy zajmują. Inaczej może nam go zabraknąć na takie, które pozostawią trwały ślad w naszym życiu i życiu naszych bliskich.

Co jest na marginesie?

Nie chcemy całkowicie wypełniać pudełka codziennymi obowiązkami. Nie zamierzamy też jednak marnować czasu, pozostawiając część pudełka pustą. Co więc robić? Miejmy na podorędziu pewne rzeczy, które trafią do pudełka, jeżeli akurat jest w nim miejsce. Gdy tego miejsca nie ma, możemy sobie pozwolić, żeby pozostały poza

* Amerykańska stacja telewizyjna nadająca transmisje sportowe (przyp. tłum.).

pudełkiem. Znajdują się one na marginesie. Ja na przykład tak staram się zaplanować codzienne zajęcia, żeby pod koniec dnia zostało mi około godziny. Jest to czas, kiedy mogę się zrelaksować. Wykonuję wtedy trochę ćwiczeń rozciągających i słucham muzyki. Dzięki temu odprężam się i zapobiegam sztywnieniu mięśni, typowemu dla mojego wieku. Córka mówi, że ćwiczę jogę. Odpowiadam, że duzi faceci nie ćwiczą jogi, po prostu rozciągają się. Ona jednak obstaje przy swoim: może się i rozciągam, ale wygląda to kropka w kropkę jak joga. Jak zwał, tak zwał, ważne, że regularne ćwiczenia działają na mnie znakomicie. Ale jeśli któregoś dnia zdarzy mi się je opuścić, nie zrobię się natychmiast sztywny jak kołek. Umieszczam więc swoje ćwiczenia rozciągające (albo jogę) na marginesie. Kiedy w pudełku jest na nie miejsce, wkładam je. Jeśli nie ma, zostawiam je poza nim.

Ponieważ nie wiemy dokładnie, ile czasu zajmie nam jakaś czynność, musimy trzymać na marginesie sporą liczbę rzeczy. Przy tej okazji bardzo przydaje się wiedza o tym, co jest ważniejsze. Nie musimy szeregować rzeczy, które muszą znaleźć się w pudełku albo muszą pozostać poza nim. Jeśli jednak pewne rzeczy są na marginesie, powinniśmy znać ich znaczenie względem innych.

Jeżeli dwie rzeczy muszą się znaleźć w pudełku, nie ma znaczenia, która jest ważniejsza. To samo dotyczy sytuacji, gdy dwie rzeczy powinny znajdować się poza pudełkiem. Jeśli jednak mamy dwie rzeczy pozostające na marginesie, to musimy wiedzieć, która jest ważniejsza. Istnieje bowiem duże prawdopodobieństwo, że jedna z nich zmieści się w pudełku, a druga już nie. Kiedy mamy czas na zajęcie się czymś, co jest na marginesie, będziemy musieli wybrać, co włożyć do pudełka. Najlepiej wybrać najważniejszą rzecz.

Róbmy tak, żeby wszystko się zmieściło

Kiedy pracowałem przy załadunku ciężarówek, zdarzało się, że kontener był już pełen, a w magazynie pozostało jeszcze kilka niezaładowanych pudeł. Musieliśmy albo przepakować ciężarówkę, albo powiadomić szefa, że całego towaru nie da się zmieścić. Ani jedno, ani drugie nam się nie uśmiechało. Operator wózka widłowego (nigdy nie byłem nim ja) wybierał więc trzecie rozwiązanie.

Podnosił na widłach pustą paletę i używał jej jako tarana. Uderzał nią parę razy w pudła znajdujące się w ciężarówce i robił miejsce na kilka dodatkowych. Nie bardzo mi się to podobało, ale gdybyś miał do czynienia z tymi twardymi i gburowatymi ładowaczami, nie zadawałbyś żadnych pytań. Nasz brygadzista uważał pewnie, że rozwiązał problem, i mało go obchodziło, że bardzo utrudnił zadanie osobie odbierającej towar.

Zauważyłem, że wielu ludzi w ten sam sposób podchodzi do zarządzania czasem: starają się za wszelką cenę upchnąć jeszcze coś w swoim pudełku. A potem dziwią się, dlaczego jego zawartość jest uszkodzona. Jeżeli próbujemy upychać rzeczy na siłę, zawsze coś się uszkodzi. Musimy przestrzegać granicy między tym, co znajduje się w pudełku, a co nie. Nasze priorytety są jasne, gdy pilnujemy, by najcenniejsze dla nas rzeczy znalazły się w pudełku. To właściwy sposób zarządzania naszym ograniczonym czasem.

Wyzwanie priorytetów:
Uważaj, co wkładasz do swego
dwudziestoczterogodzinnego pudełka.

5
Wartość

Zasada wartości:
Bieda czeka tych, którzy poświęcają najwartościowszy czas rzeczom małej wartości

Bez ustalenia priorytetów nie dowiemy się, co powinniśmy umieścić w swoim rozkładzie dnia, a co nie. Z listy priorytetów nie wynika jednak wprost, kiedy mamy się zająć tym lub tamtym. Chociaż reguła „najpierw to, co najważniejsze" jest ogólnie słuszna, często nie ma zastosowania. Istnieją uzasadnione powody, że najważniejszymi sprawami wcale nie zajmujemy się na samym początku dnia. Na przykład trzy dni w tygodniu o szóstej rano spotykam się z kilkoma kumplami, żeby pograć w koszykówkę. Żona jest dla mnie o wiele ważniejsza niż koledzy od koszykówki. Jest pierwsza na liście, kumple zajmują na niej odleglejsze miejsca. Chociaż Lisa bardzo wiele dla mnie znaczy, nie zawsze zaczynam dzień od niej. Zresztą Lisa wcale nie pragnie być pierwszą osobą, z którą spędzam czas w ciągu swego „koszykarskiego dnia". Jeżeli wstaję bardzo wcześnie, Lisie bynajmniej nie zależy, żeby spędzanie z nią czasu znalazło się tego dnia na czele mojej listy priorytetów.

Musimy zrozumieć, że właściwe gospodarowanie czasem to wynik różnych uzgodnień. Dlaczego gram z kolegami w koszykówkę o szóstej rano? Ponieważ o tej porze możemy znaleźć wolną salę, a jesteśmy ludźmi bardzo zajętymi. Ta pora najlepiej odpowiada naszym obowiązkom zawodowym i rodzinnym. Nie chodzi o to, że koszykówka jest dla nas ważniejsza niż praca i rodzina. Gramy w nią o szóstej rano, żeby mieć później czas na pracę i życie rodzinne. Rzeczy o wyższym priorytecie są właśnie powodem, że koszykówka zajmuje pierwsze miejsce w naszym porządku dnia.

Poznaj wartość czasu

Aby efektywnie zarządzać czasem, nie wystarczy spisać na kartce rzeczy, które chcielibyśmy zrobić, a potem „odhaczać" je po wykonaniu. To może być dobre na początek. Uszeregowanie naszych zajęć od najważniejszych do najmniej ważnych bywa przydatne. Jednakże sama waga danej rzeczy nie rozstrzyga jeszcze, *kiedy* mamy ją zrobić. Żeby dobrze zarządzać czasem, trzeba dokładnie zastanowić się nad rozkładem dnia i zdecydować, kiedy jest najwłaściwsza pora na dane zajęcie. Wszystko zaczyna się od poznania wartości poszczególnych rzeczy w naszym życiu. Czasowi możemy przypisać podobną wartość, jaką przypisujemy pieniądzom. Ludzie efektywnie zarządzający swoimi pieniędzmi zawdzięczają to temu, że znają ich wartość.

Codziennie mam w portfelu kilka banknotów z wizerunkiem Jerzego Waszyngtona i kilka z portretem Andrew Jacksona. Waszyngton plasuje się wysoko na liście moich ulubionych prezydentów, Jackson bardzo nisko. Banknoty z Jacksonem cenię jednak wyżej niż te z Waszyngtonem. Powód jest prosty: te pierwsze mają nominał 20 dolarów, a te drugie tylko 1 dolar. O tym, który banknot stawiam wyżej, decyduje więc znajomość ich wartości, a nie moja opinia o prezydentach.

Musimy starać się poznać prawdziwą wartość rzeczy. Jeżeli dasz dziecku wybór między dziesięciocentówką a pięciocentówką, to którą monetę wybierze? Bardzo małe dziecko wybierze pewnie pięciocentówkę, bo jest większa niż dziesięciocentówka. Z czasem dziecko przyswoi sobie pojęcie wartości pieniężnej. Zrozumie, że dziesięciocentówka ma większą wartość niż pięciocentówka, będzie więc wybierać tę pierwszą. Dziecko podejmuje trafniejsze decyzje finansowe, gdy zaczyna rozumieć wartość pieniądza.

Większość dorosłych potrafi wybrać między pięciocentówką a dziesięciocentówką albo między banknotem dwudziestodolarowym i jednodolarowym. Wartość pieniądza na ogół zaczynamy rozumieć już w młodym wieku. Ważna zasada, o której zaczęliśmy mówić w pierwszym rozdziale i będziemy ją omawiać przez całą książkę, głosi, że czas ma większą wartość niż pieniądze. Dlaczego więc wartość pieniądza poznajemy dość wcześnie, a wartość czasu stosunkowo późno? Żeby efektywnie zarządzać czasem, musimy poznać jego wartość.

Pewien miliarder był już bardzo stary, kiedy ktoś go zapytał, czy zmieniłby coś w swoim życiu. Odpowiedział, że gdyby mógł jeszcze raz je przeżyć, zrobiłby więcej ważnych rzeczy, bo robienie ważnych rzeczy zajmuje tyle samo czasu, ile robienie błahych. Skoro zrobienie czegoś o małej wartości trwa tyle samo czasu, ile zrobienie rzeczy bardzo wartościowej, to czemu w ogóle robimy rzeczy o niskiej wartości? Czy nie dlatego, że nie znamy wartości czasu, tak samo jak małe dziecko nie zna wartości pieniądza? Tak jak małe dziecko wybiera pięcio-, a nie dziesięciocentówkę, bo nie rozumie wartości pieniądza, my często zajmujemy się błahostkami zamiast ważnymi rzeczami, bo nie rozumiemy wartości czasu.

Jak cenimy swój czas?

Każdy pieniądz ma jakąś wartość, ale banknot dwudziestodolarowy jest więcej wart niż jednodolarowy. Za 20 dolarów możemy po prostu kupić więcej niż za dolara. W analogiczny sposób każda ilość czasu ma jakąś wartość. Jak mówi Zig Ziglar*: każdy dzień jest wspaniały, a jeśli w to nie wierzycie, opuśćcie choćby jeden dzień. Jednakże pewien odcinek czasu może mieć większą wartość od innego, bo dzięki niemu możemy zrobić więcej. Spróbujmy odpowiedzieć na pytanie, dlaczego niektóre odcinki czasu nazywa się „najwartościowszym czasem".

Rytm dobowy

Wczesnym wieczorem przechodziłem obok kuchni i zobaczyłem, że moja córka ze swoją najlepszą przyjaciółką zajęte są pieczeniem

* Zig Ziglar (1926–2012) – właśc. Hilary Hinton „Zig" Ziglar, amerykański pisarz, chrześcijański mówca motywacyjny (przyp. red.).

ciasta. Obie panny były pełne werwy, śmiały się i w ogóle świetnie się bawiły. Ale zaledwie dwanaście godzin wcześniej widziałem zupełnie inny obrazek. Córka musiała wstać bardzo wcześnie, bo miała zajęcia na uniwersytecie. O siódmej rano natknąłem się na nią na terenie uczelni; nie była nawet w połowie tak radosna, jak o siódmej wieczorem, podczas pieczenia ciasta. Odniosłem wrażenie, jakbym rano miał inną córkę niż wieczorem. To dziwne zjawisko można łatwo wyjaśnić.

Nasz organizm funkcjonuje według dwudziestoczterogodzinnego zegara. Jeśli chodzi o sprawność fizyczną i umysłową, mamy w tym czasie lepsze i gorsze okresy. Występują one codziennie mniej więcej o tej samej porze. Ten cykl wahań naszej energii w ciągu doby nazywa się „rytmem dobowym". Nie wszyscy mamy taki sam rytm dobowy. Ja sam należę do „rannych ptaszków", bo lubię zaczynać dzień bardzo wcześnie. Większość ludzi powie wręcz, że wstaję „w środku nocy", a nie rano. Kiedy o ósmej otwieram drzwi sali wykładowej, jestem już na nogach od kilku godzin. Wchodzę więc raźnym krokiem i zderzam się z brutalną rzeczywistością: mam inny rytm dobowy niż dziewięćdziesiąt pięć procent studentów. Stoję, kipiąc energią, i rozglądam się po sali pełnej studentów, którzy myślą pewnie: „Czy ten facet da nam jeszcze trochę pospać?".

Najwartościowszy dla nas czas to ta pora dnia, w której mamy najwięcej fizycznej i psychicznej energii do pracy. To w tym okresie, w miarę możności, powinniśmy robić najważniejsze rzeczy. A jeśli nasz rytm dobowy nie zgadza się z tym, czego wymaga od nas porządek dnia? W takim razie musimy coś zmienić. Rytm dobowy jest poniekąd wynikiem naturalnych skłonności, a poniekąd skutkiem przyzwyczajenia. Kiedy sam studiowałem, najczęściej podejmowałem się nocnych prac. Chociaż wolałem wstawać wcześnie, przyzwyczaiłem organizm do późnego chodzenia spać. Po ukończeniu studiów mogłem wrócić do swojego naturalnego rytmu dobowego i znów wstawać bardzo wcześnie. Co się zatem tyczy naszego rytmu dobowego, mamy dwa wyjścia. Możemy zmienić rozkład zajęć tak, żeby odpowiadał naszemu rytmowi lub zmienić rytm, by odpowiadał naszemu porządkowi dnia. Nasz rozkład zajęć powinien zgadzać się z rytmem dobowym, abyśmy najważniejszymi zadaniami zajmowali się w czasie, gdy poziom naszej energii jest najwyższy.

Najlepsza pora

Powinniśmy wiedzieć, jaka jest „najlepsza pora" w naszej branży, i ten czas cenić najbardziej. „Najlepsza pora" może być porą dnia, ale może też być częścią roku kalendarzowego. W każdym razie nie wolno nam jej marnować na zajmowanie się błahostkami.

Wszyscy wzięci handlowcy wiedzą, co to jest „najlepsza pora sprzedaży". Jeśli pracuję w handlu, najcenniejszy dla mnie czas jest wtedy, gdy mogę zetknąć się z największą liczbą klientów. W akwizycji jest to wieczór, bo wtedy większość ludzi można zastać w domu. Jeżeli zajmuję się sprzedażą towarów dla małych przedsiębiorstw, najlepsza pora to wczesny ranek: szef jest już w firmie, ale nikt jeszcze nie zawraca mu głowy. Jeżeli sprzedaję towary do restauracji, najlepsza pora jest przed obiadem i po nim.

Księgowi mają inny punkt widzenia na „najlepszą porę". W ich branży najlepsza pora to nie pewien okres dnia, ale roku – sezon podatkowy. Znajomy księgowy zapłacił właśnie za basen pieniędzmi, które zarobił podczas minionego sezonu podatkowego. Moja najlepsza pora jako wykładowcy to sam początek i sam koniec semestru. Detaliści także mają swoją najlepszą porę: to okres gwiazdkowy. Detalista, który zaraz po Święcie Dziękczynienia zamyka sklep i jedzie na wakacje, ryzykuje bankructwo.

Cykl życia zawodowego i rodzinnego

W naszym życiu zawodowym i rodzinnym też są okresy ważniejsze i mniej ważne. Ile razy zaczynamy nową pracę, musimy przeznaczyć na nią więcej najcenniejszego czasu. Powtarzam studentom, że kiedy skończą studia i podejmą pierwszą pracę, nie będzie to dla nich czas na odpoczynek. Im wcześniej zdobędą odpowiednią pozycję w branży, tym szybciej zyskają czas na odpoczywanie bez uszczerbku dla swoich finansów. Jeśli ktoś zakłada firmę, na samym początku musi w nią zainwestować mnóstwo czasu. Kiedy już firma zapewni sobie odpowiednią pozycję na rynku, nie będzie mu zajmować wiele czasu. Na początku jednak trzeba jej się poświęcić całkowicie.

W życiu rodzinnym również istnieją okresy, kiedy jest ono bardziej absorbujące. Mieliśmy z żoną czworo dzieci, które przychodziły na świat w niewielkich odstępach czasu. Najstarsze miało pięć lat, gdy urodziło się najmłodsze. W tych pierwszych latach musiałem zainwestować w rodzinę bardzo wiele czasu. Nie trwało to jednak długo. Z każdym rokiem dzieci wymagały mniej uwagi.

W świecie idealnym najbardziej czasochłonna część naszego życia zawodowego nigdy nie zbiegnie się z najbardziej absorbującym okresem życia rodzinnego. Niestety, nie żyjemy w świecie idealnym. Co więc robić, jeśli w pewnym okresie zarówno życie zawodowe, jak i rodzinne wymagają od nas maksymalnego zaangażowania? Wtedy nieodzowne są daleko idące wyrzeczenia. Mój przyjaciel Eric miał pięcioro dzieci, kiedy studiował medycynę. W tym okresie starczało mu czasu tylko na dwie rzeczy: rodzinę i studia medyczne. Nie grał w golfa, nie oglądał transmisji sportowych, nie spotykał się z kolegami, nie grał w lidze softballa. Istniały dla niego wyłącznie rodzina i studia. Dzięki temu, że potrafił się wówczas poświęcić, teraz może cieszyć się życiem. Ponieważ dał z siebie wiele żonie i dzieciom, ma wciąż kochającą się rodzinę. Wszyscy ponieśli jakieś ofiary, ale dziś mają pieniądze, aby miło spędzać czas razem. Na kilka lat Eric musiał się jednak wyrzec wszystkiego z wyjątkiem rodziny i pracy.

Oto ważne hasło, które będzie wracać jeszcze wiele razy na kartach tej książki: „Z uzasadnionego powodu i na określony czas" (w formie rymowanej można to ująć tak: „dla słusznej racji i na czas akcji"). Eric i jego rodzina ponosili przez pewien czas wielkie ofiary, bo wiedzieli, że robią to z uzasadnionego powodu (przez wzgląd na przyszłe korzyści). Jeśli rok za rokiem nasza rodzina musi ponosić ofiary, a my tymczasem dążymy do osobistej sławy i fortuny, to coś jest nie w porządku. Nie ma natomiast nic złego w tym, że rodzina poświęca cały swój czas dążeniu do wspólnego celu. Wie przecież, że gdy cel zostanie osiągnięty, czas wyrzeczeń się skończy i wszyscy skorzystają dzięki poniesionym ofiarom.

Jak ocenić wartość tego, co robimy?

Co więc mamy robić z najwartościowszym czasem? Jest go ograniczona ilość, toteż musimy dbać, żeby spożytkować go na robienie rzeczy o dużej wartości. W każdej chwili istnieją tysiące rzeczy, które moglibyśmy robić. Nie wszystkie jednak mają taką samą wartość. Skąd mamy wiedzieć, co ma dużą wartość, a co nie? Przeanalizujmy pięć czynników, które trzeba uwzględnić, gdy określamy prawdziwą wartość rzeczy konkurujących o nasz czas.

Wszystkie drogi dokądś prowadzą

Mój ulubiony cytat z całej literatury dziecięcej pochodzi z *Alicji w Krainie Czarów*. Alicja dochodzi do rozstaju dróg i pyta Kota z Cheshire, którą drogą powinna pójść. Na pytanie Kota, dokąd idzie, Alicja odpowiada, że nie wie. Kot mówi więc, że nie ma znaczenia, którą drogę Alicja wybierze. Wszystkie drogi dokądś prowadzą, więc jeśli nie zmierzamy do konkretnego celu, możemy wybrać dowolną. Jeżeli nie wiemy, co chcemy osiągnąć w życiu, to wszystko jedno, jak spożytkujemy swój najwartościowszy czas. Kiedy jednak zdecydujemy, co jest dla nas najważniejsze, zaczniemy cenić zajęcia, które nas do tego przybliżą. Pomówimy jeszcze o tym dokładniej, zwłaszcza gdy dojdziemy do zasady percepcji.

Wybory pociągają za sobą pewne skutki

Każdy wybór ma swoje konsekwencje. Czasami musimy wybrać między skutkami pozytywnymi a negatywnymi. Wybór jest wówczas łatwy. Jeśli mam wybrać między pójściem do kościoła a zażyciem narkotyków, nie będę miał trudności z decyzją: idę do kościoła. Zarządzanie czasem byłoby znacznie łatwiejsze, gdybyśmy zawsze wybierali między tym, co dobre, a tym, co złe. Dostałem właśnie list od wydawcy, który przesłał mi pieniądze za obcojęzyczne wydanie mojej książki. Nie było tego dużo, ale „lepsze to niż kij w oko" – jak się wyraził wydawca. Jeśli mam wybór między kilkoma setkami dolarów a uderzeniem w oko, zawsze wybiorę to pierwsze. Życie byłoby o wiele łatwiejsze, gdyby wszystkie decyzje były takie proste.

Zwykle jednak musimy wybierać nie między dobrą i złą rzeczą, ale między dobrą i jeszcze lepszą. Jedne rzeczy przynoszą nam tylko niewielką korzyść, a inne bardzo dużą. Mógłbym poćwiczyć i cieszyć się, że jestem zdrowszy i mam więcej energii. To wspaniałe korzyści. Mógłbym też w tym samym czasie pooglądać telewizję. Odniósłbym taką korzyść, że ciekawie spędziłbym czas. Rozrywka też jest dobra. Nie musimy rezygnować w życiu z tego, co dobre. Nie powinniśmy jednak poświęcać na rozrywkę swojego najwartościowszego czasu.

W tym czasie należy robić ważne rzeczy, a na rozrywkę przeznaczać czas, który nie jest dużo wart.

Żołędzie stają się dębami

Pewien wysoki urzędnik powiedział kiedyś, że zajmuje się żołędziami, aby nie musieć zajmować się dębami. Małe problemy, które nie zostały rozwiązane we właściwym czasie, mogą z czasem stać się wielkie. Dlatego urzędnik wolał zajmować się problemami wtedy, gdy są jeszcze małe. Kilka lat temu miałem okazję sam się przekonać, jak mądra jest ta zasada.

W klimatyzatorze zatkała się rurka odprowadzająca skroploną parę. Nie był to żaden poważny defekt. Wiedziałem, że powinienem się nim zająć, ale jakoś nigdy nie mogłem znaleźć czasu. Woda, która nie była właściwie odprowadzana, zbierała się pod podłogą w przedpokoju. Któregoś dnia mój najstarszy syn zaczął iść przez przedpokój. Napisałem „zaczął", bo nigdy nie doszedł tam, dokąd chciał dojść. Podłoga zapadła się pod jego ciężarem i syn wraz z dywanem wylądował w piwnicy. Nic mu się nie stało, ale o przedpokoju nie można było tego powiedzieć. Musieliśmy wymienić całą podłogę. Z punktu widzenia zarządzania czasem i pieniędzmi podjąłem fatalną decyzję: postanowiłem zignorować zatkaną rurkę klimatyzatora. Przyszło mi to bez trudu. Wielkiej dziury w podłodze nie mogłem jednak zignorować. Przetkanie rurki zajęłoby mi bardzo mało czasu i nie kosztowało ani grosza. Wymiana podłogi wymagała mnóstwa czasu i pieniędzy.

Narastające problemy rzadko znikają same, najczęściej robią się coraz większe. Jeśli poświęcimy trochę cennego czasu żołędziom w swoim ogrodzie, nie będziemy musieli tracić masy cennego czasu na ścinanie dębów, które z nich wyrosły.

Zobowiązań trzeba dotrzymywać

Czasami podejmujemy się zadań mających niewielką wartość. Chyba wszyscy w tym czy innym momencie robimy rzeczy, które wnoszą niewiele do życia naszego lub naszych bliskich. W chwili słabości wyrażamy zgodę, chociaż powinniśmy odmówić. Mamy więc mało ważne zadanie w swoim rozkładzie dnia. Co robimy? Nie wykonujemy go? A może zajmujemy się nim, poświęcając swój najwartościowszy czas, mimo że jest to zadanie mające niewielką wartość?

Trzeba pamiętać, że istnieje coś, co ma znacznie większą wartość niż nasz czas. To nasze dobre imię, nasze słowo. To zaufanie ludzi, którzy są pewni, że można na nas polegać. Kiedy więc zobowiązaliśmy się wykonać mało istotne zadanie, musimy dotrzymać zobowiązania, choćby wymagało to od nas poświęcenia najwartościowszego czasu. Wykonanie zadania samo w sobie nie da nam wiele, ale zachowamy opinię człowieka, któremu można zaufać. A to ma dużą wartość.

Życie powinno być frajdą

Czasem powinniśmy poświęcić swój najwartościowszy czas na rzeczy, które nie mają żadnej wartości poza tą, że ich robienie sprawia frajdę. Mówiliśmy już o tym w rozdziale o wykluczającej alternatywie. Sprawa ta będzie się przewijać przez całą książkę. Zabawa powinna być częścią naszej strategii zarządzania czasem. Oczywiście w życiu nie chodzi tylko o zabawę. Nie podejmujemy wszystkich naszych decyzji na podstawie tego, ile uciechy nam sprawią. Pokażcie mi człowieka, który zawsze wybiera zabawę, a ręczę, że jego życie wcale nie jest zabawne. Życie potrafi karać ludzi, którzy nigdy nie nauczyli się ponosić krótkoterminowych ofiar dla długoterminowej nagrody. Ale pokażcie mi człowieka, który nie umie się bawić, a okaże się, że w jego życiu brak równowagi.

Inwestowanie kontra spożytkowanie czasu

Większość ludzi wydaje zarobione pieniądze. Bogacze inwestują je – właśnie dzięki temu stali się bogaci. Profesor Thomas Stanley* zrobił karierę na badaniu, jak żyją milionerzy. Z początku sądził, że milionerzy są rozrzutni, okazało się jednak, że to nieprawda. Większość milionerów bardzo niechętnie rozstaje się ze swoimi pieniędzmi. Wydają tu trochę, tam trochę, ale przede wszystkim oszczędzają, żeby zainwestować zarobione pieniądze. Wydają mało, a inwestują dużo, dlatego zostali milionerami. Większość milionerów mieszka

* Thomas J. Stanley (1943/44–2015) – socjolog amerykański, który specjalizował się w zachowaniach i zwyczajach ludzi bogatych. Autor m.in. *Sekretów amerykańskich milionerów* (Fijor Publishing, Warszawa 1998) (przyp. red.).

w normalnych domach, nie w rezydencjach. Jeżdżą normalnymi samochodami albo furgonetkami, a nie ekstrawaganckimi wyścigówkami. Wzbogacili się, bo nauczyli się inwestować swoje cenne pieniądze.

Wydając pieniądze, korzystamy z nich tylko przez chwilę. Inwestując, możemy odnosić z nich korzyść przez wiele następnych lat. O tym właśnie przekonali się ludzie bogaci i to samo dotyczy naszego czasu. Możemy go od razu spożytkować i cieszyć się chwilą, albo zainwestować i cieszyć się przyszłością. Oczywiście nie da się zainwestować całego czasu z myślą o przyszłości. Jego część należy spożytkować bez myślenia o niej. Musimy jednak pamiętać o inwestowaniu czasu w życie rodzinne, w życie zawodowe, w rozwój osobisty, w pomaganie innym ludziom. Nie możemy poświęcać całego najwartościowszego czasu na rzeczy o małej wartości, które w zamian dadzą nam niewiele. Te mało ważne rzeczy trzeba starać się robić w czasie o niskiej wartości. Najwartościowszy czas powinno się natomiast inwestować. Tak właśnie postępują ludzie odnoszący sukcesy, i to w każdej dziedzinie.

Wyzwanie wartości:

Spożytkowuj od razu czas o małej wartości, a czas najwartościowszy inwestuj.

6
Rozpraszanie uwagi

Zasada rozpraszania uwagi:
Najbardziej atrakcyjna droga rzadko jest tą,
na której się znajdujemy

Na zakończenie tej części musimy omówić jeszcze jedną podstawową zasadę związaną z czasem. Dotyczy ona nie tyle zarządzania czasem, ile marnowania go. Możemy znakomicie umieć cenić czas, decydować się na pewne rzeczy i rezygnować z innych, ustalać właściwe priorytety i planować porządek dnia. Jaki to jednak będzie miało sens, jeżeli stale będziemy błądzić po manowcach? Jest niezwykle ważne, abyśmy nie zbaczali z drogi prowadzącej do celu.

Podążanie mylną drogą

Przekonałem się o tym na własnej skórze jeszcze na studiach. Podczas wakacji pracowałem w ośrodku turystycznym w Górach Skalistych. Ośrodek leżał w malowniczej dolinie, w cieniu pięknej góry. Razem z kilkoma kolegami patrzyliśmy na tę górę w przekonaniu, że Bóg umieścił ją tam po to, aby nasza czwórka mogła się na nią wspiąć. Mniej więcej w połowie lata wszyscy dostaliśmy wolne tego samego dnia i postanowiliśmy zdobyć górę, która tyle czasu rzucała nam wyzwanie.

Mówiąc „góra", nie chcę powiedzieć, że była to góra wymagająca alpinistycznych umiejętności. Była to raczej góra dla zwykłych turystów. Na szczyt prowadziło kilka ścieżek i wejście nie mogło zabrać wiele czasu. Nam zajęło około czterech godzin, a wycieczka okazała się warta poniesionych trudów. Znaleźliśmy się powyżej granicy lasu, skąd rozciągał się rozległy widok w każdą stronę. Sam szczyt miał kształt rozległego kopca o powierzchni kilku hektarów. Chciałem nacieszyć oczy widokami ze wszystkich stron kopca.

Przez pewien czas wędrowałem wokół wierzchołka i nagle stwierdziłem, że moi koledzy gdzieś znikli. Nie przejąłem się tym zbytnio, bo przecież byliśmy na zwykłej wycieczce turystycznej, a nie wyprawie alpinistycznej. Na wędrówkę po ciemku nie miałem jednak ochoty, postanowiłem więc zejść na dół sam jedną ze ścieżek.

Tuż przed zachodem słońca dotarłem do celu – a przynajmniej tak mi się wydawało. Okolica wyglądała jednak dziwnie obco. Potem zauważyłem ze zgrozą, że słońce zachodzi nie w tym końcu doliny, co trzeba. Ale dopiero po dłuższej chwili zrozumiałem, dlaczego zachodzi na wschodzie: tam, gdzie wydawało mi się, że jest wschód, wcale wschodu nie było – tam był zachód. A skoro tak, to tam, gdzie wydawało się, że jest północ, było w rzeczywistości południe. Spojrzałem w górę i zrozumiałem, że patrzę na niewłaściwe zbocze. Tak, znalazłem świetne zejście, ale doszedłem nim nie tam, dokąd chciałem dojść. Byłem w złej dolinie. Nasz ośrodek leżał po drugiej stronie góry.

Trzy problemy z mylną drogą

Nauczyłem się tego dnia czegoś ważnego. Jeśli chcesz dotrzeć do celu, musisz koniecznie obrać właściwą drogę. Schodziłem z góry w dobrym tempie. Wycieczka była piękna. Ścieżka, którą podążałem, bardzo mi się podobała i w ogóle była cudowna z wyjątkiem jednego: nie prowadziła do ośrodka. To samo dzieje się w życiu, gdy zapomnimy o najważniejszym i obierzemy złą drogę. Choćbyśmy bardzo lubili to, co robimy, jeżeli nie prowadzi nas to do celu, jesteśmy na manowcach. W chwili gdy zacząłem schodzić złą drogą, miałem wielki problem. Właściwie miałem aż trzy problemy – bo zawsze gdy zabłądzimy, borykamy się z trzema problemami.

Marnujemy czas

Pierwszy problem polegał na tym, że straciłem cenny czas. Pamiętajcie, że schodziłem z góry, bo miałem niezbyt dużo czasu, aby dotrzeć do ośrodka przed zmrokiem. Gdybym nie poszedł złą drogą, dotarłbym na miejsce o właściwej porze. Ponieważ jednak zmyliłem drogę, straciłem cały czas, którego potrzebowałem, żeby dojść do ośrodka. Czas szybko uciekał, a ja wciąż byłem daleko od celu. Tak to jest, gdy błąkamy się po manowcach. Wszyscy mamy ograniczoną ilość czasu, aby wykonać to, co sobie zamierzyliśmy. Doba liczy dwadzieścia cztery godziny i ani minuty więcej. Mamy tylko określoną liczbę lat na wychowanie dzieci. Nasz pobyt na tej ziemi też dobiegnie kiedyś kresu. Pod każdym względem los daje nam ograniczoną ilość czasu. Nadchodzi zmrok i jeśli w czasie, który nam pozostał, nie będziemy iść właściwą drogą, nie dojdziemy do celu. Błądząc po manowcach, marnujemy czas, który mamy na osiągnięcie swoich celów.

Na koniec jesteśmy dalej od celu

Nie chodziło jednak tylko o to, że zmarnowałem mnóstwo czasu. Drugi mój problem polegał na tym, że po zejściu złą drogą byłem dalej od ośrodka, niż w chwili wyruszenia w drogę. Jedna zła decyzja i znalazłem się na drodze, która miała mnie oddalić od celu o wiele kilometrów. Jak na ironię, zejście złą drogą wymagało tyle samo czasu i energii, ile zejście dobrą. Chwila nieuwagi kosztowała mnie bardzo drogo, bo straciłem wiele sił, a wciąż byłem bardzo daleko od celu. Nadal musiałem wrócić do ośrodka.

Trzeba pamiętać, że nieuwaga nie oznacza tylko marnowania czasu. To nie tak! Przeciwieństwo nieuwagi to koncentracja. Aby odnieść sukces w jakiejkolwiek dziedzinie, musimy umieć skoncentrować się na niej przez dłuższy czas. Koncentracja jednak wymaga czasu. Gdy jesteśmy skoncentrowani i jasno rozumiemy, co robimy, możemy posunąć się daleko na drodze do swoich celów. Tracąc koncentrację, zbaczamy na manowce. Kiedy w końcu wracamy na właściwą drogę, musimy odzyskać koncentrację. To zawsze trwa. Czasem nawet bardzo długo. Omówimy to dokładniej w rozdziale o zasadzie jasności. Ważne, żebyśmy zrozumieli jedno. Kiedy przestajemy uważać, nie stoimy po prostu w miejscu, oddalamy się od celu.

Myślimy, że robimy postępy

I trzeci problem związany ze zmyleniem drogi. Idąc błędną drogą, miałem złudzenie, że podążam właściwą. Byłem przekonany, że szybko zbliżam się do celu. Wszystko wydawało się w porządku. Drzewa wyglądały tak samo, wiewiórki nie różniły się niczym. Musiałem przechodzić przez takie same zwalone pnie. Nic nie wskazywało, że jestem po złej stronie góry. Kiedy zorientowałem się, jak bardzo zmyliłem drogę, było już za późno.

Nieuwaga wypacza nasz obraz rzeczywistości. Często zresztą ten fałszywy obraz jest powodem, że przestajemy uważać. Czujemy się równie dobrze, a może nawet lepiej, idąc błędną drogą, niż podążając właściwą. Omówimy tę kwestię dokładnie w rozdziale poświęconym zasadzie wnikliwości. Musimy stale pamiętać, że możemy być na błędnej drodze. Zwykle uparcie idziemy złą drogą, bo nie zwracamy uwagi na znaki mówiące, że coś jest nie tak. Gdybym wcześniej zauważył, że słońce jest po niewłaściwej stronie nieba, oszczędziłbym sobie całego marszu do doliny po drugiej stronie góry. Dlatego musimy aktywnie wystrzegać się wszystkiego, co kieruje nas na manowce, a nie tylko mgliście mieć nadzieję, że jesteśmy na dobrej drodze. Pomoże nam w tym między innymi zrozumienie, z jakich powodów przestajemy uważać.

Dlaczego przestajemy uważać?

Istnieją trzy główne powody, dla których rozpraszamy się. Jeżeli chcemy skutecznie zarządzać swoim czasem, ważne jest, abyśmy się ich wystrzegali.

Mamy wrodzoną skłonność do rozpraszania się

Natura skonstruowała nas tak, że łatwo się rozpraszamy. Jest to zapisane w naszym DNA. Nie moglibyśmy przeżyć bez umiejętności szybkiej zmiany przedmiotu swojej uwagi. Niewiele jest zadań tak ważnych, że zasługują na niepodzielną uwagę. Ponieważ żyjemy w zmiennym świecie, powinniśmy wręcz rozpraszać swoją uwagę. Idąc ulicą, lepiej nie koncentrujmy się za bardzo na celu, do którego zmierzamy. Możemy nie zauważyć ciężarówki, która nas przejedzie, jeśli zejdziemy z chodnika.

Zbytnia nieuwaga nie jest dobra, ale jej przeciwieństwo jest niewiele lepsze. Nie możemy zupełnie nie zwracać uwagi na to, co się dzieje dookoła. Nie powinniśmy zachowywać się jak roztargniony profesor, którego typowym przykładem jest Albert Einstein. Twórca teorii względności był tak skupiony na problemach z fizyki teoretycznej, że nie zwracał uwagi na nic innego. Oczywiście Einsteinowi mogło to ujść na sucho. Każdemu, kto zmienia oblicze nauki, wszyscy wybaczą bujanie w obłokach. Jednak niewielu z nas może się poszczycić takim osiągnięciem. Żyjemy w świecie, w którym umiejętność przerzucania uwagi z jednego przedmiotu na drugi jest bardzo potrzebna. W niektórych zawodach wręcz niezbędna.

U najbardziej wziętych akwizytorów zawsze uderza mnie jedno: wielu z nich zdaje się cierpieć na zespół braku koncentracji. Żartuje się czasem, że jeśli chcecie się dowiedzieć, czy dana osoba będzie dobrym akwizytorem, zadzwońcie do jej wychowawcy ze szkoły podstawowej. Jeśli wasz kandydat doprowadzał nauczycieli do szału, to być może jest tym, kogo szukacie. Uspokajam znajomych, którzy bardzo dobrze sobie radzą w handlu, lecz mają kłopoty z koncentracją, żeby się nie przejmowali. Nie są zaburzeni, ale mają specjalny dar, dar szybkiej zmiany przedmiotu uwagi. W szkole mogło to irytować nauczycieli, w handlu jednak to zdolność niebywale przydatna. Otoczenie wymaga od handlowców skupiania uwagi na coraz to innym przedmiocie, siłą rzeczy więc muszą łatwo tracić koncentrację.

Nie zawsze więc rozpraszanie się jest złe. Trzeba po prostu wiedzieć, kiedy być skoncentrowanym, a kiedy nie. Ojciec amerykańskiej psychologii William James powiedział: „Być mądrym to wiedzieć, co przeoczyć". Skłonność do rozpraszania się to jeden z wielu aspektów ludzkiej natury. Potrzebujemy jej, ale musimy też nad nią panować. Jeśli pomaga nam być czujnym wobec otoczenia, jest przydatna. Powinniśmy jednak wystrzegać się wszystkiego, co rozpraszając naszą uwagę, powoduje, że schodzimy na manowce.

Chcemy się rozpraszać

To, co sprawia nam frajdę, często odwraca naszą uwagę od rzeczy, którymi powinniśmy się zajmować. Po prostu pokusa jest zbyt silna. Słynny golfista Tim Kite powiedział kiedyś, że jeśli szukasz rzeczy, która rozproszy twoją uwagę, zawsze ją znajdziesz. Dziś łatwiej niż kiedykolwiek znaleźć rozrywkę, która nas rozproszy. Wystarczy otworzyć przeglądarkę i zacząć surfować. O internecie często się mówi, że to broń masowego rozproszenia*. Ile czasu przeciętny pracownik umysłowy traci codziennie na przeglądanie stron społecznościowych? Ocenia się, że aż godzinę dziennie. Podobno strony społecznościowe kosztują amerykańskie firmy dziesiątki miliardów dolarów rocznie z powodu straconego czasu pracy. Dlaczego pozwalamy, aby internet tak łatwo nas rozpraszał? To proste: dość spojrzeć na wszystkie nudne sprawy do załatwienia, figurujące na naszej liście, i porównać je z tyloma ciekawymi rzeczami, które wabią nas ze stron internetowych. Co byś wybrał? Wiele rozrywek jest o wiele bardziej interesujących i zabawnych niż rzeczy, od których odciągają one naszą uwagę.

Często też ulegamy innej pokusie: to, co łatwe, odwraca naszą uwagę od trudniejszych rzeczy, które mamy do zrobienia. Jeden ze starożytnych napisał, że to nie przeszkody utrudniają nam osiągnięcie celów, lecz przede wszystkim wyraźna droga do mniej ważnego celu. Jeśli idę górskim szlakiem i widzę na drodze wielki głaz, to czy moją pierwszą myślą będzie: „Jak go przesunąć?". Nie, najpierw zacznę się zastanawiać, jak go obejść. O przesuwaniu głazu pomyślę dopiero wtedy, gdy nie będzie żadnej drogi wokół niego i jeśli bardzo będę chciał dotrzeć do celu. Kłopot polega na tym, że w życiu wyraźnie widoczne boczne drogi rzadko doprowadzają nas tam, dokąd chcemy dotrzeć. Jeśli zawsze będziemy wybierać drogi do mniej ważnych celów, to osiągniemy tylko mniej ważne cele.

To dlatego tak często kończymy na mylnej drodze. Szukamy jej, bo obiecuje więcej zabawy albo jest łatwiejsza. Nie jestem przeciwnikiem zabawy i nie ma też nic złego w szukaniu łatwiejszego sposobu, żeby wykonać jakieś zadanie. Kiedy jednak znajdujemy alternatywne drogi, musimy zadać sobie pytanie, czy dojdziemy nimi do celu.

---

* W oryginale: *weapon of mass distraction* zamiast: *weapon of mass destruction* – broń masowego rażenia (przyp. tłum.).

Ulegamy pokusie rozpraszania się

Niektórzy zarabiają góry pieniędzy, bo świetnie umieją nas rozpraszać. Nie twierdzę, że powinniśmy ich winić za to, że się rozpraszamy. Musimy brać odpowiedzialność za swoje czyny. Powinniśmy jednak zdawać sobie sprawę, z kim mamy do czynienia. Jesteśmy amatorami w dziedzinie zachowywania koncentracji. Oni są zawodowcami w rozpraszaniu naszej uwagi.

Czasami siadamy przed telewizorem, żeby obejrzeć jeden program, a kończy się na tym, że gapimy się na telewizję przez cały wieczór. Sądzisz, że to przypadek? Nie, są ludzie, którzy pracują w pocie czoła nad tym, żebyś oglądał ich programy. Przez cały wieczór próbują odrywać cię od tego, co powinieneś robić. To nie są źli ludzie, wysłani na ziemię po to, żeby storpedować twój plan dnia. Mają po prostu do wykonania zadanie, które wykonują bardzo dobrze. Jeśli nie zatrzymają cię przed telewizorem na następny program, a potem kolejny, stacje telewizyjne zwolnią ich i zatrudnią kogoś innego. Ich los zależy od umiejętności rozpraszania twojej uwagi i są w tym znakomici. Zwykle znacznie lepiej potrafią nas rozpraszać, niż my potrafimy się przed tym bronić.

Sposoby przeciwko rozpraszaniu się

Wiemy więc, że natura ludzka ma skłonność do rozpraszania się, a nawet go pragnie. Nie dość na tym, istnieją bardzo inteligentni ludzie, którzy dzień i noc myślą, jak nas rozproszyć. Nadaje to naszym staraniom o zachowanie koncentracji nieco inny wymiar. Nie jest to już dziecinna zabawa w wojnę przy użyciu pistoletów na wodę. Jeśli chcemy wygrać bitwę z tym, co nas rozprasza, musimy użyć broni ciężkiego kalibru. Jakiej? Oto pięć jej rodzajów:

Zaangażowanie: Henry Ford powiedział: „Przeszkody to te straszne rzeczy, które widzisz, gdy oderwiesz wzrok od celu". Im bardziej jesteśmy zaangażowani w osiągnięcie celu, tym mniejsze ryzyko, że się rozproszymy. Powtarzam studentom, że mogą zdobyć piątki z każdego przedmiotu, z jakiego chcą. Zwykle patrzą na mnie z powątpiewaniem. Wtedy proszę, żeby wyobrazili sobie taką sytuację: życie ich ukochanej osoby jest zagrożone i żeby je ocalić, muszą zdać egzamin na piątkę. I alternatywną sytuację: za piątkę z egzaminu dam im 25 dolarów. Następnie mówię tak: wyobraźcie sobie, że jest wieczór przed egzaminem. Wydaje wam się, że jesteście dobrze przygotowani, ale nie macie pewności. Jeśli stawką będzie 25 dolarów, pewnie zgodzicie się pójść z przyjaciółmi na pizzę i zrezygnujecie z dalszej nauki. Jeśli jednak stawką jest życie ukochanej osoby, czy też dacie się oderwać od książek? Przypuszczam, że choćbyście nie wiem jak lubili pizzę i swoich przyjaciół, nie przyjmiecie zaproszenia i dalej będziecie kuć do egzaminu. Jeśli jesteśmy mocno i osobiście zaangażowani w osiągnięcie celu, niełatwo będzie oderwać od niego naszą uwagę.

Sprawozdawczość. Kiedy moje dzieci poszły na studia, wpadłem na chytry pomysł, który miał im pomóc zachować koncentrację podczas nauki. Kosztowało mnie to 20 dolarów tygodniowo od dziecka. Przyrzekłem im dawać co tydzień po 20 dolarów, jeśli mi opowiedzą, jak przebiegają zajęcia z każdego przedmiotu. Pomysł spodobał im się. Nic dziwnego, w ciągu zaledwie dziesięciu minut mogli zarobić 20 dolarów. Ja jednak wiedziałem, że nie kupuję tylko ich dziesięciu minut, że płacę im za myślenie przez cały tydzień. Podczas zajęć zawsze myśleli o tym, że pod koniec tygodnia będą musieli mi o nich opowiedzieć. Już sam ten fakt stanowił dla nich dodatkową motywację, żeby uważać na wykładach. Wszyscy radzili sobie na studiach bardzo dobrze. Czasami wystarczy ktoś, komu można się zwierzyć, żebyśmy nie zboczyli z właściwej drogi. Jeśli trudno nam zachować koncentrację, ktoś powinien regularnie nas pytać, jak sobie radzimy z dążeniem do celu.

Lista celów. Psychologowie odkryli osobliwą cechę natury ludzkiej. Kiedy coś sobie zapiszemy na kartce, jesteśmy w to bardziej zaangażowani. Jeśli nie chcemy zdawać nikomu sprawy ze swoich poczynań, możemy użyć do tego kartki papieru. Lista celów ułatwi nam pozostanie na właściwej drodze. Wielu moich studentów nie cierpi, kiedy każę im zapisać, co mają do zrobienia w ciągu dnia. Chociaż zastrzegam, że mogą tę kartkę zaraz wyrzucić albo nigdy więcej na nią nie spojrzeć. Nie chodzi o to, że szkoda im czasu, bo przecież to nie trwa długo. Rzecz w tym, że kiedy spiszą na kartce swoje zadania do wykonania, czują się w obowiązku je wykonać. Zapewniam ich, że nie muszą, oni jednak odpowiadają, że to nie zmienia postaci rzeczy. Jeśli na kartce jest napisane, że mają coś zrobić, uważają, że nie mogą się od tego wykręcić. Dopóki tylko myślą, co chcą zrobić, z czystym sumieniem mogą przez cały dzień zajmować się czym innym. Ale w chwili, gdy rzeczy do zrobienia spiszą na kartce, wszystko się zmienia. Odtąd już muszą je zrobić. Nie znoszą spisywać swoich celów na dany dzień, bo mają poczucie winy, gdy dadzą się oderwać od dążenia do nich.

Ograniczenia czasowe: Kiedy planuję dzień, nie tylko sporządzam listę rzeczy, które mam w tym dniu zrobić. Zaznaczam również, ile czasu powinna mi zabrać dana czynność. Potem, zaczynając wykonywać jakieś zadanie, uruchamiam stoper. Zdumiewające, że taki głupi drobiazg jak stoper niezwykle pomaga mi się koncentrować na wykonywanym zadaniu. Omawiając zasadę efektywności, zwrócimy uwagę na ważną rzecz: ustalenie ograniczeń czasowych jest o wiele lepsze niż pozwolenie sobie na to, żeby robić daną rzecz tak długo, jak chcemy. Nawet pisząc ten rozdział, ustaliłem dokładny termin jego ukończenia, dzięki czemu nie rozpraszam się. Ograniczenia czasowe są skuteczną bronią w walce z tym, co rozprasza naszą uwagę.

Bariery: Według tego, co zdarza mi się czytać w internecie, najpotężniejszym narzędziem rozpraszania uwagi jest internet. Kto jednak pozwala się rozpraszać internetowi? To zapewne ludzie, którzy surfują po sieci. Nie wiem więc, czy jest to największe wyzwanie dla naszej koncentracji. Wiem, że dla mnie jest to ogromne wyzwanie. Zwłaszcza trzy witryny sprawiają mi kłopoty: Facebook, NBA.com i Google News. Wiedząc o tym, na biurowym komputerze zablokowałem sobie dostęp do tych stron. Wzniosłem elektroniczną barierę między sobą a tymi trzema witrynami. Mam większe zaufanie do barier niż do swojej silnej woli. Gdybym miał dostęp do ulubionych stron, przez cały dzień walczyłbym z pokusą, żeby rzucić pracę i zacząć surfować. Skoro są niedostępne, pokusy nie ma. Pomówimy jeszcze o tym przy okazji zasady dyscypliny.

Zachowanie koncentracji

Ludzie umiejący zarządzać czasem potrafią nie ulec pokusie, gdy natkną się na ścieżkę wyglądającą na ciekawszą, łatwiejszą lub zabawniejszą od tej, którą podążają. Nasze dni są pełne bardzo kuszących okazji do utraty koncentracji. Jeśli nie będziemy potrafili zwalczać tych pokus, nasze życie wypełni się bezużyteczną aktywnością – będziemy żyć szybko, ale nigdy nie dotrzemy tam, dokąd chcemy.

Wyzwanie rozpraszania uwagi:
Wybierz drogę, która naprawdę jest właściwa,
a nie tylko wygląda na właściwą.

Koncentracja

Zasada chaosu:
Życie ma zawsze skłonność do chaosu, a nie do porządku

*

Zasada NYCNO:
Liczy się sama czynność planowania, a nie przyjęty plan

*

Zasada procedury:
Wystarczy przestrzegać procedury, a wyniki przyjdą same

*

Zasada systemu:
Każdy system jest lepszy niż brak systemu

*

Zasada czasu sztywnego:
Czas sztywny wypiera elastyczny

*

Zasada efektywności:
Jeśli ciągle pracujesz, nie musisz być efektywny

Część druga

Koncentracja

Wyobraź sobie, że stoisz na polu golfowym i masz rozpocząć grę. Najpierw patrzysz, dokąd posłać piłkę. Potem rozglądasz się, jakie przeszkody znajdują się po drodze: na przykład bunkry albo przeszkody wodne. W końcu sporządzasz w głowie plan dotarcia do wybranego miejsca. Innymi słowy, tworzysz wizję swojej rozgrywki. Bez niej będziesz uderzać piłeczkę na oślep, nie mając żadnych szans trafienia nią do dołka.

Kiedy jeszcze grywałem w golfa, była to moja ulubiona faza gry. Przymierzałem się do uderzenia; dołek oddalony był o 400 metrów i należało do niego trafić w czterech uderzeniach. Wiedziałem dokładnie, co zrobię. Najpierw poślę piłkę 220 metrów nieco w lewo. W ten sposób pokonam przeszkodę wodną i ominę bunkry po prawej stronie. Stamtąd skieruję piłkę do prawej części greena (trawy otaczającej dołek), nieco w dół od chorągiewki. Następnie jednym uderzeniem umieszczę piłkę w dołku i zdobędę punkt (bo trafiłem do dołka trzema, a nie czterema uderzeniami).

Moja wizja rozgrywki była zawsze doskonała. Gdyby gra polegała tylko na tym, grałbym w największych turniejach golfowych. Niestety, potem następował trudniejszy etap. Trzeba się było skoncentrować na drobiazgach, od których wszystko zależało. Musiałem się skupić na małej białej piłce leżącej na ziemi przede mną. Miałem już plan, co zrobię, a teraz trzeba było wprowadzić go w życie.

Kiedy przechodziłem od wizji do realizacji, sytuacja rozwijała się następująco. Zaczynałem od kiksa przy pierwszym uderzeniu i piłka lądowała jakieś dwadzieścia metrów dalej. Stamtąd posyłałem ją między drzewa, budząc popłoch wśród wiewiórek. Po gruntowym zbadaniu okoliczności przyrody zaczynałem przygodę z wodą. Trzy albo i cztery razy trafiałem w przeszkodę wodną. Potem przez jakiś czas musiałem grzebać się w piasku, bo trafiłem w bunkier. Kiedy w końcu znalazłem się na greenie, w moje serce wstępowała nadzieja. Jeszcze trzy uderzenia i piłka będzie w dołku, a ja stracę tylko dwucyfrową liczbę punktów.

Dlaczego grałem tak źle? Nigdy nie brałem lekcji gry, nie uczyłem się podstaw golfa. Uważałem, że wystarczy sprawić sobie sprzęt, a już jest się golfistą. Kupiłem kilka kijów i zacząłem wywijać nimi na polu golfowym. Nie byłem golfistą, a tylko facetem z kijami, uderzającym na chybił trafił białą piłeczkę. Nie byłem nawet na tyle dobry, żeby można mnie było nazywać fuszerem. Byłem człowiekiem wymachującym kijami, który nie ma zielonego pojęcia o grze w golfa.

Golfowe niepowodzenia nauczyły mnie dwóch rzeczy. Pierwsza: powinienem pozostać przy koszykówce, w której gracz słusznego wzrostu nie musi mieć większych umiejętności. Druga nauka była ważniejsza: nie da się od razu przejść od wizji do działania. Trzeba się najpierw nauczyć podstaw. Postanowiłem nigdy więcej nie grać w golfa, dopóki nie wezmę lekcji gry. Jeśli kiedyś zechcę grać, najpierw opanuję podstawowe zasady golfa.

Wielu ludzi popełnia ten sam błąd w dziedzinie zarządzania czasem. Rozumieją, że powinni zarządzać swoim czasem. Mają trafną koncepcję, jak go zagospodarować. Opracowują więc plan i przystępują do działania. Mają różne pomoce – kalendarze, terminarze, programy komputerowe do zarządzania czasem, listy zadań do wykonania itp. – i zabierają się do układania swojego rozkładu dnia. Zarządzanie czasem przechodzi od wizji tego, czego chcą dokonać w życiu, do koncentracji na bieżącej chwili. Jeśli nie opanujemy podstawowych zasad koncentracji, zarządzanie czasem może nam nic nie dać.

W tej części poznamy sześć zasad koncentracji. Musimy wiedzieć, co będzie, kiedy skoncentrujemy się na codziennych zajęciach. Najpierw zajrzymy w oczy chaosowi, więc nasze omówienie koncentracji zaczniemy od zastanowienia się, co wówczas robić.

Następnie przejdziemy do trzech podstawowych zasad, które mogą nam pomóc w walce z chaosem. Przyjrzymy się bliżej planowaniu, procedurom i systemom. Naszą bronią numer 1 przeciwko chaosowi jest planowanie. Żeby skutecznie walczyć z chaosem, musimy planować. Warunkiem udanego planowania jest rozumienie procedur. Istnieje procedura osiągnięcia dowolnego rezultatu, który chcemy osiągnąć. Jeśli przestrzegamy danej procedury, możemy być spokojni o wynik. Jak więc możemy uzyskać pewność, że przestrzegamy procedury? Potrzebujemy systemu. Dalej będzie mowa o tym, jak zbudować system odpowiadający naszym potrzebom.

Na zakończenie rozważań o koncentracji omówimy dwie bardzo ważne zasady dotyczące naszego rozkładu dnia. Po pierwsze, wszyscy musimy liczyć się z tym, że rozkład dnia zależy w większej mierze od innych niż od nas. Wynika to ze zobowiązań, jakie przyjmujemy na siebie. Pokażemy, jak pogodzić te zobowiązania z potrzebą elastyczności w zarządzaniu czasem. Po drugie, zastanowimy się, dlaczego poświęcając pracy więcej czasu, nie zawsze zrobimy więcej.

Dzięki opanowaniu materiału z części drugiej będziesz lepiej przygotowany do przejścia od wizji do koncentracji na codziennej aktywności. Będziesz umiał posługiwać się planowaniem, procedurami i systemami w celu przezwyciężenia chaosu. Dowiesz się też, jak powinieneś postępować z napiętym rozkładem dnia. Sześć podstawowych zasad koncentracji pozwoli ci przekształcić swoją wizję zarządzania czasem w codzienną rzeczywistość.

7
Chaos

Zasada chaosu:
Życie ma zawsze skłonność do chaosu, a nie do porządku

Zanim przejdziemy do zarządzania swoim rozkładem dnia, musimy dobrze zrozumieć, z czym mamy do czynienia. Gdyby w naszym świecie panował naturalny porządek, zarządzanie czasem byłoby bardzo łatwe. Świat jednak nie jest takim miejscem. Przyglądam się zdjęciom wszechświata, wykonanym przy użyciu najnowocześniejszych teleskopów, i zdumiewa mnie panujący w nim porządek. Rozmawiam z biochemikiem, który opowiada mi ze szczegółami, jak wielki porządek istnieje na najniższym szczeblu życia organicznego. Bez względu na to, czy chodzi o ogromny wszechświat, czy o najmniejsze skupiska atomów, wszystko wydaje się uporządkowane, wszystko ma określoną strukturę. Wszystko z wyjątkiem mojego codziennego życia.

Tutaj rządzi chaos. Patrząc na swój typowy dzień, widzę znacznie więcej chaosu niż porządku. NASA pokazuje, jak fenomenalny porządek panuje w ogromnym wszechświecie. Biochemicy odkrywają, że malutkie cegiełki życia cechują się doskonałą strukturą. Ale w naszym świecie, pomiędzy galaktykami i atomami, naturalnym stanem rzeczy wydaje się chaos.

Kiedy mówię o tym na wykładach, proszę studentów, żeby wyjrzeli przez okno. Zobaczą tam pięknie utrzymany trawnik, otoczony równiutko przystrzyżonym żywopłotem. Dzięki czemu to wszystko wygląda tak ładnie? Dzięki temu, że zadaniem pracowitych ogrodników jest walka z chaosem przyrody. Pozostawiony sam sobie trawnik szybko by zarósł i nie wyglądał już tak wspaniale.

Ilekroć zabieramy się do jakiejś pracy, pojawia się chaos. Weźmy czynność tak prostą, jak gotowanie posiłku. Kuchnia jest na razie czysta i schludna. Wchodzimy do niej i im dłużej pracujemy, tym bardziej porządek ustępuje miejsca chaosowi. A przecież staramy się tylko zrobić sobie coś do jedzenia. Tymczasem powstający chaos próbuje zrujnować nam kuchnię. Jeśli nie będziemy się przed nim bronić, nasza schludna, porządna kuchnia zamieni się w stajnię Augiasza. Dlatego trochę gotujemy i trochę walczymy z chaosem, co nieco pichcimy i staramy się cokolwiek opanować chaos… Podczas gotowania prawdopodobnie więcej czasu zajmuje nam walka z chaosem, niż przyrządzanie posiłku.

W naszym świecie życie ma zawsze skłonność do chaosu, a nie do porządku. Chaosu się nie pozbędziemy. Będzie istniał zawsze i zawsze znajdzie sposób, by wedrzeć się w nasze życie w najmniej stosownej chwili. Chodzi o to, żeby zarządzać chaosem na odpowiednim poziomie. Wyzwanie polega na tym, by umieć dać sobie radę z chaosem, gdy nieuchronnie pojawi się on w naszym życiu.

Jak sobie radzić z chaosem?

Jak więc ludzie radzą sobie z chaosem? Zależy kto. Jednym chaos odpowiada, nawet lubią prowadzić chaotyczne życie. W innych chaos budzi zniechęcenie i niezadowolenie. Kapitulują przed nim. Są też tacy, którzy umieją sobie radzić z chaosem. Nie przystosowują się do życia w chaosie ani nie ulegają mu. Potrafią utrzymać go na odpowiednim poziomie. Przyjrzyjmy się bliżej tym trzem reakcjom na chaos.

Niektórzy lubią chaos

Wszyscy chyba znamy ludzi, którzy czują się w chaosie jak ryba w wodzie. Mój kolega profesor o imieniu Raj jest bardzo płodnym uczonym i świetnym wykładowcą. Ma bystry, twórczy umysł i ciągle jest w ruchu. Ile razy jednak chcieliśmy porozmawiać, nalegałem, żebyśmy spotkali się u mnie. Moja dewiza brzmi: „Mieć miejsce na wszystko i wszystko na swoim miejscu". Raj ma inną: „Mieć miejsce na wszystko, a reszta nieważna". Wolę nie chodzić do jego gabinetu. Boję się, że nagły hałas spowoduje lawinę i zginę pogrzebany pod stosem nadbitek, broszur i prac semestralnych.

Nie da się powiedzieć, że chaos panujący w życiu Raja szkodzi jego karierze zawodowej. Ma wspaniałe wyniki, dużo publikuje. Nic nie wskazuje na to, żeby chaos mu przeszkadzał. Z niektórymi ludźmi tak po prostu jest. Bardzo dobrze funkcjonują w chaotycznym otoczeniu. Przypuszczam zresztą, że Raj nie lubi przychodzić do mojego gabinetu, tak samo jak ja nie lubię bywać u niego. Studenci, którym zdarzyło się mnie odwiedzić, najczęściej mówią: „O rety, ale tu porządek. U innych profesorów nie jest tak porządnie". Założę się, że Raj nie powiedziałby, że w moim gabinecie jest „porządnie". Pewnie by powiedział, że jest „sterylnie".

Wątpię, czy gdyby usunąć wszelki chaos z życia Raja, stałby się lepszym specjalistą. Byłby pewnie z tego powodu nieszczęśliwy i znudzony. Po prostu lubi pewien poziom chaosu. Wymagać od ludzi pokroju Raja, żeby prowadzili doskonale uporządkowane życie, byłoby czymś nierealistycznym, krzywdzącym i wprost szkodliwym. Raj jest stworzony do chaosu.

Ale nawet ktoś taki jak on nie może dopuścić, żeby w jego życiu zapanował zupełny chaos. Choćbyś świetnie czuł się w chaosie, w pewnej chwili zaczyna on utrudniać życie. Dla ludzi w typie Raja celem jest nie zlikwidowanie chaosu, ale utrzymanie go na dającym się okiełznać poziomie. Jaki to poziom? Dla niego jest on znacznie wyższy niż dla mnie. Mimo to nawet Raj potrafi zapanować tylko nad takim chaosem, który nie przekracza pewnych granic. Nawet jeśli chaos sprawia mu wielką frajdę – co za dużo, to niezdrowo.

Niektórych chaos zniechęca

Nie wszyscy tak dobrze znoszą chaos jak Raj. Niektórych chaos zniechęca. Mnie na przykład trudno funkcjonować w chaotycznym otoczeniu. W gabinecie Raja nie byłbym w stanie pracować. Widok panującego tam bałaganu zupełnie by mnie sparaliżował, pozbawił ochoty do pracy. Najlepiej pracuje mi się wtedy, gdy wokół panuje idealny porządek. Kiedy wszystko w moim życiu jest zorganizowane jak trzeba, przepełnia mnie owo dość nieokreślone uczucie błogości.

W gabinecie każda rzecz jest na swoim miejscu. Mój dzień jest zaplanowany, wizytówki są ułożone w porządku alfabetycznym. Wszystko wygląda pięknie. Dopiero wtedy jestem gotów do pracy. Tryskam energią, jestem pozytywnie pobudzony. Mogę pracować na pełnych obrotach, bo wokół mnie panuje porządek. Tak właśnie lubię żyć.

Ludzie podobni do mnie mają dwa problemy. Choćbyśmy najbardziej uporczywie walczyli z chaosem, zawsze będzie się on wkradał w nasze życie. Czasami zresztą nie wkrada się, ale po prostu wdziera z impetem. Kiedy do tego dochodzi, nasz świat trzęsie się w posadach. Ludzie tacy jak ja muszą się uczyć, jak nie dać się zniechęcić przez nieuchronne wkraczanie chaosu w ich życie.

Ale ja i inni miłośnicy porządku borykamy się z jeszcze większym problemem. Stroniąc od chaosu z obawy przed psychicznym dyskomfortem, w który może on nas wpędzić, ograniczamy swoje twórcze możliwości. Wiele najlepszych rzeczy w życiu powstaje tuż przy granicy chaosu. Produktywność można zwiększyć na rozkaz, ale pewne przełomowe dokonania wyłaniają się tylko z chaosu.

Niektórzy przystosowują się do chaosu

Są ludzie, którzy potrafią znaleźć idealną równowagę między chaosem a porządkiem. Chaos nie jest ich żywiołem, ale też nie starają się go unikać za wszelką cenę. Po prostu nauczyli się z nim żyć. Nie pozwalają mu wymknąć się spod kontroli i zrujnować swego rozkładu dnia. Jednak nie próbują go całkiem wyeliminować. Czasami nawet mogą odnosić się do niego życzliwie. Kiedy potrzebny jest porządek, potrafią stanowczo walczyć z chaosem. Wydaje się, że lepiej panują nad chaosem niż inni. Umieją przystosować się do braku chaosu lepiej aniżeli ludzie w rodzaju Raja, którzy potrzebują chaosu jak powietrza. Potrafią też radzić sobie z chaosem lepiej niż tacy jak ja, których chaos paraliżuje. Czują się dobrze nawet w chaotycznym otoczeniu, ale starają się panować nad nim. Zachowują idealną równowagę między chaosem a porządkiem.

Spodziewaj się chaosu

Z problemem łatwiej sobie poradzić, gdy się go spodziewamy. Każdy bokser przyzna, że nie ten cios jest najgorszy, który zbija cię z nóg, ale ten, którego się nie spodziewasz. Najwięcej kłopotów sprawiają nam nie najbardziej chaotyczne sytuacje, lecz te, których się nie spodziewamy.

Chaos jest jak pogoda. Są dni, kiedy pada deszcz, są takie, gdy świeci słońce. Zdarza się, że pada śnieg, a kiedy indziej jest upał. Nie pozwalamy jednak, żeby pogoda zniszczyła nam życie. Uczymy się przystosowywać. Na deszcz mamy parasol, na słońce filtr przeciwsłoneczny. Kiedy jest upał, włączamy klimatyzatory, a gdy mróz – kaloryfery. Nie umiemy zmienić pogody, ale nauczyliśmy się żyć bez względu na pogodę.

Tak samo powinniśmy postępować z chaosem. Niektóre dni są spokojne i uporządkowane. Zaczynamy dzień z jasnym wyobrażeniem tego, czego chcemy w tym dniu dokonać. Wszystko idzie zgodnie z planem i pod koniec dnia załatwiliśmy wszystkie sprawy, które mieliśmy załatwić. Nie natykamy się na większe trudności, a czas zabierają nam tylko ludzie, z którymi mieliśmy się spotkać.

Bywają jednak dni pełne chaosu od chwili, gdy wstajemy z łóżka. Samochód nie chce zapalić albo na autostradzie jest wypadek i spóźniamy się do pracy. Tam czeka nas jedna trudna sytuacja po drugiej, a każda wymaga natychmiastowej interwencji. Po drodze do domu odbieramy telefon przypominający nam o spotkaniu, o którym zapomnieliśmy. Możemy jutro użyć dzisiejszej listy spraw do załatwienia, bo nie załatwiliśmy ani jednej sprawy.

Szkoda, że nie dysponujemy prognozą chaosu na podobieństwo prognozy pogody. Wyobraźmy sobie, że moglibyśmy ściągnąć na swoją komórkę osobistą prognozę chaosu. „Rano wszystko będzie w porządku, ale wczesnym popołudniem spodziewany jest pewien chaos. Po trzeciej po południu istnieje 80-procentowe prawdopodobieństwo chaosu". Moglibyśmy wówczas odpowiednio zaplanować swój dzień. Niestety nie mamy pojęcia, kiedy można się spodziewać chaosu. Na szczęście jednak wiemy, jakiego rodzaju chaotyczne sytuacje najprawdopodobniej nam grożą. To dlatego, że każdy z nas może się zwykle spodziewać „swoich" rodzajów chaosu.

Z tym też jest tak jak z pogodą. Mieszkam przy granicy Florydy i Georgii. Śnieg nigdy tu nie pada, więc na ten problem nie musimy być przygotowani. Siarczysty mróz jest wtedy, gdy temperatura spada w zimową noc do minus dwóch stopni. (Mieszkańcy północy pewnie uśmiechną się pobłażliwie). Latem jednak musimy się liczyć z upałami. Na ogół między jedenastą a szóstą po południu pozostajemy w klimatyzowanych pomieszczeniach. I chociaż nie borykamy się z zamieciami, regularnie nawiedzają nas huragany.

Byłoby szaleństwem nie brać pod uwagę opadów śniegu w Dakocie Północnej, tak jak to jest przyjęte u nas, na Dalekim Południu. Z kolei w Dakocie Północnej bez sensu byłoby przygotowywać plany ewakuacyjne na wypadek huraganów, tak potrzebne w południowej Georgii. Każde miejsce na ziemi ma własne problemy z pogodą, a my tylko staramy się przystosowywać do kaprysów natury. Kiedy przenosisz się w inne miejsce, nie pozbywasz się tych problemów, zamieniasz tylko jeden na drugi.

Podobnie jest z chaosem. Nie wiemy, kiedy nastąpi, ale wiemy, że przyjdzie taka chwila. Rodzaj chaosu jest już łatwiejszy do przewidzenia. Student będzie musiał radzić sobie z innymi rodzajami chaosu niż rodzic małego dziecka. Dyrektor korporacji ma do czynienia z innymi typami chaosu niż kierownik restauracji. Nie unikniemy chaosu, rzucając szkołę, zmieniając pracę albo wysyłając dzieci na jakąś odległą wyspę, by wychowali je tam tubylcy. Zamienimy tylko jedną formę chaosu na inną.

Sposoby radzenia sobie z chaosem

Nie jesteśmy w stanie wyeliminować chaosu. Zresztą nawet nie powinniśmy próbować. Zamiast starać się zaprowadzić w swoim życiu absolutny porządek, powinniśmy nauczyć się radzić sobie z chaosem, gdy się pojawia. W południowej Georgii mamy plany na wypadek huraganu. W Dakocie Północnej wiedzą, co robić w razie nadejścia zamieci. Jak przygotować się do chaotycznych sytuacji? Oto kilka propozycji.

Bądź zorganizowany

Teoria chaosu to bardzo ogólna teoria stosowana w różnych dziedzinach. Jej punktem wyjścia jest spostrzeżenie, że niewielka zmiana w początkowej fazie jakiegoś procesu może spowodować ogromną różnicę w jego skutkach. Słyszałeś na pewno o słynnym efekcie motyla: ruch skrzydełek tego owada w jednym miejscu może wywołać huragan na drugim końcu globu. O tym właśnie mówi teoria chaosu.

Co będzie, gdy spotka nas chaotyczne wydarzenie, a nasze życie jest już pogrążone w chaosie? Chaos stanie się jeszcze większy. Co gorsza, gdy jeden chaos spotyka się z drugim, skutek nie jest wynikiem zwykłego dodawania, lecz mnożenia. Chaos przybiera potężne rozmiary i mamy ogromny problem. A jeśli chaos zaczyna się, gdy panuje porządek? Wtedy znacznie łatwiej jest przywrócić uporządkowany stan. Jeżeli prowadzimy zorganizowane, uporządkowane życie, będziemy lepiej umieli przetrwać okres chaos.

Bądź przygotowany do przetrwania chaosu

Spływ Wielkim Kanionem rzeki Kolorado dostarcza ponoć wyjątkowych przeżyć. Przez większość drogi tratwy płyną spokojnie i nie dzieje się nic niezwykłego. Można podziwiać jedne z najpiękniejszych widoków na świecie. Czasem jednak gładko płynąca rzeka zamienia się w spienioną kipiel. Woda przewala się przez bystrza, rozbijając się o skały po obu stronach. Po minięciu bystrza tratwy znów wypływają na gładką taflę wody. Kiedy jesteś w połowie bystrza, nie próbujesz zawrócić w górę rzeki. Starasz się je przepłynąć, przetrwać trudny odcinek bez poważniejszych uszkodzeń.

Tak samo jest w życiu. Czasami wszystko toczy się gładko, a potem nagle rozpętuje się chaos. Co wtedy? Zwykle najlepiej jest go przetrwać, unikając większych szkód. W okresie chaosu trudno jest wyobrazić sobie spokojne życie. Warto wówczas pamiętać, że życie nie zawsze jest takim trudnym wyzwaniem. Chaos kiedyś się skończy i znów wszystko się ułoży. Chaotyczna sytuacja nie będzie trwać wiecznie. Cokolwiek powoduje chaos w naszym życiu, minie. Koniec końców, nasze przedsięwzięcie wyda owoce. Sprzęt zostanie naprawiony. Szczyt zakupów się skończy. Dzieci wyzdrowieją. Szef wyjedzie na urlop. Egzaminy zostaną zdane. Nawet politycy po wyborach przestaną wydzwaniać do was z nagranymi przemówieniami agitacyjnymi. Mówi się, że wszystko, co dobre, kiedyś się kończy. Na szczęście tak samo jest z chaosem. W końcu kiedyś minie, a życie wróci do normy.

Kiedy panuje chaos, najgorszym pomysłem byłoby próbować zawrócić tratwę i płynąć w górę rzeki. Jeżeli przepłyniemy bystrze, w końcu znajdziemy się po drugiej stronie. Musimy spodziewać się chaosu, być przygotowani na chaos, umieć go przetrwać, aby po znalezieniu się w spokojnym miejscu przygotować się na nowy okres chaosu w swoim życiu.

Nie żyj na krawędzi

Troje moich dzieci studiuje. Zazwyczaj zadowalają ich tylko piątki ze wszystkich przedmiotów i mają swoją metodę zdawania końcowych egzaminów. Nauczyli się, że znacznie lepiej nie przystępować do nich „na krawędzi". Gdy się chce uzyskać piątkę ze wszystkich przedmiotów, przed ostatnimi egzaminami lepiej nie mieć średniej punktów, która daje najwyżej czwórkę z plusem. Znacznie przyjemniej mieć średnią 98 punktów i potrzebować tylko 32 z ostatniego egzaminu, żeby zaliczyć przedmiot na piątkę. Życie na krawędzi jest trudne, bo jeśli coś pójdzie źle, możemy mieć kłopoty. Dzięki szerokiemu marginesowi błędu jest nam dużo łatwiej, zwłaszcza gdy życie wciąga nas w odmęty chaosu.

Innym przykładem ryzyka związanego z życiem na krawędzi jest sytuacja, w której mamy zbyt dużo długów. Bardzo podoba mi się analogia wymyślona przez Warrena Buffetta. Według niego życie z wysokim długiem jest jak prowadzenie samochodu, w którym z kierownicy wystaje szpikulec wymierzony prosto w serce kierowcy. Dopóki szosa jest gładka i nie dzieje się nic niespodziewanego, da się tak jechać. Ale zwykły wybój na drodze może być bardzo niebezpieczny, a zderzenie to pewna śmierć.

Jeżeli nasz rozkład dnia jest wypełniony po brzegi i nie ma w nim miejsca na błędy, radzimy sobie dobrze pod warunkiem braku chaosu. W świecie idealnym, w którym chaos nie istnieje, możemy grać w dwóch rozgrywkach ligowych, pracować na dodatkowe pół etatu, chodzić na mecze piłki nożnej, w których gra syn, i wciąż mieć czas na przewodniczenie radzie szkoły. Jeśli jednak cały dzień mamy wypełniony po brzegi i nagle powstaje chaos? Intensywne życie nie jest złe. Złe jest życie tak intensywne, że nie starcza nam już czasu, aby opanować chaotyczną sytuację, która prędzej czy później musi nam się przytrafić.

Cykl chaosu

Kiedy mowa o cyklach gospodarczych, lubię zadawać studentom podchwytliwe pytanie: kto ponosi winę za tę czy inną recesję? Zwykle padają nazwiska polityków lub nazwa partii politycznej, których odpowiadający nie lubi. Mówię na to, że nikt nie ponosi winy. Recesja to część cyklu gospodarczego. Dlatego właśnie mówimy o „cyklu". Politycy oczywiście mogą spowodować, że spowolnienie gospodarcze trwa dłużej, niż powinno. Zła polityka ekonomiczna na pewno może sprawić, że recesja będzie głębsza. Jednak żaden polityk nie jest w stanie wyeliminować „górek" i „dołków" w cyklu gospodarczym. Praw ekonomii nie da się obejść.

Nawet jeśli doskonale zarządzamy czasem, w naszym życiu będzie istnieć cyklu chaosu. W danej chwili będziemy znajdować się w jednej z trzech faz tego cyklu: (1) właśnie trwa chaos, (2) chaos niedawno się skończył, (3) w nieodległej przyszłości możemy się go spodziewać. Życie ma zawsze skłonność do chaosu, a nie do porządku. Za chaos nie możemy winić nikogo ani niczego. Nie jesteśmy w stanie wyeliminować cyklu chaosu ze swojego życia.

Podobnie jednak jak politycy mogą pogorszyć złą sytuację gospodarczą, my możemy wydłużyć okresy chaosu w swoim życiu i sprawić, że chaos ten wyrządzi więcej szkód, niż powinien. Musimy starać się ograniczać rozmiary chaosu, ale nie powinniśmy być na tyle naiwni, by wierzyć, że możemy go całkowicie wyeliminować. Chaos jest nieunikniony.

Wyzwanie chaosu:
Bądź codziennie przygotowany na chaos
i naucz się dawać sobie z nim radę.

8
NYCNO

Zasada NYCNO:
Liczy się sama czynność planowania, a nie przyjęty plan

Chaos może pojawić się w każdej chwili i stąd słowa poety: „przemyślne plany i myszy i ludzi w gruzy się walą"*. Skoro nasze plany mogą nagle runąć, to na czym polega dobre planowanie? W rozdziale tym spróbujemy na to pytanie odpowiedzieć.

Opowieść o dwóch miastach

W 2000 roku amerykańska Federalna Agencja Zarządzania Kryzysowego opracowała listę trzech największych katastrof, jakie mogą spotkać Stany Zjednoczone. Na liście znalazły się: huragan w Nowym Orleanie, wielkie trzęsienie ziemi w Kalifornii i zamach terrorystyczny w Nowym Jorku. W ciągu zaledwie kilku lat doszło do dwóch z tych katastrof. Zamach terrorystyczny w 2001 roku spowodował zniszczenie centrum dzielnicy finansowej Nowego Jorku (New York City – NYC), a huragan Katrina w 2005 roku spustoszył część wybrzeża Zatoki Meksykańskiej, w tym wielkie miasto Nowy Orlean (NO).

Świat obserwował ze zgrozą tragedię Nowego Orleanu i dziwił się, że miasto jest zupełnie nieprzygotowane na klęskę żywiołową,

* Z wiersza *Do myszy* poety szkockiego, prekursora romantyzmu Roberta Burnsa, w przekładzie Stanisława Barańczaka (przyp. tłum.).

która przecież musiała nadejść. Mieszkańcy wybrzeża Zatoki Meksykańskiej mogą być pewni jednego: prędzej czy później w ich domy uderzy potężny, niszczący huragan. Wiadomo też było, że taki huragan będzie miał dla Nowego Orleanu katastrofalne skutki. Na kilka lat przed 2005 rokiem zarówno „National Geographic", jak „Scientific American" poświęciły temu tematowi długie artykuły. Ale mimo wiedzy o niebezpieczeństwie władze nie przygotowały odpowiedniego planu postępowania na wypadek katastrofy. Pocieszano się, że „jakoś to będzie".

Zupełnie inaczej było kilka lat wcześniej w Nowym Jorku, podczas zamachów terrorystycznych z 11 września 2001 roku. Wszyscy patrzyli z podziwem na sprawne działania służb miejskich. Jądro nowojorskiej dzielnicy finansowej zostało zupełnie zniszczone, życie straciło ponad trzystu pięćdziesięciu strażaków, a po upadku wieżowców World Trade Center cała okolica została zasypana sadzą i gruzami. Mimo to Manhattan ewakuowano w sposób uporządkowany, giełda na Wall Street wznowiła działalność po tygodniu, a Nowy Jork, chociaż wstrząśnięty i poturbowany, bardzo szybko wrócił do normalności.

Miałem okazję słyszeć, jak Rudy Giuliani, ówczesny burmistrz Nowego Jorku, wspominał 11 września. Nikt się wcześniej nie spodziewał, że można porwać samoloty pasażerskie i uderzyć nimi w budynki. Władze miejskie nie miały więc planu na wypadek, gdy „samoloty niszczą budynki". Zamachy z 11 września zupełnie je zaskoczyły. Dlaczego więc tak dobrze radziły sobie w kryzysowej sytuacji? Chociaż nikt nie przewidział ataku na World Trade Center, w latach poprzedzających zamachy opracowano plany na wypadek jakichś nagłych, tragicznych zdarzeń: zamachów terrorystycznych w metrze, zdetonowania „brudnej" bomby na Times Square, potężnej burzy na terenie miasta itp. Giuliani powiedział, że wszystko, co służby miejskie robiły 11 września i później, było bezpośrednim wynikiem wcześniejszego planowania. Dzięki niemu władze były przygotowane na wszelkie niespodziewane wydarzenia.

Natomiast Nowy Orlean nie miał żadnego planu postępowania w razie katastrofy, do której musiało kiedyś dojść. Jeżeli miasto czegoś potrzebowało, to przede wszystkim planu na wypadek huraganu. A mimo to zostało całkowicie zaskoczone przez Katrinę. Gdyby przed nadejściem huraganu przygotowano choćby prowizoryczny plan, rozmiary katastrofy byłyby na pewno mniejsze.

NYC miał plan, NO go nie miał. NYC zareagował dobrze na katastrofę, której nie przewidywano, NO zaś fatalnie na klęskę żywiołową, która była kwestią czasu. Dlatego zasadę mówiącą, że liczy się sama czynność planowania, a nie przyjęty plan, nazwałem NYCNO (czyta się tak, jak angielskie słowa *nice* i *know*).

Planowanie jest wszystkim

Wiele lat temu przeprowadzono badania nad firmami, które niedawno rozpoczęły działalność. Okazało się, że jedne mają plan biznesowy, a inne nie. Po kilku latach badacze postanowili sprawdzić, które z tych firm odniosły sukces, a które zniknęły z rynku. Wyniki badań nikogo nie zdziwiły. Firmy, które wcześniej opracowały biznesplan, miały znacznie większe szanse utrzymania się niż te, którego tego nie zrobiły. Jak widać, planowanie okazało się bardzo przydatne.

Socjologowie zapytali wówczas szefów firm, które miały na początku biznesplan, czy działali zgodnie z tym planem. Okazało się, że nie ma związku między dochodowością firm a tym, czy firmy te realizowały przyjęty plan czy nie. Jak to możliwe? Dlaczego jest takie ważne, żebyśmy mieli plan, ale zupełnie nieistotne, czy go realizujemy?

Zostawmy ekonomię i sprawdźmy, czy nasza zasada obowiązuje w sporcie. W ciepły wrześniowy wieczór, gdzieś w stanie Georgia, dwie drużyny futbolu amerykańskiego wychodzą na boisko. Obie mają jednakowo utalentowanych zawodników. Różni ich tylko jedno. Trenerzy jednej drużyny przez cały tydzień pracowali nad planem meczu. Oceniali silne i słabe punkty własnego zespołu i przeciwnej drużyny. Opracowali plan, który ich zdaniem daje zespołowi największe szanse na zwycięstwo w piątkowym meczu. Natomiast trenerzy drugiej drużyny nie zaprzątali sobie głowy planowaniem. Jak sądzicie, który z zespołów prawdopodobnie wygra? Według mnie drużyna dysponująca planem ma znaczną przewagę nad tą, która o to nie zadbała. Planowanie zapewnia nam przewagę.

Przenieśmy się teraz nieco dalej na południe Stanów Zjednoczonych. Tego samego wrześniowego wieczoru w sercu Florydy spotykają się inne drużyny futbolowe. Trenerzy obu zespołów przez cały tydzień przygotowywali plan meczu. Oceniali silne i słabe strony przeciwnika i opracowali plan, który według nich zapewni im największe szanse na zwycięstwo. W czasie meczu jedna drużyna trzyma się ściśle przyjętego planu, bez względu na przebieg wydarzeń na boisku. Drugi zespół jest gotów odejść od planu, a może nawet zrezygnować z niego, jeśli będzie tego wymagała sytuacja na murawie. Który zespół ma większe szanse na wygraną? Ten, który jest gotów odstąpić od przyjętego planu.

Mecz w Georgii pokazuje nam, że planowanie daje wiele korzyści. Mecz na Florydzie – że niebezpiecznie jest kurczowo trzymać się przyjętego planu. Korzyść z planowania nie polega na tym, że dzięki niemu mamy plan wyryty w kamieniu. Ta korzyść to sama czynność planowania.

Korzyści z planowania

Nie doceniamy czynności planowania, a przeceniamy plany, które opracowaliśmy. Moglibyśmy wyrzucić plan, opracowany w trakcie planowania, a i tak bylibyśmy dobrze przygotowani. Jednak moglibyśmy otrzymać wspaniały plan i bardzo niewiele byśmy z niego skorzystali, bo nie przygotowywaliśmy go osobiście. Sama czynność planowania przynosi nam znacznie większą korzyść niż gotowy plan. Dlaczego?

Planowanie rozjaśnia myśli

Dzięki planowaniu zyskujemy przede wszystkim jaśniejszy obraz tego, co może nas czekać. Wróćmy do zamachów w Nowym Jorku. Katastrofa o takiej skali wymagała podjęcia bardzo wielu działań. Jak w sposób uporządkowany ewakuować Dolny Manhattan? Jak zmobilizować siły i środki do odbudowy dzielnicy finansowej? Jak poradzić sobie ze śmiercią setek strażaków i policjantów? Wszystko to trudno wymyślić na poczekaniu podczas tragicznej katastrofy. Jeśli jednak zastanawialiśmy się nad tym wcześniej, jesteśmy znacznie lepiej przygotowani do sytuacji, której nawet nie przewidywaliśmy.

A z drugiej strony Nowy Orlean i huragan Katrina. Znane są zdjęcia szkolnych autobusów, które nie dojechały na miejsce przeznaczenia. Zostały zalane przez wodę. Być może dzięki wcześniejszemu planowi działań udałoby się ich użyć do ewakuacji ludzi, którzy nie mieli dostępu do żadnych środków lokomocji. Opracowanie takiego planu nie byłoby łatwym zadaniem. W ciągu dwóch dni poprzedzających uderzenie Katriny nie udałoby się opracować wszystkich szczegółów związanych z mobilizacją kierowców i przewiezieniem mieszkańców w bezpieczne miejsce. Gdyby jednak prace nad planem rozpoczęto kilka lat wcześniej, akcja ewakuacyjna prawdopodobnie by się powiodła.

Planowanie zmusza do myślenia o przyszłości

Dzięki planowaniu myślimy o tym, co będzie, zamiast tkwić w przeszłości. Podczas planowania wykorzystujemy wszystko, co wiemy o przeszłości i teraźniejszości, do przewidywania przyszłego rozwoju wydarzeń. Przeszłości nie zmienimy, ale możemy z niej wyciągnąć wnioski. Teraźniejszość jest ważna, bo to jedyna chwila, którą dysponujemy. Ale na nasze obecne poczynania powinien mieć wpływ cel, do którego dążymy. Podczas planowania przenosimy swoją uwagę z przeszłości, której już nie zmienimy, na przyszłość, którą możemy zmienić. Nie ma sensu marzyć o jaśniejszej przeszłości, każdy jednak może stworzyć lepsze jutro.

Planowanie na przyszłość wiąże się z wielkim niebezpieczeństwem. Wybiegając w przyszłość, musimy zwalczyć pokusę przywiązania się do opracowanych planów. Jest ono zrozumiałe, bo planowanie wymaga wiele wysiłku. Dobry plan jest owocem ciężkiej pracy, poświęcamy mu wiele czasu i myśli. Dlatego zaczynamy uważać swój plan za cząstkę siebie i świadectwo naszych zdolności. W efekcie przywiązujemy się doń całym sercem.

Zanim to jednak nastąpi, musimy pamiętać o jednym. Jesteśmy planistami, a nie wróżbitami. Nie przepowiadamy przyszłości, staramy się ją przewidzieć na podstawie dostępnych danych. Planując, musimy przyjąć pewne założenia dotyczące rozwoju wydarzeń. Nikt nie wie, co się stanie. Warto przeanalizować, co może się zdarzyć w przyszłości, ale musimy zachować elastyczność, w razie gdyby nasze przypuszczenia okazały się błędne. Powinniśmy wstrzymać się z ostatecznymi decyzjami do czasu otrzymania dokładniejszych danych. A kiedy nimi dysponujemy? Wtedy gdy planujemy, czy gdy nadchodzi czas działania? Oczywiście w fazie planowania rzadko dysponujemy najdokładniejszymi informacjami.

Planowanie pomaga w mobilizowaniu sił i środków

Nawet jeśli nie wiemy jeszcze dokładnie, co zrobimy, na pewno warto dysponować siłami i środkami, które mogą być nam potrzebne. Chirurdzy nie zawsze wiedzą, co zastaną po otwarciu ciała pacjenta, chcą jednak mieć pod ręką wszystko, czego mogą potrzebować. Wyciągają rękę, mówią „skalpel" i narzędzie jest natychmiast umieszczane w ich dłoni, mówią „nić" i w jednej chwili mają ją w ręce... Wyobraźcie sobie, jak wyglądałaby operacja, gdyby chirurg musiał mówić: „Idź po jakiś skalpel", a potem czekał dziesięć minut, aż pielęgniarka znajdzie właściwe narzędzie. Potem powiedziałby: „Idź zobacz, czy nie ma tam jakichś nici", a pielęgniarka wróciłaby i zameldowała, że nici nie ma, ale będą we czwartek. Planowanie pomaga nam zgromadzić siły i środki na wszelką ewentualność. Jeśli zaczekamy z ich zgromadzeniem do czasu, gdy staną się potrzebne, prawdopodobnie będzie już za późno.

Dwight Eisenhower, dowodzący aliancką inwazją na Normandię w 1944 roku, twierdził, że „plan jest niczym, ale planowanie wszystkim". Przypuszczam, że kiedy inwazja ruszyła, nie wszystko szło zgodnie z planem. Jestem nawet pewien, że jeszcze przed inwazją trzeba było dokonać wielu zmian w planie operacji. Ale chociaż plany cały czas się zmieniały, Eisenhower kontynuował planowanie. Jakie miał inne wyjście? Potrzebował tysięcy okrętów i samolotów, dziesiątków tysięcy pojazdów i setek tysięcy żołnierzy. Zgromadzenie wszystkich sił i środków wymagało wielkiej pracy planistycznej, chociaż nie wiedziano dokładnie, jak zostaną one użyte. Sam przebieg inwazji też musiał zostać szczegółowo zaplanowany. Bardzo wątpię, czy inwazja zakończyłaby się powodzeniem, gdyby Eisenhower powiedział: „Spotkamy się w Normandii. Jak już tam będziemy, pomyślimy, co dalej".

Jedna rzecz jest naprawdę ważna: musimy mieć potrzebne siły i środki w chwili, gdy będziemy ich potrzebować. Planowanie zmusza nas do zastanowienia się, jakie to powinny być siły i środki. Jeśli nawet sytuacja rozwinie się inaczej, niż planowaliśmy, będziemy prawdopodobnie potrzebować wielu z tych sił i środków. Większość sił i środków, których użyto w Nowym Jorku 11 września i zaraz po nim, była dostępna dzięki wcześniejszemu planowaniu na wypadek katastrofy.

Planowaniu pomaga eliminować złe rozwiązania

Dzięki planowaniu zbieramy informacje i eliminujemy złe rozwiązania. Jesteśmy też zmuszeni do oceny swoich silnych i słabych stron. Nie musimy robić dokładnie tego, co zaplanowaliśmy, ale prawdopodobnie będziemy dobrze wiedzieć, czego robić nie należy. Jeżeli wiemy, że pewne rozwiązania nie przyniosą skutku w żadnych okolicznościach, nie musimy uciekać się do metody prób i błędów.

Mamy skłonność myśleć, że aby planowanie było przydatne, należy postępować zgodnie z opracowanym planem. To błąd. Celem planowania nie jest opracowanie sposobu postępowania, który będzie nam podpowiadał, co robić bez względu na rozwój wydarzeń. Planujemy po to, żeby podejmować trafniejsze decyzje. Tymczasem przed realizacją planu nie zawsze potrafimy wpaść na najlepsze rozwiązanie. Jeśli jednak jeszcze przed fazą realizacji zdołamy wyeliminować niektóre złe rozwiązania, na pewno będzie nam łatwiej podejmować trafniejsze decyzje. W czasie planowania eliminujemy złe rozwiązania, ułatwiając sobie znalezienie najlepszego.

Dzięki planowaniu jesteśmy pewniejsi siebie

Planowanie przynosi nam jeszcze jedną korzyść: zyskujemy pewność siebie. Często miałem okazję pracować z początkującymi akwizytorami. Najtrudniej było im pomóc w przezwyciężeniu niechęci do telefonowania. Ludzie, którzy potrafią swobodnie rozmawiać z nieznajomymi twarzą w twarz, sztywnieją, gdy mają przeprowadzić „rozmowę sprzedażową" przez telefon. Ktoś codziennie rozmawia z bratem i nigdy nie zastanawia się nad tym, o czym z nim mówić. Ale powiedz, żeby spróbował mu coś sprzedać, a rozłoży bezradnie ręce: „Nie wiem, co mam powiedzieć". Jak przezwyciężam tę trudność?

Daję nowemu akwizytorowi plan. Wiem, że po trzydziestu sekundach rozmowy plan ten trafi do kosza, a akwizytor będzie rozmawiał tak, jak to robił przez całe życie. Nie przejmuję się tym. Plan daje akwizytorowi pewność siebie potrzebną do rozpoczęcia rozmowy. Działa na nas uspokajająco, zwłaszcza gdy czujemy się niepewnie.

Co wynika z NYCNO?

Z zasady, że liczy się sama czynność planowania, a nie przyjęty plan, płyną dwa wnioski mające doniosłe znaczenie w zarządzaniu czasem.

Miej elastyczne plany

Zasada NYCNO uczy, że powinniśmy elastycznie traktować swoje plany. Jestem pracownikiem państwowym, więc często widzę, jak niemądrze jest trzymać się przyjętego planu bez względu na to, czy plan ten nadal ma sens. Na przykład budżet to po prostu plan finansowy na określony okres. Ale w wielkich instytucjach budżet często zaczyna żyć własnym życiem. Pamiętam, jak kiedyś moja uczelnia borykała się z trudnościami finansowymi. Pracowników wysyłano na urlopy, programy obcinano. Mimo to pod koniec roku ogrodnicy kupili trzy bardzo drogie kosiarki, chociaż nie było ludzi do ich obsługi.

Dlaczego je kupiono? Ponieważ w budżecie pozostały pieniądze i wydział musiał je wydać. Półtora roku wcześniej ktoś zebrał dostępne wówczas dane i uznał, że uniwersytet ma pewną ilość pieniędzy do wydania w następnym roku fiskalnym. Część z nich postanowiono przyznać ogrodnikom. Później jednak nastąpiły nieprzewidziane wydarzenia. Gospodarka dostała zadyszki, dochody stanu poleciały na łeb na szyję, zwolniono część ogrodników. Mimo to, ze względu na sztywność stanowej procedury planowania budżetu, pieniądze trzeba było wydać. Postąpiono więc zgodnie z planem, chociaż plan ten nie miał już sensu.

Czy znaczy to, że całe planowanie było do niczego? Oczywiście, że nie. Nie da się zarządzać wielką instytucją bez planu finansowego. Jakby to miało wyglądać? Czy uniwersytet, na którym uczy się dziesiątki tysięcy studentów, może wydawać pieniądze dopóty, dopóki się nie skończą? To byłby obłęd. Myślenie o przyszłości jest niezbędne i to samo dotyczy planowania. Obłędem jednak jest również wyrycie planów finansowych w kamieniu. Gdy dojdzie jeszcze do tego trochę stanowej biurokracji, nie sposób nawet przelać pieniędzy z jednego konta na drugie. Planowanie to konieczność. Szaleństwem jest biurokratyczna struktura zmuszająca nas do realizacji planów, które straciły sens.

Nie zniechęcaj się

Z zasady NYCNO wynika też drugi wniosek: nie należy się zniechęcać, gdy nie wszystko idzie zgodnie z planem. Jak przekonamy się w następnych dwóch rozdziałach, posiadanie systemu zarządzania czasem ma podstawowe znaczenie, a każdy realny system będzie wymagał planowania. Chyba największą przeszkodą w planowaniu jest zniechęcenie, które nas ogarnia, gdy sprawy nie idą zgodnie z planem. Mimo pracowitego dnia poświęcamy sporo czasu, aby zaplanować następny dzień, a potem okazuje się, że nie realizujemy planu. Zniechęcamy się i zaczynamy uważać, że planowanie to strata czasu.

Niesłusznie. Wydaje nam się, że planowanie pozwala przewidywać przyszłe wydarzenia i na tym polega jego podstawowa wartość. W rzeczywistości dzięki planowaniu możemy radzić sobie z wydarzeniami, których nie przewidzieliśmy. Jeśli dojdzie do nieprawdopodobnej sytuacji i okaże się, że przewidzieliśmy wszystko, co się stało, będziemy dokładnie wiedzieć, jak zareagować. Jeśli jednak sytuacja rozwinie się według bardziej prawdopodobnego scenariusza i niespodziewane wydarzenia przekreślą nasz plan, wciąż odniesiemy z planowania wiele korzyści. Zaleta planowania rozkładu dnia wynika stąd, że przemyśleliśmy, co należy zrobić, ustaliliśmy, kiedy to zrobić, i zmagaliśmy się z pytaniem, jak zmieścić wszystkie te czynności w dwudziestoczterogodzinnej dobie. I nawet jeżeli sytuacja rozwinie się niezgodnie z planem, wciąż znamy swoje priorytety. Nadal wiemy, na co nie starczy nam czasu. A kiedy podczas realizacji planu zaczyna nam brakować czasu na wszystko, wiemy, co można usunąć z rozkładu dnia.

Odnosimy sukces nawet wtedy, gdy plan się nie udaje

Nie możemy się zniechęcać, gdy sprawy nie idą zgodnie z planem. Aby przypomnieć sobie o tym, używam skrótu NYCNO. Dni NYCNO to takie dni, w których moje plany wymagają szybkiej i częstej modyfikacji. NYCNO przypomina mi, że przynajmniej miałem jakiś plan. Gdy moje plany walą się z hukiem, mówię, że przyszło NYCNO. Przypomina mi to, że przynajmniej dokonałem czynności planowania. Dzięki NYCNO pamiętam, że nawet gdy nie wszystko idzie zgodnie z planem, nie ma się czym przejmować. Zrobiłem, co trzeba, opracowałem plan. NYCNO mówi mi, że planowanie jest bardzo ważne. Dobrze to wiedzieć.

Wyzwanie NYCNO:
Przywiązuj się do planowania, nie do przyjętego planu.

9
Procedura

Zasada procedury:
Wystarczy przestrzegać procedury, a wyniki przyjdą same

Ludzie sukcesu mają plan działania. Plan ten zmienia się od czasu do czasu, ale jest. Może mieć prostą postać spisu zadań do wykonania w danym dniu. Kilka lat temu słyszałem, jak pewien waszyngtoński dziennikarz pokpiwał sobie z prezydenta Stanów Zjednoczonych. Chodziło o to, że prezydent miał w kieszeni listę zdań, które powinien wykonać. Przez cały dzień wyjmował tę listę, dopisując do niej pewne zadania i wykreślając wykonane zadania. Dziennikarz nie mógł uwierzyć, że ktoś sprawujący tak potężne i prestiżowe stanowisko planuje dzień za pomocą listy zadań.

Kiedy to usłyszałem, nie mogłem powstrzymać się od śmiechu. Prezydent leciał samolotem Air Force One, a dziennikarz tkwił pewnie na całodobowym parkingu przy lotnisku. Prezydent mieszkał w Białym Domu, a dziennikarz wynajmował jakieś dwupokojowe mieszkanko na przedmieściach. Prezydent codziennie podejmował decyzje dotyczące milionów ludzi, a dziennikarz śledził te decyzje z boku i pisał o nich. Pomyślałem sobie, że ten dziennikarz powinien sporządzić swoją listę zadań do wykonania.

Aby zamieszkać w Białym Domu, prezydent musiał przejść określoną procedurę. Lista zadań do wykonania była częścią tej procedury. Dziennikarz uważał, że tak prosta procedura decydowania, co należy zrobić w następnej kolejności, nie jest godna prezydenta Stanów Zjednoczonych. Nie rozumiał, że wszyscy potrzebujemy jakiejś procedury, żeby zaplanować swój czas. Dotyczy to również prezydenta Stanów Zjednoczonych. Można wręcz powiedzieć, że bez jakiejś procedury planowania czasu łatwiej zostać prezesem Stowarzyszenia Hycli niż prezydentem Stanów Zjednoczonych.

Rezultaty zawdzięczamy procedurom

Procedura to nic innego jak ciąg działań dokonywanych w sposób regularny i przewidywalny. Doskonałym przykładem procedury jest pieczenie tortu. Mieszasz pewne składniki ze sobą w określony sposób i otrzymujesz rzadkie ciasto. Będzie miało ono pewną konsystencję i barwę. Ilekroć zmieszasz te same składniki w ten sam sposób, zawsze uzyskasz ciasto, które wygląda tak samo i ma taką samą gęstość. Następnie wsadzasz je do piekarnika. Rzadkie ciasto zmienia się w puszystą, zestaloną masę. Jest to naturalny wynik mieszania składników i ogrzewania uzyskanej mieszaniny. Jeśli wynik ten przypadnie ci do gustu, możesz wykonać ten sam szereg czynności i zawsze otrzymasz taki sam rezultat. Zresztą, nawet jeśli wynik ci się nie spodoba, to o ile będziesz postępować tak samo, wciąż otrzymasz ten sam rezultat. Stosowanie procedury zapewnia przewidywalne rezultaty. Wystarczy przestrzegać procedury, a wyniki przyjdą same.

Wiele przełomowych osiągnięć ludzkość zawdzięcza opanowaniu określonych procedur. Samochody przestały być luksusem dla bogatych, a stały się artykułem pierwszej potrzeby dla zwykłych ludzi, bo Henry Ford opracował procedurę ich masowej produkcji. Z zupełnie innej beczki: największy przełom w leczeniu uzależnień nastąpił wtedy, gdy William Wilson i dr Robert Smith opisali w swojej książce dwunastopunktową procedurę przezwyciężenia alkoholizmu. Każde działanie, od produkcji samochodów po leczenie uzależnień, wymaga odpowiedniej procedury.

Musimy poznawać procedury. Dlaczego? Kiedy komuś uda się osiągnąć wyniki, które podziwiamy lub których pragniemy, możemy mieć pewność, że zawdzięcza on je stosowaniu określonej procedury. Jeżeli poznamy tę procedurę, osiągniemy te same wyniki. Musimy tylko przestrzegać procedury. Sukces to procedura. Opanuj procedurę, a osiągniesz sukces. Miej się jednak na baczności, bo zasada procedury ma i ciemną stronę. Niepowodzenie to też procedura. Jeśli będziemy przestrzegać procedury tych, którym nie wyszło, nam także się nie powiedzie.

Endokrynolog Michael Jensen postanowił zbadać, co się dzieje w naszym organizmie, gdy tyjemy. W badaniu wzięło udział dwudziestu ośmiu ochotników. Jensen opracował procedurę, dzięki której mieli tyć. Przez osiem tygodni ochotników zachęcano do jedzenia i picia niemal wszystkiego, co chcieli. Jedli więc ogromne batony i góry lodów, pili wysokokaloryczne napoje. Wyniki nie dały na siebie długo czekać. Ochotnicy tyli średnio po pół kilograma tygodniowo. Wiem, że są szczęśliwcy, którzy na takiej diecie mogą pozostać szczupli, ale dla nas, zwykłych śmiertelników, dr Jensen opracował bardzo skuteczną procedurę przybierania na wadze. Wystarczy przestrzegać tej procedury, a człowiek niezawodnie utyje.

Szaleństwem byłoby starać się schudnąć, postępując zgodnie z procedurą dr. Jensena. Nie da się zrzucić kilogramów dzięki procedurze, która ma zapewnić przybranie na wadze. Istnieje procedura obrastania w tłuszcz i procedura odchudzająca. To, czy tyjesz, czy chudniesz, zależy od procedury, jakiej przestrzegasz. Przestrzeganie niewłaściwej procedury bywa bardzo zniechęcające. Można sobie wyobrazić nasze zniechęcenie, gdybyśmy próbowali schudnąć, stosując się do procedury dr. Jensena.

Dla każdej działalności lub celu istnieje zwykle procedura zapewniająca sukces i kilka procedur gwarantujących porażkę. Jest procedura zapewniająca dobre wyniki na studiach i kilka procedur gwarantujących złe stopnie. Znałem studentów, którzy na pierwszym roku imprezowali wieczorami, a potem spali do południa. Między imprezami a odsypianiem zarwanych nocy nie mieli już wiele czasu na naukę i chodzenie na wykłady. Jest to doskonała procedura zapewniająca zawalenie studiów. Jeśli będziemy się do niej stosować, rezultat mamy gwarantowany: na długo przed dyplomem dostaniemy list od dziekana z informacją o skreśleniu z listy studentów. Ale jest też procedura osiągania dobrych wyników w nauce. Przewiduje chodzenie na wykłady w ciągu dnia i uczenie się wieczorami. Jeżeli będziemy przestrzegać tej procedury, jest możliwe, że też otrzymamy od dziekana list, ale będzie miał on zupełnie inną treść. Dziekan pogratuluje nam, że znaleźliśmy się na liście prymusów.

Lubię studiować zjawiska ekonomiczne. Kiedy zauważam różnice w ich przebiegu, zawsze szukam różnic w procedurach. Nietrudno je znaleźć. Warren Buffett zdobył swój wielomiliardowy majątek dzięki procedurze. Zaczął się do niej stosować, gdy był jeszcze dzieckiem. Kiedy inne dzieci się bawiły, Warren już zarabiał pieniądze. Przestrzegał swojej procedury w młodości, kończąc kilka najlepszych szkół biznesu w kraju, a także później, gdy przeznaczał bardzo niewielką część dochodów na konsumpcję, resztę zaś inwestował. To bardzo dobra procedura odniesienia sukcesu w dowolnej dziedzinie. Ucz się jej przez całe życie i ściśle przestrzegaj, nie dopuszczając do tego, aby cokolwiek sprowadziło cię z obranej drogi. Buffett zastosował tę procedurę do pieniędzy i dorobił się fortuny.

Gdyby twoim celem było zakończenie życia w nędzy, są procedury osiągnięcia i tego celu. Oto jedna z nich. Rzuć szkołę w młodym wieku. Bądź przekonany, że jesteś zbyt mądry, żeby uczyć się od kogokolwiek. Niewiedza jest znakomitym uzupełnieniem naszej procedury. Wydawaj wszystko, co zarabiasz i pożyczasz na bezużyteczne świecidełka, którymi chcesz imponować znajomym. Daj się z hukiem wyrzucić z kilku posad, dzięki czemu nikt już nie będzie chciał cię zatrudnić. Przestrzegaj tej procedury, a wynik będziesz miał jak w banku. Skończysz w nędzy, o jakiej marzyłeś, a nawet jeszcze większej.

Chciałbym postawić sprawę jasno, żeby nikt mnie źle nie zrozumiał. Nie twierdzę, że każdy nędzarz przestrzega opisanej wyżej procedury. W grę wchodzi wiele czynników. Łatwo wyobrazić sobie wyjątkowe sytuacje (takie jak choroba), w których ludzie nie przestrzegają opisanej procedury, a mimo to kończą w nędzy. Nie umiem jednak wyobrazić sobie jednego: że ktoś, kto przestrzega procedury gwarantującej ubóstwo, ma pod koniec życia więcej pieniędzy niż osoba postępująca zgodnie z procedurą, dzięki której Warren Buffett doszedł do swojego majątku.

Ludzie często uważają bogactwo i nędzę za tajemnicze zjawiska, które są wynikiem nieznanych bliżej przyczyn. Po prostu nie rozumieją procedur. Jeśli chodzi o pieniądze, to bogactwo jest ostatecznym wynikiem procedury zapewniającej bogactwo, a nędza ostatecznym rezultatem procedury gwarantującej ubóstwo. Postępując zgodnie z procedurą zapewniającą bogactwo, najprawdopodobniej dorobimy się majątku. Przestrzegając procedury gwarantującej ubóstwo, zawsze skończymy w nędzy.

Dotyczy to nie tylko ludzi, ale również całych systemów gospodarczych. Jestem przekonany, że każdy kraj na kuli ziemskiej ma szansę na rozkwit gospodarczy. Musi tylko stosować procedury popierania innowacji i ochrony prawa własności. Procedury te powinny gwarantować, że ludzie, którzy uzyskują wyniki, są za nie nagradzani. Niektóre kraje włączyły do swojego systemu ekonomicznego takie procedury i ich gospodarka rozwija się w niesamowitym tempie. Istnieją jednak kraje, które zdecydowały się na inną procedurę, zniechęcającą do innowacji, ograniczającą prawo własności i odbierającą nagrody tym, którzy najbardziej na nie zasługują. Wszystkie takie kraje przeżywają upadek gospodarczy.

Przestudiuj sam historię ekonomii. Sprawdź, czy był jakiś kraj, który zniechęcał do innowacji, ograniczał prawo własności i odbierał ludziom nagrody, a mimo to prosperował. Absurdem byłoby spodziewać się rozkwitu gospodarczego po wprowadzeniu procedur zniechęcających do innowacji, ograniczających prawo własności i minimalizujących nagrody dla najbardziej produktywnych. Byłoby to liczenie na sukces procedury, o której wiadomo, że zawsze doprowadzała do klęski.

Znalezienie właściwej procedury

Jedną z największych pomyłek w życiu jest dążenie do sukcesu, a jednocześnie ignorowanie procedury, która taki sukces zapewnia. Nie chodzi o to, czy możemy osiągnąć upragnione cele. Na pewno tak. Idzie o to, czy jesteśmy gotowi postępować zgodnie z procedurą gwarantującą sukces. Zakładamy oczywiście, że znamy tę procedurę. Ale jeśli jej nie znamy? Co wówczas? No cóż, jest kilka sposobów na znalezienie procedury, która zapewni nam to, na czym nam zależy.

Sprawdź, co przynosi sukces innym

Uczę marketingu i technik sprzedaży, więc studenci często pytają mnie, czy na akwizycji można się dorobić, bo zaproponowano im właśnie pracę akwizytora. Odpowiadam wtedy: „Też pytanie. W ostatnim roku branża sprzedaży bezpośredniej miała obroty przekraczające 100 miliardów dolarów, z czego ponad 30 miliardów przypadło na Stany Zjednoczone".

Często słyszę na to: „A szwagier mi mówił, że próbował akwizycji i nic nie zarobił". Mają przy tym taką minę, jakby to był dowód, że na akwizycji nie sposób się dorobić. Równie dobrze można by wskazywać pustynię na dowód, że nie ma czegoś takiego jak morze. Na pustyni wody nie ma, ale jest jej mnóstwo gdzie indziej. To, że czyjś szwagier postępował zgodnie z procedurą zapewniającą porażkę, nie dowodzi, że nie istnieje procedura gwarantująca sukces. Taka procedura musi istnieć, bo jak inaczej wyjaśnić wielomiliardowe obroty w tej branży?

Kiedy więc ktoś twierdzi, że jego znajomemu nie powiodło się w akwizycji, zawsze odpowiadam: „Chyba nie brałbym z niego przykładu. Znalazłbym kogoś, kto się dorobił, i sprawdziłbym, jaką procedurę stosował". Większość początkujących akwizytorów ma ugruntowaną, ale zupełnie błędną opinię o tym, jak się dorobić w tej branży. Uparcie postępują zgodnie z procedurą, która wydaje im się dobra, a nie taką, jaka zapewniła innym sukces. Kiedy im się nie powiedzie, zrzucają winę na branżę, a nie wybraną procedurę. Czy w akwizycji są procedury, które nie skutkują? Oczywiście. Ale czystym absurdem jest uznać, że w jakiejś dziedzinie nie można odnieść sukcesu, bo ktoś znalazł sposób, jak ponieść w niej porażkę. Tak jak w każdej dziedzinie, również w akwizycji istnieje procedura zapewniająca sukces i procedura gwarantująca niepowodzenie.

Posługuję się akwizycją jako przykładem nie tylko dlatego, że uczę technik sprzedaży. W akwizycji niemal zawsze możemy uczyć się od ludzi, którzy od dawna odnoszą w tej branży sukcesy. To dlatego, że ludzie z tej branży odnoszą sukces, kiedy uczą innych, jak odnieść sukces. Uczenie się procedury zapewniającej sukces od ludzi sukcesu to najprostsza i najpewniejsza droga do sukcesu. Jeśli więc ktoś chce nas nauczyć procedury, która w jego wypadku zdała egzamin, powinniśmy z pokorą starać się ją przyswoić.

Niestety, branża sprzedaży bezpośredniej jest raczej wyjątkiem od reguły. W naszym świecie ostrej konkurencji znacznie częściej się zdarza, że ludzie nie zdradzają procedur, które zapewniły im sukces. Kiedy Sam Walton otwierał sklepy Wal-Mart, jego konkurenci nie kwapili się, by mu pokazać, jak mógłby im zabrać klientów. Ludzie, którzy odnieśli już sukces, nie byli zbytnio zainteresowani pokazywaniem nowicjuszowi swoich procedur. Mimo to Walton opracował procedurę obrotu towarami, która nie miała precedensu w dziejach. Ocenia się, że 25 procent wzrostu wydajności gospodarki światowej w latach dziewięćdziesiątych pochodziło z zastosowania modelu handlowego Wal-Mart. A skąd Walton wziął swój model? Nie wymyślił go sam. Przyglądał się, jak działają inne sklepy, i odkrył, czemu zawdzięczają sukcesy. On sam niewiele wynalazł. Po prostu obserwował procedury, które zapewniły innym powodzenie, i zastosował je u siebie.

Najłatwiejszym sposobem poznania jakiejś procedury jest sprawić, aby ktoś nas jej nauczył. Jeśli jednak nikt się nie pali, żeby nas uczyć, możemy sami przyjrzeć się stosowanym przez innych procedurom. Pilnie się ucząc i wnikliwie obserwując, poznamy procedury, które zapewniają innym sukces.

Sprawdź, co przynosi ci sukcesy

Mówi się często, że sukces jest skutkiem podejmowania trafnych decyzji, trafne decyzje wynikają z doświadczenia, a doświadczenie to owoc podejmowania błędnych decyzji. Nie można się ustrzec przed błędnymi decyzjami, można jednak uniknąć podejmowania dwa razy tej samej błędnej decyzji. Powinniśmy wyciągać wnioski ze wszystkiego, co robimy, bez względu na to, czy jest to słuszne, czy błędne. Kiedy osiągamy swój cel, powinniśmy wyciągnąć wnioski z procedury, która zapewniła nam sukces. Uczymy się procedur zapewniających sukcesy, żeby móc je powtarzać. Kiedy podejmujemy jakieś działanie i nie osiągamy celu, musimy z tej procedury również wyciągnąć odpowiednie wnioski. Powinniśmy zdać sobie sprawę, że odkryliśmy procedurę zapewniającą niepowodzenie i że nie należy jej ponownie stosować. Powinniśmy założyć, że swoje osiągnięcia zawdzięczamy procedurom zapewniającym sukces, a porażki, które ponieśliśmy, to wynik zastosowania procedur gwarantujących niepowodzenie. Warto się dowiedzieć, które procedury zapewniają sukces, a które porażkę.

Z biegiem lat przekonałem się, że dobre samopoczucie to też skutek odpowiedniej procedury. Obejmuje ona właściwe odżywianie się, ćwiczenia fizyczne i należyty odpoczynek. Kiedy postępuję zgodnie z tą procedurą, skutek jest murowany. Czuję się świetnie. Istnieje też inna procedura, do której często się stosuję. Nie odżywiam się odpowiednio, nie ćwiczę, nie odpoczywam, jak trzeba. Kiedy postępuję zgodnie z tą procedurą, rezultat jest również nieuchronny. Czuję się fatalnie. Dobrze znam obie te procedury, ponieważ regularnie przerzucam się od jednej do drugiej. Kiedyś pewnie nauczę się zawsze wybierać swoją zdrowotną procedurę na podstawie obserwacji jej skutków. Muszę w końcu przestać kierować się tym, jak pysznie smakują lody wieczorem i jak rozkosznie wygodne jest rankiem łóżko.

Bądź cierpliwy

Istota zasady procedury polega na tym, że musimy dać procedurze czas na to, aby dowiodła swojej skuteczności. Wracając do Warrena Buffetta, swój sukces zawdzięczał on procedurze zwanej „inwestowaniem w wartość". Mówiąc w skrócie, procedura ta polega na znajdowaniu okazji inwestycyjnych i długoterminowym lokowaniu w nich kapitału. Dlaczego więc wszystkie firmy inwestycyjne nie postępują zgodnie z procedurą Buffetta? Przecież dzięki niej Warren Buffett został najbogatszym inwestorem na świecie. Chodzi o to, że bardzo niewielu inwestorów jest na tyle cierpliwych, aby stosować metodę Buffetta. A ponieważ mało kto odznacza się cierpliwością Warrena Buffetta, mało kto też notuje takie zyski jak on. Ludziom brakuje po prostu cierpliwości.

Zasada procedury jest skuteczna tylko wtedy, gdy mamy wystarczająco dużo cierpliwości, żeby dać jej odpowiedni czas. Postępuj zgodnie z procedurą i po odpowiednio długim czasie wyniki będą gwarantowane. Rolnicy wiedzą, że obfite plony nie są skutkiem czarów, szczęścia ani przypadku. Są skutkiem odpowiedniej procedury i cierpliwości. Procedura obejmuje przygotowanie gleby, siew, zwalczanie chwastów i szkodników, dostarczanie glebie nawozów i wody itp. Efektem tej procedury będą w końcu zbiory. A jeśli rolnik zasieje ziarno, a na drugi dzień pobiegnie na pole i zacznie je wykopywać, żeby sprawdzić, czy nie zaczęło już kiełkować? Czy ta procedura przyniesie owoce? Ciągłym sprawdzaniem, czy procedura dała już wyniki, można zniweczyć cały wysiłek.

Podam inny przykład, który wielu czytelnikom na pewno trafi do przekonania. Chudnięcie to powolny proces. Pamiętam rozmowę z osobą, która była zniechęcona tym, jak wolno chudnie. „Czy nie należy się cieszyć" – zauważyłem – „że nie tyjemy tak szybko, jak chcemy schudnąć?". Tycie to powolny proces. Nawet ochotnicy, którzy brali udział w eksperymencie Jensena i tyli na zawołanie, przybierali na wadze niecałe pół kilo tygodniowo. Chudnięcie też więc musi zachodzić powoli. Najpewniejszym sposobem zniweczenia rezultatów wszelkiej procedury jest zniechęcenie się tym, że trwa ona długo.

Wszystkie procedury przynoszą owoce i zawsze działają w tym samym kierunku. Niekoniecznie jednak mają taki sam skutek dla wszystkich albo wydają owoce z taką samą szybkością. Mógłbym postępować zgodnie z procedurą Warrena Buffetta, ale prawdopodobnie nie dorobiłbym się takiego majątku jak on. Dlaczego? Ponieważ nie jestem tak inteligentny jak on. Gdybym jednak przez ostatnie kilka lat postępował zgodnie z jego procedurą, miałbym o wiele więcej pieniędzy, niż mam ich dziś. Dzięki procedurze Buffetta nie każdy stanie się miliarderem, ale na pewno zarobi dużo pieniędzy.

Grałem w koszykówkę w czasach Magica Johnsona i Larry'ego Birda. Mógłbym skrupulatnie stosować się do ich procedur treningowych, a i tak nigdy bym im nie dorównał. Czemu? Bo nie miałem ich wrodzonego talentu. Mimo to gdybym postępował zgodnie z ich procedurami, byłbym znacznie lepszym koszykarzem. Naśladowanie procedury treningowej stosowanej przez wybitnego sportowca nie uczyni każdego supergwiazdą, ale na pewno pozwoli mu osiągnąć wyższy poziom.

Obserwuj, jakie wyniki przynosi procedura

Jestem człowiekiem niecierpliwym. Niełatwo mi wytrwać w stosowaniu się do procedury na tyle długo, aby przyniosła ona owoce. Nie pomaga mi to w życiu, ale usiłuję sobie z tym radzić. Zaczynając większe przedsięwzięcie, oceniam, ile czasu zajmie mi doprowadzenie go do końca. Na przykład kilka miesięcy temu rozpocząłem pewien projekt i oszacowałem, że jego wykonanie zabierze mi tysiąc godzin. Dysponuję procedurą, o której wiem, że przyniesie sukces, i potrzeba tylko czasu, by wydała ona owoce. W tym wypadku potrzeba aż tysiąca godzin, żeby doprowadzić projekt do końca i uzyskać spodziewane wyniki.

Na moim biurku stoją dwie przezroczyste misy ustawione jedna na drugiej. W sklepie z artykułami dekoracyjnymi kupiłem woreczek ozdobnych kamyków i przed rozpoczęciem projektu do jednej z mis włożyłem tysiąc takich kamyków. Po każdej godzinie pracy przekładam jeden kamyk do drugiej misy. Kiedy minie tysięczna godzina mojej pracy nad projektem, wszystkie kamyki znajdą się w drugiej misie.

Nie martwię się o wyniki przedsięwzięcia, bo leżą one niejako w naturalnym porządku rzeczy. Myślę tylko o przekładaniu kamyków. Koncentruję się na procedurze i wiem, że wyniki przyjdą same. Po tysiącu kamykach procedura wyda owoce, a ja otrzymam nagrodę. W istocie kamyki są prostym „systemem" upewnienia się, że postępuję zgodnie z właściwą procedurą. W następnym rozdziale przejdziemy w końcu do systemów zarządzania czasem. Wszystkie systemy są tworzone po to, aby właściwie wykorzystywać procedury. Procedura prawie zawsze przynosi nam większą korzyść, gdy mamy pewien system. Nie istnieje system doskonały, ale bez niedoskonałego systemu nie ma sukcesów. Zobaczmy więc, jak procedury i systemy współdziałają ze sobą, pomagając nam zarządzać czasem.

Wyzwanie procedury:

Znajdź właściwe procedury i bądź cierpliwy,
żeby miały czas wydać owoce.

10
System

Zasada systemu:
Każdy system jest lepszy niż brak systemu

Kiedy znamy już procedurę gwarantującą sukces, musimy postępować zgodnie z nią. Aby mieć pewność, że tak właśnie robimy, potrzebujemy systemu. System to ogół zasad, według których coś jest zorganizowane lub wykonywane. Wiele powtarzalnych czynności wykonujesz zgodnie z pewnymi systemami. Jeśli na przykład co rano parzysz sobie kawę, dysponujesz systemem gromadzenia rzeczy, które są do tego potrzebne.

Codziennie rano udajesz się do tych samych miejsc, zapewne w tej samej kolejności, aby wziąć stamtąd rzeczy potrzebne do zaparzenia kawy. Kiedy już zrobisz sobie kawę, odkładasz wszystkie rzeczy na miejsce. Bez systemu umieściłbyś je na chybił trafił. Każdego ranka przetrząsałbyś dom, szukając kawy, filtrów, kubka i dzbanka do kawy. Zobaczmy, gdzie są dzisiaj? Czy dzbanek jest pod szafą czy w pokoju gościnnym? A gdzie są filtry? Może położyłem je na zmywarce, a może w samochodowym schowku. Każdy system jest lepszy, niż wykonywanie zadania w sposób bezładny, na chybił trafił.

Na pewno nie chciałbyś codziennie biegać po domu przez pół godziny, szukając rzeczy, które są potrzebne do zaparzenia kawy. Gdybyś był do tego zmuszony, chyba w ogóle zrezygnowałbyś z kawy. Rozkoszujesz się poranną kawą, bo masz system, dzięki któremu jej zaparzenie jest proste. Lubimy robić proste rzeczy i unikamy robienia skomplikowanych. Nie chcemy brnąć przez skomplikowane procedury, ale chętnie posłużymy się prostymi systemami. Dzięki systemom skomplikowane procedury stają się łatwe w stosowaniu.

Po co nam systemy?

Powiedzmy, że znalazłeś świetną procedurę zarządzania czasem. Jeśli jest zbyt skomplikowana i trudna w stosowaniu, nie będziesz się nią posługiwać. Dlatego potrzebne nam proste systemy. Dzięki nim łatwo stosować skomplikowane procedury. Jeżeli nie planujesz rozkładu swojego tygodnia, ale regularnie planujesz rozkład dnia, to być może nie masz prostego systemu planowania tygodnia. Jeśli tracisz kontakt z kolegami z branży, to być może nie masz właściwego systemu zarządzania kontaktami. Jeśli zawsze chciałeś zrobić pewną rzecz, ale nigdy nie mogłeś się do niej zabrać, to może nie znalazłeś systemu, który by ci to umożliwił. Może chciałeś napisać książkę, poprawić swoją kondycję, żeby przebiec maraton, nauczyć się języka obcego, skończyć drugi kierunek studiów albo grać na jakimś instrumencie. Starać się osiągnąć któryś z tych celów bez pewnego systemu to jak próbować zaparzyć sobie kawę, nie wiedząc, gdzie są potrzebne do tego rzeczy.

Potrzebujemy systemów, bo jak wiemy z ostatniego rozdziału, wszelkie efekty naszych działań są wynikiem jakiejś procedury. Parzenie dzbanka kawy to rezultat określonej procedury. Procedura ta polega na zgromadzeniu razem kawy, dzbanka, filtra i wody. Jeśli opanujemy tę procedurę, otrzymamy wyniki. Skąd wiemy, że stosujemy procedurę w sposób najbardziej efektywny? Dzięki odpowiedniemu systemowi. System to po prostu narzędzie, którego używamy po to, aby postępować zgodnie z procedurą. Jeśli nie mamy systemu, to skąd będziemy wiedzieć, czy postępujemy zgodnie z procedurą zapewniającą nam sukces? Nie będziemy. Pewność, że postępujemy zgodnie z procedurą, da nam tylko odpowiedni system.

Z systemem jest lepiej

Nieważne, czy parzysz sobie poranną kawę, czy kierujesz wielką fabryką – dzięki systemowi osiągniesz lepsze wyniki. System nie musi być nawet zbytnio skomplikowany. Właściwie, jak będzie o tym mowa dalej, lepsze są proste systemy. Usłyszałem kiedyś następującą historię. Pewien konsultant odwiedził znajomego, który był naczelnym dyrektorem wielkiej fabryki. Fabryka ta była pogrążona w zupełnym chaosie. Naczelny dyrektor nie potrafił sam sobie z tym poradzić, postanowił więc zatrudnić konsultanta. Ten odparł, że chętnie podejmie się zadania, ale chciałby, żeby dyrektor zrobił najpierw pewną rzecz.

Kazał mu wypisać na kartce sześć najważniejszych spraw, które chciałby tego dnia załatwić, i uszeregować je od najważniejszej do najmniej ważnej.

Następnie wyjaśnił, co dyrektor ma zrobić z tą listą:

> Zacznij zajmować się sprawą numer 1. Nie myśl nawet o numerach 2–6, dopóki nie skończysz załatwiać numeru 1. Ważne sprawy oderwą cię od numeru 1. W porządku, tego należało się spodziewać. Zajmij się nimi. Ale kiedy skończysz, jak najszybciej wróć do numeru 1. Skoncentruj się na numerze 1, dopóki nie skończysz. Potem zacznij pracować nad sprawą numer 2. Postępuj tak samo jak poprzednio. Nie martw się, czy dojdziesz do numeru 6, czy nie. Pamiętaj, żeby nie zajmować się sprawą numer 2, dopóki nie skończysz z numerem 1, żeby nie zajmować się numerem 3, dopóki nie skończysz z numerem 2 itd. Jutro masz wyjąć nową kartkę. Ponownie stosuj się do tej procedury. Codziennie postępuj w ten sposób i zobacz, czy przynosi to skutek.

Konsultant podobno nie wystawił nawet rachunku za tę małą poradę. Powiedział tylko dyrektorowi, żeby wypróbował system, a potem może zapłacić mu tyle, ile według niego jest on wart.

Kilka miesięcy później konsultant otrzymał od dyrektora czek na 10 000 dolarów. Kiedy zatelefonował z prośbą o wyjaśnienie, dyrektor odparł, że zalecony przez konsultanta system jest z pewnością wart 10 000 dolarów. Wdrożył go w swoim biurze i szybko opanował sytuację. Potem zapoznał z nim wszystkich kierowników w fabryce, a ci wdrożyli go u siebie. W końcu cała fabryka działała zgodnie z tym prostym systemem i chaos szybko zniknął. Przedsiębiorstwo szło odtąd jak w zegarku. System nie był przesadnie skomplikowany, ale na pewno lepszy niż brak systemu.

Jaki system jest dobry?

Istnieje wiele rodzajów systemów. To, co powiedzieliśmy dotychczas w tym rozdziale, dotyczy wszystkich. Zawęzimy rozważania i omówimy systemy zarządzania czasem. System zarządzania czasem powinien nam zapewnić metodę planowania naszych dni i tygodni, tak abyśmy mogli maksymalnie je wykorzystać. Powinien nam też pomóc pozostać na drodze do celu lub wrócić na nią, gdy z niej zboczymy. Przypomnijmy sobie, co konsultant zaproponował dyrektorowi fabryki. Był to system zarządzania czasem, pokazujący dyrektorowi, co ma robić każdego dnia. Pomógł mu on też skoncentrować się na najważniejszych sprawach wymagających załatwienia. Wreszcie, dzięki niemu wracał na właściwą drogę po załatwieniu spraw nie cierpiących zwłoki, które pojawiały się codziennie.

Gruby terminarz spięty metalowymi kółeczkami nie zastąpi systemu zarządzania czasem. W takim terminarzu nie ma nic złego, niektórym bardzo się on przydaje. Wielu jednak nie wystarcza, potrzebują również systemu. Jak ma wyglądać taki system? Dobry system zarządzania czasem powinien się odznaczać pięcioma cechami.

Prostota

Dobry system to system łatwy w użyciu. Im bardziej złożony system, tym jest mniej prawdopodobne, że będziemy chcieli się nim posługiwać. Ludzie chcą zarządzać czasem, aby móc zrobić jak najwięcej. System, który zabiera nam to, na czym nam zależy, czyli czas, działa odstręczająco. W handlu istnieje zasada: należy mówić tylko tyle, ile jest potrzebne do osiągnięcia pożądanego wyniku – ani słowa więcej. Taka sama reguła stosuje się do systemu zarządzania czasem. Z systemów, które zapewnią nam pożądane wyniki, powinniśmy wybrać najprostszy.

Jest to słuszne zwłaszcza wtedy, gdy dopiero zaczynamy używać pewnego systemu do zarządzania czasem. Gdybym kazał ci zastosować mój system zarządzania czasem, zapewne na zawsze zrezygnowałbyś z jakichkolwiek systemów tego typu. Dlaczego? Bo jest on zbyt skomplikowany. To system, który doskonaliłem przez dziesięciolecia. Gdybym trzydzieści lat temu próbował zarządzać czasem za pomocą mojego obecnego systemu, niewiele bym wskórał. Byłby on dla mnie o wiele zbyt złożony. Po opanowaniu kilku elementów mogłem wykonywać je bez zastanowienia lub niemal bez zastanowienia. Wówczas rozszerzałem swój system o nowe składniki. Z czasem stworzyłem dość skomplikowany system, który na początku miał znacznie prostszą postać. A ponieważ doskonaliłem go latami, nie uważam go za skomplikowany. Dla mnie jest wręcz bardzo prosty w użyciu.

Tak dochodzimy do kwestii, która zawsze się pojawia, gdy uczę zarządzania czasem. Moi studenci chcą się dowiedzieć, jaki system mają sobie kupić. Zakładają więc, że powinni kupić jakiś system. Kupienie czyjegoś systemu ma tę zaletę, że łatwo go zdobyć, i tę wadę, że trudno się go nauczyć. Możemy jednak stworzyć własny system. Taki system trudniej opracować, ale łatwiej nauczyć się go stosować.

Jasność

System zarządzania czasem ma nam pomóc uprzytomnić sobie, czym powinniśmy się w tej chwili zajmować, aby w przyszłości osiągnąć zaplanowane cele. Możemy być tak zajęci „ważnymi" sprawami, że nigdy nie zastanowimy się, czy są to rzeczywiście najważniejsze sprawy, którymi powinniśmy się zajmować. Zwykła lista spraw do załatwienia, uszeregowanych według ich znaczenia, może nam jasno uświadomić, co jest naprawdę ważne, a co nie. Dzięki dobremu systemowi osiągniemy określony punkt w przyszłości. Zastanawiamy się, gdzie powinniśmy się znaleźć, i obmyślamy, jak tam dotrzeć. Jeżeli mamy dobry system, podpowie nam on, co musimy zrobić dziś, żeby osiągnąć jutrzejsze cele.

Elastyczność

Pamiętajmy, że system powinien być naszym sługą, a nie panem. Musi być na tyle elastyczny, żeby w razie potrzeby dał się zmodyfikować. Jeśli na przykład nasz system przewiduje określoną ilość czasu na konkretne zajęcia, powinniśmy być w stanie dokonać w nim korekty, gdy z powodu jakiejś zewnętrznej przyczyny ilość ta się zmniejszy. Powiedzmy, że załatwienie każdej sprawy w ciągu dnia wyznaczyłem na określoną godzinę. Najważniejszą zaplanowałem na wczesny ranek, zaraz po przyjściu do pracy. Co będzie, jeśli na autostradzie jest korek i spóźnię się godzinę? Czy mój system da się zmodyfikować? Prawdopodobnie nie będę chciał zrezygnować ze swego najważniejszego zadania tylko dlatego, że nie mogłem się nim zająć w wyznaczonym terminie. Jak trudno mi będzie przesunąć inne terminy, żeby zrobić miejsce dla najważniejszego zadania? Jeśli okaże się to zbyt skomplikowane, system jest do wyrzucenia. Pamiętajmy, że stosować będziemy tylko proste, a nie skomplikowane systemy.

Czy naprawdę uważam, że wyrzucilibyśmy do kosza jakiś system tylko z powodu jednego korka na autostradzie? Bynajmniej. Gdyby działał świetnie każdego innego dnia, jeden zły dzień by się nie liczył. Jeśli jednak nasz system nie daje sobie rady z jednym korkiem, to najprawdopodobniej nie będzie w stanie uwzględnić wielu innych nieprzewidzianych zdarzeń. Jak już pisaliśmy w poprzednich rozdziałach, życie nigdy nie toczy się zgodnie z planem, zawsze ma skłonność do chaosu. Korek na szosie to tylko jedna z postaci chaosu mogącego zrujnować nasz plan dnia. Istnieje wiele innych. Jeśli nasz system nie potrafi poradzić sobie z chaosem, dniami NYCNO itp., to nie jest zbyt przydatny.

Rozszerzalność

System powinien być elastyczny pod jeszcze innym względem i zmieniać się wraz ze wzrostem naszych obowiązków. Z biegiem lat w naszym życiu zachodzi zwykle dwojaka zmiana. Zwiększają się nasze obowiązki rodzinne i mamy coraz więcej obowiązków zawodowych. Czy system uwzględni nasz awans w pracy i nowe dziecko w domu? Nawet jeśli nie awansujemy, w pewnych okresach nasze obowiązki będą większe. System powinien uwzględnić wszystkie takie okresy. Księgowy potrzebuje systemu, który uwzględni kwiecień;

sprzedawca detaliczny takiego, który bierze pod uwagę grudzień, a profesor systemu uwzględniającego koniec semestru.

Nie chcemy systemu, który trzeba przebudowywać, ilekroć zmieniają się nasze obowiązki. Dlaczego? Kiedy nasze obowiązki zwiększają się, brakuje nam czasu. Nie jest to więc najlepsza pora na tworzenie nowego systemu. Potrzebny nam system, który pomoże nam bezboleśnie przejść do większej liczby obowiązków, a nie system będący dodatkowym obciążeniem w naszym nowym, wypełnionym po brzegi rozkładzie dnia.

Ruchomość

Musimy też wziąć pod uwagę, czy nasz system daje się przenosić. Zarządzanie czasem we własnej głowie nie jest zapewne dobrym rozwiązaniem, chociaż ma jedną wielką zaletę. System taki jest doskonale ruchomy. Gdziekolwiek jesteśmy, mamy go pod ręką. Mamy jednak systemy, które znajdują się w naszych komputerach stacjonarnych. Korzystamy z nich, gdy siedzimy przy komputerze. Jeśli chcemy zmienić miejsce, nie mogą nam towarzyszyć.

Istotne pytanie brzmi: „Na ile nasz system ma być ruchomy?". Mamy obecnie bogaty wybór. Możemy kupić segregatory, systemy kieszonkowe, umieścić system w telefonie komórkowym, na komputerze stacjonarnym, laptopie lub tablecie. Każdy ma swoje zalety i wady. Na szczęście dzięki temu, że różne urządzenia są kompatybilne, możemy trzymać swój system jednocześnie w kilku miejscach.

Osobiście lubię układać plany dnia na komputerze stacjonarnym i przesyłać je od razu na tablet i komórkę. Używam też laptopa i komputera stacjonarnego, który mam w swojej drugiej pracy. Dzięki temu mogę korzystać z zalet wszystkich tych urządzeń. Komputer stacjonarny ma moc i rozmiary, a telefon komórkowy i tablet mogę nosić ze sobą. Mój system zarządzania czasem jest zawsze ze mną. Zintegrowanie trzech różnych systemów operacyjnych wymagało sporej pomysłowości, ale trud się opłacił.

Więcej niż system

Kiedy grałem w szkole w koszykówkę, trenerzy uczyli nas systemów gry. Ćwiczyliśmy schematy rozgrywania piłki. Każdy zawodnik zajmował pozycję w określonym miejscu boiska. Ponieważ byłem bardzo wysoki, skierowano mnie pod kosz: moim zadaniem było przechwytywanie piłki i blokowanie rzutów. Obrońcy mieli stać poza strefą rzutów, żeby nie dopuścić do szybkiego kontrataku. Gdybyśmy nie nauczyli się systemu gry, trenerzy nie pozwoliliby nam grać.

Gra w koszykówkę nie sprowadzała się oczywiście do opanowania systemu. Odbywaliśmy trening kondycyjny, żeby podołać trudom meczu. Musieliśmy nauczyć się dryblować, celnie rzucać, przechwytywać piłkę i bronić. Jeżeli umiem skakać, rzucać, dryblować, przechwytywać itd., system jest przydatny: podpowie mi, kiedy i gdzie mam wykonywać te zagrania. Jeśli jednak nauczę się tylko tego, jak rozgrywać akcje, żaden trener nie weźmie mnie do drużyny. Każdemu zespołowi potrzebny jest do zwycięstwa system, ale żaden trener nie wpadnie na pomysł, żeby systemem zastąpić podstawy gry. Jeśli znasz podstawy, system staje się kluczem do zarządzania twoim czasem. Bez opanowania podstaw jest bezużyteczny.

Przekonałem się, że ludzie, którzy odkryli potrzebę zarządzania czasem, mają z tym kłopot. Przeskakują prosto do systemu i pomijają podstawy. Wiedzą, że powinni zyskać kontrolę nad swoim czasem. Dowiadują się o jakimś świetnym systemie zarządzania czasem, więc go kupują. System może im podpowiedzieć, gdzie mają być o określonej godzinie, ale bez opanowania podstaw nie dowiedzą się, co mają robić, gdy znajdą się w wyznaczonym miejscu.

Podstawy gry w koszykówkę to drybling, rzuty, przechwyty, zasłona, obrona. Jakie są podstawy zarządzania czasem? Omawiamy je w tej książce. Musimy nauczyć się cenić swój czas. Musimy się nauczyć radzić sobie z chaosem. Musimy nauczyć się, co robić, gdy nie wszystko idzie zgodnie z planem. Musimy nauczyć się samodyscypliny. Musimy nauczyć się jasno oceniać sytuację. Musimy się nauczyć współdziałania z innymi ludźmi. Musimy nauczyć się równowagi. Jeśli nie opanujemy tych podstaw, będziemy jak koszykarz, który zna taktykę, ale nie umie dryblować ani przechwytywać piłki. Żaden system nie zrekompensuje braku znajomości podstaw gry.

Nie znaczy to, że z opracowaniem i wdrożeniem systemu mamy czekać aż do opanowania wszystkich podstaw. Nie czekałem przecież z grą w koszykówkę do czasu, aż moje rzuty będą stuprocentowo celne. Granie w meczach pomogło mi w lepszym opanowaniu podstaw. Dlatego jednym ze sposobów przyswojenia sobie podstawowych zasad zarządzania czasem jest budowa systemu. Trudności, z którymi się borykamy, tworząc swój system, pomogą nam opanować podstawy. A opanowanie podstaw pomoże stworzyć system. Musimy więc robić jedno i drugie. Tak jak nic nam po systemie bez znajomości zasad, tak samo nie możemy uczyć się zasad w próżni, nie mając systemu. Jedno towarzyszy drugiemu. Co jest ważniejsze w zarządzaniu czasem: system czy podstawowe zasady? Wracając do analogii z oddychaniem, co jest ważniejsze: wdychanie czy wydychanie? Spróbujmy oddychać bez jednego lub drugiego. Jest oczywiste, że potrzebujemy obu.

Znajdź swój system

Gdzie można znaleźć system zarządzania czasem? O tym, jak zarządzać czasem, napisano już góry książek. W wielu z nich przedstawiony jest pewien system i podane są wskazówki, jak się nim posługiwać. Książki takie naturalnie mogą być dla nas punktem wyjścia do zbudowania swojego systemu. Koniec końców jednak nie potrzebujemy czyjegoś systemu. Powinniśmy mieć własny, który będzie odpowiadał naszym potrzebom. Uważam, że książki o zarządzaniu czasem są znacznie przydatniejsze, jeśli chodzi o podsuwanie pomysłów, niż o dostarczanie gotowego systemu.

Na stronie timebasics.com znajdziesz pewne pomoce ułatwiające budowę systemu. Polecam zwłaszcza *Living the Basics,* zeszyt do ćwiczeń przeznaczony dla czytelników tej książki. Wiele zawartych w nim ćwiczeń pomoże ci opracować własny system. Zaletą zeszytu jest to, że nie zaleca czytelnikowi czyjegoś systemu, ale pomaga mu stworzyć własny.

Niezależnie od tego, w jaki sposób wejdziesz w posiadanie systemu, pamiętaj o jednym. Znakomite systemy powstają z biegiem czasu. Nie chodzi o to, byś stworzył doskonały system, zanim zaczniesz go używać. To by trwało zbyt długo. Chodzi o stworzenie systemu nadającego się do zastosowania, a potem wdrożenie go. Niektórzy szukają doskonałego systemu zarządzania czasem, powinni jednak poprzestać na niedoskonałym i zacząć go używać. Każdy system jest lepszy niż żaden. Z czasem dobry system przekształci się w znakomity. Nie powinniśmy się przejmować, że nie mamy doskonałego systemu zarządzania czasem. Powinniśmy się jednak martwić, jeśli nie mamy żadnego takiego systemu.

Wyzwanie systemu:
Postaraj się mieć dobry system dziś, a jeszcze lepszy jutro.

11
Czas sztywny

Zasada czasu sztywnego:
Czas sztywny wypiera elastyczny

Dotychczas traktowaliśmy czas tak, jakbyśmy całkowicie nad nim panowali. Wiemy, że tak nie jest. Nasz rozkład dnia w większym stopniu zależy od innych ludzi niż od nas. Mamy pracę, która zabiera nam wiele czasu. Mamy obowiązki rodzinne, takie jak mecze piłkarskie naszych dzieci. Należymy do stowarzyszeń religijnych lub świeckich, co też zabiera czas. Gra w drużynie pochłania następne godziny. Jeżeli nie będziemy uważać, nie pozostanie nam ani odrobina czasu, którym moglibyśmy zarządzać.

W ekonomii istnieje pojęcie dochodu netto. Zdaniem ekonomistów jest ogromna różnica między pieniędzmi, które zarabiasz, a tymi, którymi możesz swobodne rozporządzać. Dochód netto to pieniądze, które możesz wydać według własnego uznania, czyli dopiero wtedy, gdy część pensji oddasz państwu, inną część właścicielowi wynajmowanego mieszkania albo bankowi hipotecznemu, jeszcze inną przedsiębiorstwom użyteczności publicznej, ubezpieczycielowi, wierzycielom itd. Czy pomyślałeś kiedyś, jak to byłoby cudownie, gdybyś dostał choć jedną pensję w całości dla siebie? Pewnie poczułbyś się tak, jakbyś wygrał w totka.

A gdyby powstała taka sytuacja: politycy postanowili obniżyć podatki, spłaciliśmy kredyt hipoteczny, nasz dom jest dobrze ocieplony, polisa ubezpieczeniowa niewielka i nie mamy żadnych pożyczek ani dodatkowych zobowiązań finansowych? Na pewno cieszylibyśmy się ze swojej pensji o wiele bardziej niż dziś. Im mniej z naszej pensji należy się innym, tym większą mamy swobodę dysponowania pieniędzmi. Dlatego musimy zapoznać się z pojęciem „czasu sztywnego".

Czas sztywny kontra elastyczny

W naszym rozkładzie dnia są godziny, w których musimy być w określonym miejscu i zajmować się określoną sprawą. Godziny te nazywamy właśnie „czasem sztywnym". Planując dzień, podporządkowujemy rozkład zajęć czasowi sztywnemu. Po uwzględnieniu sztywnego czasu możemy zająć się planowaniem swojego czasu elastycznego. Ten ostatni składa się z godzin, w których mamy więcej swobody, jeśli chodzi o to, co robimy i gdzie przebywamy. Nie znaczy to, że czas elastyczny spędzamy bezproduktywnie. Znaczy to tylko, że mamy większą swobodę w rozporządzaniu nim.

Piszę ten rozdział wczesnym rankiem, w godzinach, które należą do mojego czasu elastycznego. Jest wpół do siódmej, a reszta świata dopiero zaczyna zwlekać się z łóżek. Wstając tak wcześnie, mogę spożytkować swój czas, zanim ktokolwiek lub cokolwiek nim zawładnie. Mogę pracować nad tym, co mi się podoba. Bardzo lubię te wczesne poranki. Dwie godziny później zaczynam pierwszy wykład. Wtedy kończy się mój elastyczny czas, a zaczyna sztywny. O wpół do dziewiątej rano w poniedziałki, środy i piątki nie mam nic do powiedzenia, jeśli chodzi o to, gdzie będę przebywał i co będę robił. Przyjdę do sali wykładowej, którą przydzieli mi kierownictwo wydziału, i będę prowadził wykład dla studentów, zapisanych na mój kurs. W moim świecie czas wykładowy to czas sztywny.

Największą część czasu sztywnego pochłaniają nam zwykle obowiązki zawodowe. Nasz rozkład dnia podporządkowujemy pracy. Chcąc dokonać czegoś istotnego poza pracą, zwykle musimy przyjąć na siebie inne sztywne zobowiązania. Jeśli podejmujemy zobowiązania wobec jakiejś grupy, prawie zawsze sztywny czas w naszym rozkładzie dnia się wydłuży. W takich zobowiązaniach nie ma nic złego, wszyscy je podejmujemy. Musimy tylko mieć świadomość, że wtedy sztywny czas wypiera elastyczny.

Co jest sztywne, a co elastyczne?

Wszyscy mamy pewne zadania, które musimy wykonać. Bardzo niewielu ludzi przez cały dzień nie ma nic do roboty. Większości z nas brakuje wręcz czasu na wszystko, co chcielibyśmy zrobić w ciągu doby. Dlatego trzeba przyjrzeć się naszemu rozkładowi dnia i zapytać, jaką jego część powinien obejmować czas sztywny, a jaką elastyczny. Zawsze znajdujemy sposób, aby dotrzymać swoich sztywnych zobowiązań. Jeśli coś musi zostać wykreślone z naszego rozkładu dnia, nie jest to czas sztywny. Czas elastyczny zawsze ustępuje pola. Problem polega na tym, że nie wszystkie sztywne zobowiązania są tak ważne jak niektóre zajęcia w czasie elastycznym. Kiedy zaczynamy robić miejsce na stosunkowo błahe zajęcia odbywające się w czasie sztywnym kosztem bardzo ważnych, odbywających się w czasie elastycznym, to nie wykorzystujemy maksymalnie swoich dwudziestu czterech godzin.

Na przykład dla większości z nas czas poświęcany na pracę jest czasem sztywnym, a czas poświęcany rodzinie – elastycznym. Czy nasza praca jest ważniejsza od rodziny? Czy większy wpływ na otoczenie wywrzemy za pośrednictwem pracy czy rodziny? Przygniatająca większość z nas najważniejszy długoterminowy wpływ wywrze przez to, co robi w domu. Ponieważ jednak czas poświęcany pracy jest czasem sztywnym, gdy trzeba dokonać wyboru, praca bierze górę nad rodziną. Nie dzieje się tak dlatego, że praca jest ważniejsza od rodziny, ale ponieważ czas pracy to czas sztywny, a czas spędzany na łonie rodziny – elastyczny. Nie chcę powiedzieć, że powinniśmy to zmienić i zacząć traktować czas pracy jako czas elastyczny. Jak odbiłoby się to na rodzinie? Nasze dzieci muszą przecież jeść i mieć dach na głową. Chcę tylko pomóc nam zrozumieć, przed jakim wyzwaniem stajemy, chcąc znaleźć odpowiednią ilość czasu na najważniejsze sprawy w swoim życiu.

W naszym rozkładzie dnia sprawy ważniejsze powinny mieć teoretycznie pierwszeństwo przed mniej ważnymi. W praktyce jednak tak nie jest. W naszym rozkładzie dnia czas sztywny ma pierwszeństwo przed elastycznym. I nie ma znaczenia, jak błahe są nasze sztywne zobowiązania lub jak istotne zobowiązania elastyczne. Jeśli coś jest ważne, musimy pilnować, żeby nie zostało wyparte z rozkładu dnia przez nieistotne sztywne zobowiązania.

Czym jest czas sztywny?

Sztywne zobowiązania zwykle powstają wskutek zewnętrznych *ograniczeń*, które pociągają za sobą określone *skutki*. W efekcie podejmujemy *zobowiązania*, które *wypierają* z naszego rozkładu dnia wszystko inne. Słowa zaznaczone kursywą to cztery aspekty czasu sztywnego. Rozpatrzmy je po kolei.

Ograniczenia

Czas sztywny jest skutkiem zewnętrznych ograniczeń, którym podlegamy. Najczęściej nakładają je pracodawcy. Kiedy podejmujemy pracę, pracodawca oczekuje, że będziemy w pewnym miejscu w określonym czasie. W ten sposób duża część naszego dnia staje się czasem sztywnym. Niektórzy sądzą, że tego unikną, otwierając własną firmę. Jednakże właściciele firm przeważnie muszą podjąć sztywne zobowiązania wobec klientów lub swoich pracowników. Praca to nie jedyna rzecz, która nakłada na nas sztywne zobowiązania. Kiedy przystępujemy do jakiejś grupy lub drużyny, zazwyczaj podejmujemy sztywne zobowiązanie. Tak więc nasz czas elastyczny to czas, który nam pozostanie, kiedy szef zabierze część naszego dnia, liga softballu swoją część, a stowarzyszenia świeckie lub religijne swoją. Tym elastycznym czasem możemy dysponować według własnego uznania.

Skutki

Zobowiązanie staje się „sztywne" za sprawą skutków, które za sobą pociąga. Skutki te są zwykle natychmiastowe i czasem bardzo dotkliwe. Słyszałem kiedyś taką historię: pewien człowiek leżał w łóżku nakryty kołdrą po czubek głowy. Weszła jego matka i powiedziała, że pora wstać i iść do kościoła. Odparł, że nie zamierza wstawać, chyba że matka poda mu trzy uzasadnione powody, dla których powinien pójść do kościoła. Podała mu więc trzy powody: (1) Bóg chce, żebyś poszedł, (2) ja chcę, żebyś poszedł i (3) ponieważ jesteś pastorem, wierni liczą, że będziesz w kościele. Oczywiście nieobecność pastora w kościele tego niedzielnego ranka pociągnęłaby dla niego określone skutki, prawdopodobnie poważniejsze niż dla jego parafian. Dlatego niedzielny poranek jest w większym stopniu sztywnym zobowiązaniem dla pastora aniżeli dla osób siedzących w ławce przed ołtarzem.

Niedotrzymanie pewnych elastycznych zobowiązań również pociągnie za sobą konsekwencje. Mogą być one zresztą dotkliwsze niż skutki naszych sztywnych zobowiązań. Rzadko jednak są natychmiastowe. W naszym przekonaniu nie są też tak nieuchronne. Jeśli na przykład nie dotrzymam sztywnego zobowiązania do świadczenia pracy, zostanę zwolniony. Będę musiał znaleźć sobie nową posadę i poniosę straty finansowe. Jeśli natomiast nie dotrzymam elastycznego zobowiązania do wykonywania ćwiczeń fizycznych, mogę dostać zawału serca. Wolałbym bezrobocie niż zawał serca, ale bezrobocie grozi mi za kilka dni, jeśli nie stawię się do pracy, a zawał serca dopiero za wiele lat, jeżeli nie będę ćwiczył. W rezultacie praca wypiera ćwiczenia.

Zobowiązania

W uczelnianym ośrodku sportowym o szóstej rano można zastać tylko tych studentów, którzy tam pracują lub mają inne sztywne zobowiązanie do przebywania w ośrodku. Możecie więc na przykład spotkać kadetów z korpusu oficerów rezerwy, którzy ćwiczą o szóstej rano. Czy to dlatego, że kadeci wyżej cenią kondycję fizyczną od pozostałych studentów? Nie sądzę. Są tam dlatego, że mają zobowiązanie wobec korpusu oficerów rezerwy, a nie własnego zdrowia.

Wypieranie

Jest to sedno zasady czasu sztywnego: czas sztywny wydłuża się, bo wypiera czas elastyczny. Czy to dobrze, czy źle? No cóż, to zależy, czego chcemy. Jeśli znajdziemy sposób, żeby najważniejsze rzeczy w naszym życiu stały się sztywnymi zobowiązaniami, to przez całe życie będziemy zajmować się najważniejszymi dla nas rzeczami. Jeśli jednak najważniejsze sprawy w naszym życiu znajdą się w obrębie czasu elastycznego, możemy mieć duży kłopot.

Jakie sztywne zobowiązania powinniśmy podejmować?

Jeżeli chcemy się naprawdę do czegoś zobowiązać, możemy to uczynić sztywnym zobowiązaniem. Sztywne zobowiązanie będzie miało pierwszeństwo przed wszystkim, co moglibyśmy zechcieć robić w tym czasie. Istnieją cztery rodzaje sztywnych zobowiązań, które powinniśmy być gotowi przyjąć na siebie.

Rzeczy wymagające samodyscypliny

Powinniśmy podejmować sztywne zobowiązania w ważnych sprawach, które wymagają samodyscypliny. Toshihiko Seko był w latach osiemdziesiątych jednym z najlepszych długodystansowców. Zyskał sławę, gdy przez trzy lata z rzędu wygrał maraton w Fukuoce. W następnym roku, po pierwszym zwycięstwie Seko w maratonie bostońskim (zwyciężył w nim dwukrotnie), zaczęto dociekać, jaka jest tajemnica jego sukcesów. Jakie obuwie nosi? Jak wygląda jego trening siłowy? Kto go trenuje? Pytany o trening, Seko zawsze odpowiadał tak samo: „Codziennie biegam dziesięć kilometrów rano i dwadzieścia kilometrów wieczorem". I tyle. Była to cała jego strategia, taktyka, trening i zaprawa kondycyjna w jednym.

Co było najważniejsze w tej prostej strategii? To, że biegał codziennie, 365 dni w roku. Kiedy czuł się dobrze, biegał swoje 10 km rano i 20 km wieczorem. Gdy czuł się fatalnie, biegał 10 km i 20 km. Jeśli pogoda była piękna, biegał 10 km i 20 km. Jeśli była fatalna, biegał 10 km i 20 km. Na tym polegało prawdziwe wyzwanie. Kiedy inne sprawy próbowały odebrać mu czas przeznaczony na bieganie, nie pozwalał na to. Nie podporządkowywał biegania innym sprawom ze swego rozkładu dnia – to inne sprawy podporządkowywał bieganiu. Dla Seko czas przeznaczony na bieganie był czasem sztywnym i nic nie mogło tego zmienić.

Seko podjął sztywne zobowiązanie wobec samego siebie. Ci z nas, którzy nie mają tak głęboko wpojonej samodyscypliny, muszą podejmować sztywne zobowiązania wobec innych, na przykład partnera do treningu, mentora itp. Mogę nie mieć dość samodyscypliny, żeby z własnej woli przyjść do siłowni o szóstej rano, ale nie zawiodę partnera, który tam na mnie czeka.

Czas dla zespołu

Drugim sztywnym zobowiązaniem, które powinniśmy podejmować, jest czas dla zespołu. Jak będzie jeszcze o tym mowa w rozdziale o zasadzie zespołu, należąc do większej zbiorowości, możemy dokonać znacznie więcej niż w pojedynkę. Każdy zespół od czasu do czasu zbiera się razem. Oznacza to, że jego członkowie muszą być gotowi odłożyć na bok osobiste zajęcia i zobowiązać się do udziału w spotkaniach zespołu w wyznaczonych terminach. Jeśli mamy należeć do zespołu, musimy być gotowi podjąć sztywne zobowiązanie wobec niego. Żeby uniknąć takich zobowiązań, niektórzy ludzie wolą działać sami. Nie jest to jednak zbyt mądre, bo należenie do kolektywu ma wiele zalet. Czas sztywny, który spędzamy z zespołem, może należeć do najcenniejszych w naszym rozkładzie dnia.

Czas dla ludzi, którzy dużo znaczą

Trzecie sztywne zobowiązanie, które powinniśmy podjąć, to czas przeznaczony dla ważnych ludzi w naszym życiu. Jak już kilka razy wspomnieliśmy, nawiązywanie bliskich kontaktów wymaga czasu. Niezależnie od tego, czy chodzi o spotkanie z naszym instruktorem, czy z najważniejszymi klientami, musimy dopilnować, żeby czas na to przeznaczony nie trafił do kategorii czasu elastycznego. Powiedzenie „Spotkajmy się kiedyś" jest zupełnie niezobowiązujące i nie pociąga za sobą żadnych skutków, chyba że towarzyszą mu słowa: „Zadzwonię i umówimy się na konkretny dzień".

Czas dla rodziny

Chyba największym niebezpieczeństwem, jakie wiąże się z rozkładem dnia wypełnionym sztywnymi terminami, jest brak czasu dla rodziny. Można temu zapobiec, podejmując pewne sztywne zobowiązania wobec swoich bliskich. Kilka lat temu miałem rozmowę o pracę w mieście Logan w stanie Utah. Powiedziano mi, że w Logan nikt nie spotyka się w sprawach zawodowych w poniedziałkowe wieczory. Zgodnie z religijną tradycją wieczory te są zawsze przeznaczone dla rodziny. W Logan ceni się życie rodzinne, więc poniedziałkowy wieczór to czas sztywny dla rodzin. Czy ci z nas, którzy nie mieszkają w Logan, mogą podjąć jakieś sztywne zobowiązania wobec swoich bliskich? Niektóre pary jeden wieczór w tygodniu przeznaczają na

„wieczór randkowy". Są rodziny, w których kolacja to czas sztywny. Cała rodzina je razem wieczorny posiłek i nic nie powinno go zakłócać. W naszej rodzinie każdy dzień kończyło się modlitwą. Nie mogliśmy pójść spać, dopóki nie zebraliśmy się na wspólną modlitwę.

Jakich sztywnych zobowiązań powinniśmy unikać?

Niektórych sztywnych zobowiązań za wszelką cenę powinniśmy się wystrzegać. Można je podzielić na trzy grupy.

Przedsięwzięcia pozbawione znaczenia

Musimy bardzo uważać, w jakich przedsięwzięciach bierzemy udział i do jakich komitetów należymy. Kiedy przyjdzie czas awansu, nie zostaniesz nagrodzony za kierowanie komitetem, który decyduje o ustawieniu śmietniczek na parkingu. Znajdź takie przedsięwzięcia i zasiadaj w takich komitetach, które mają istotny wpływ na rzeczywistość.

Ludzie, którzy marnują nasz czas

Czy przyszedłeś kiedyś do nowej pracy i po tygodniu któryś z kolegów podszedł do ciebie i powiedział: „Opowiem ci, jak się u nas pracuje"? Chciałbym cię ostrzec: ten człowiek nie wie, jak się pracuje. Gdyby wiedział, byłby zajęty pracą. Tacy ludzie tylko marnują nasz czas. Próbują wciągnąć nas w swój świat, w którym nic się nie robi. Jakoś tak jest, że ci, którzy nic nie robią, zawsze starają się to robić z kimś innym. Ludzie niedążący do żadnych celów mają mnóstwo czasu i szukają okazji, żeby wypełnić go z kimś pustą gadaniną. Trzymaj się od nich z daleka. Nie pozwól, żeby elastyczny czas wałkonia stał się twoim czasem sztywnym.

Pieniądze, które uciekają

Mówi się, że właściwie wybierając sobie dziadków, staniemy się bogaci. Większość z nas jednak nie ma szans na taki sposób zdobycia fortuny. Musimy zapracować na wszystko, co mamy, a to oznacza, że przez znaczną część życia jesteśmy zmuszeni wymieniać swój czas na pieniądze. Kiedy wydajemy to, co zarobiliśmy, rzadko zdajemy sobie sprawę, że w rzeczywistości spożytkowujemy czas spędzany w pracy. Jeśli zarabiam na czysto 25 dolarów na godzinę i kupię samochód za 25 000 dolarów, to samochód ten kosztował mnie tysiąc godzin. Jeżeli pracuję czterdzieści godzin tygodniowo, znaczy to, że zakup samochodu to pół roku mojego zawodowego życia.

Mówię o tym z następującego powodu. Zarabiamy pieniądze, bo prawdopodobnie podjęliśmy sztywne zobowiązanie przepracowania określonej liczby godzin. Jeśli roztrwonimy to, co zarobiliśmy, nasze sztywne zobowiązanie również zostanie zmarnowane. Każdy potrzebuje samochodu, więc zainwestowanie tysiąca godzin w jego kupno to zapewne słuszna decyzja. Ale jeśli trwonimy pieniądze na głupstwa pozbawione znaczenia?

Każdy dolar, który roztrwonimy, to pewna ilość zmarnowanego czasu sztywnego, który być może wyparł z naszego rozkładu dnia jakieś bardziej istotne elastyczne zobowiązania. Trwoniąc pieniądze, marnujemy czas. A jeśli zobowiązanie do świadczenia pracy wypiera wiele ważniejszych elastycznych zobowiązań, to kupowane przez nas głupstwa w jakimś sensie rugują z naszego życia istotniejsze rzeczy.

Kiedy masz wybór, wybierz czas elastyczny

A teraz najważniejsza sprawa dotycząca czasu sztywnego. Sztywne zobowiązania są większym obciążeniem dla naszego rozkładu dnia niż elastyczne. Jest tak nawet wtedy, gdy elastyczne zobowiązania wymagają takiej samej ilości czasu. Z elastycznego zobowiązania wymagającego trzech godzin można się łatwiej wywiązać niż ze sztywnego zobowiązania zajmującego dwie godziny. Możemy tak nagiąć elastyczne zobowiązanie, żeby zmieściło się w naszym rozkładzie dnia. W wypadku sztywnych zobowiązań jest odwrotnie: to do nich musimy dostosować nasz rozkład dnia.

Powinniśmy więc mieć pewność, że sztywne zobowiązania zasługują na to, aby dostosowywać do nich rozkład dnia. Kiedy wszystkie czynniki są takie same, powinniśmy przedkładać zobowiązania elastyczne nad sztywne. Jeśli w tym tygodniu mam wybór między dwugodzinnym meczem ligowym a dwiema godzinami gry w ośrodku sportowym, wybiorę to drugie. Grając w meczu ligowym, muszę być w konkretnym miejscu o określonej godzinie. Jeśli gram w ośrodku sportowym, przychodzę, kiedy mam ochotę. Muszę tak zaplanować rozkład dnia, żeby zmieścił się w nim mecz ligowy, ale mogę dostosować termin gry w ośrodku sportowym do mojego rozkładu dnia.

Alternatywa nie zawsze jest taka prosta, więc z naszego życia nigdy nie znikną sztywne zobowiązania do robienia rzeczy o mniejszym znaczeniu. Musimy jednak mieć jasną świadomość, jakim obciążeniem dla naszego rozkładu dnia jest czas sztywny, i zawsze pamiętać, że czas sztywny wypiera elastyczny.

Wyzwanie czasu sztywnego:
Unikaj sztywnych zobowiązań o niewielkim znaczeniu

12
Efektywność

Zasada efektywności:
Jeśli ciągle pracujesz, nie musisz być efektywny

Być może po przeczytaniu poprzedniego rozdziału pomyślałeś sobie: „Ale muszę przecież przeznaczyć bardzo dużo czasu sztywnego na pracę zarobkową. W przeciwnym razie nie podołam wszystkim obowiązkom zawodowym". Może tak, a może nie. W tym rozdziale zastanowimy się, czy w pracy możemy zrobić więcej w krótszym czasie.

W czasach kolonizacji Dzikiego Zachodu z Filadelfii do Denver wyruszyła grupa osadników. Jechali wozami konnymi, których było około pięćdziesięciu. Pierwszej niedzieli część osadników zatrzymała się na popas, a reszta postanowiła jechać dalej. W następną sobotę grupa, która odpoczywała, dogoniła jadących bez zatrzymywania się. W niedzielny ranek historia się powtórzyła, ale w następnym tygodniu ci, którzy odpoczywali w niedzielę, już w piątek dogonili pozostałych. W końcu jedni i drudzy postanowili jechać oddzielnie. Jedna grupa podróżowała przez sześć dni w tygodniu, a druga przez siedem. Pierwsza przyjechała do Denver dwa tygodnie przed drugą.

Więcej mniejszym wysiłkiem

Powinniśmy wystrzegać się myśli, że więcej można zrobić tylko wtedy, gdy pracuje się dłużej. Na początku kariery zawodowej pracowałem na okrągło. Zawsze byłem pierwszy w biurze. Pracowałem cały boży dzień. Przynosiłem z biura teczkę wypchaną aktami i jeśli żona nie miała nic w planach, ślęczałem nad nimi cały wieczór. Pracowałem zwykle od osiemdziesięciu do dziewięćdziesięciu godzin tygodniowo. Wtedy urodziło się nasze pierwsze dziecko. Wiedziałem, że muszę odtąd spędzać więcej czasu z rodziną, zobowiązałem się więc pracować najwyżej sześćdziesiąt godzin tygodniowo. Liczyłem się z tym, że efekty mojej pracy będą mniejsze, ale tak się nie stało. Ze zdziwieniem spostrzegłem, że w rzeczywistości robię teraz więcej. Ograniczony czas pracy zmusił mnie do większej wydajności. Kiedy pracowałem przez cały czas, nie musiałem być szczególnie wydajny. Gdy postanowiłem poświęcić więcej czasu na inne sprawy niż praca, musiałem bardziej przyłożyć się do tego, co robię. Ten wymuszony wzrost wydajności spowodował, że w krótszym czasie robiłem więcej.

W tym samym czasie stało się też coś innego. Ponieważ zacząłem odnosić sukcesy w pracy, częściej spotykałem się z ludźmi, którzy zrobili wielką karierę. Sądziłem, że ludzie ci poświęcają pracy każdą chwilę. Okazało się, że wcale tak nie jest. Jeden z ludzi sukcesu, który przez wiele lat był moim idolem, lubił trenować podnoszenie ciężarów. Spędzał na siłowni wiele godzin dziennie. Inny kochał jazz i godzinami uzupełniał swoją kolekcję płyt z muzyką jazzową, ciągle też chodził na koncerty. Jeszcze inny przez kilka godzin dziennie restaurował stare samochody. Przekonałem się, że tak jest z prawie wszystkimi ludźmi sukcesu, których poznałem. Łączyły ich dwie rzeczy. Po pierwsze, wszyscy należeli do ścisłej elity w swojej branży. Po drugie, wszyscy mieli zainteresowania pozazawodowe, którym poświęcali wiele czasu.

Nie bardzo wiedziałem, co o tym myśleć. Wyglądało na to, że praca po kilkanaście godzin na dobę wcale nie przynosi wielkich korzyści. Czyż inaczej mógłbym zmniejszyć liczbę godzin pracy o dwadzieścia, a nawet trzydzieści tygodniowo i wciąż robić tyle, ile robiłem wcześniej? I dlaczego tylu ludzi pracujących znacznie mniej ode mnie osiągnęło dużo więcej? Potem w pewnej książce przeczytałem o czymś, co spowodowało rewolucję w moich poglądach. Była to zasada efektywności, jak ją nazywam. Mówiła ona, że „jeśli ciągle pracujesz, nie musisz być efektywny". Zasada ta była odpowiedzią na moje pytania. Ponieważ sądziłem, że mam mnóstwo czasu na wykonanie pracy, zajmowała mi ona mnóstwo czasu. Poznałem też słynne prawo Parkinsona, które brzmi: „Praca wypełnia cały czas, który mamy na jej wykonanie". Padłem ofiarą prawa Parkinsona.

Dwa poglądy na pracę*

Zrozumiałem w końcu, że miałem zupełnie błędny pogląd na pracę. Pamiętasz lekcje chemii? Uczyliśmy się tam o różnicy między ciałami stałymi, cieczami i gazami. Jedna właściwość gazów zawsze mnie intrygowała. Gaz zawsze zajmuje całą objętość naczynia, w którym jest przechowywany. Ciecze i ciała stałe nie mają tej właściwości. Ile cieczy wejdzie do litrowego naczynia? Około jednego litra, nie więcej. Jest tak dlatego, że ciecze zajmują ustaloną przestrzeń. Jeśli chcemy przechować więcej cieczy, potrzebujemy większego naczynia.

Inaczej jest z gazem. Załóżmy, że w jednolitrowym, hermetycznym naczyniu mamy pewną ilość tlenu. Jaką objętość on zajmuje? Objętość całego naczynia. Załóżmy, że podwoiliśmy ilość tlenu w naczyniu. Jaką przestrzeń w naczyniu zajmie on teraz? Całą. Załóżmy, że zmniejszyliśmy ilość tlenu o połowę; jaką przestrzeń w naczyniu zajmie? Całą. O ile gaz nie rozsadzi naczynia, zawsze zajmie całą objętość naczynia, w którym jest przechowywany.

Mój błąd polegał na tym, że traktowałem pracę na podobieństwo cieczy. Miałem pewną ilość pracy, którą mogłem zmieścić w pewnej ilości czasu. Jeśli chciałem zrobić dwa razy więcej, musiałem poświęcić dwa razy więcej czasu. Wypełniłem swój rozkład dnia po brzegi, więc musiałem go powiększyć. Jedynym wyjściem było wydłużenie czasu pracy. Uznałem więc, że aby więcej zrobić, muszę dłużej pracować. Sądziłem, że jest też odwrotnie. Skoro pracowałem mniej godzin, miałem krótszy rozkład dnia. Ponieważ był on krótszy, nie mogłem zrobić tyle samo. Uważałem, że ci, którzy robią więcej ode mnie, poświęcają pracy więcej czasu.

Stwierdziłem jednak ze zdziwieniem, że praca bardziej przypomina gaz niż ciecz. Ilość pracy, jaką miałem do wykonania, zajęła-

---

*W oryginale jest *Dwa poglądy na czas*, ale przedstawiona poniżej analogia nie ma wówczas sensu: to czas można porównać do naczynia, a pracę do gazu lub cieczy, a nie odwrotnie (przyp. tłum.).

by dowolne naczynie, w którym bym ją umieścił. Po urodzeniu się pierwszego dziecka mój rozkład zajęć zawodowych stał się krótszy. Nie miałem już tak dużego naczynia, a mimo to mniejsze pomieściło tę samą ilość pracy. Zacząłem się rozglądać i zobaczyłem, że niektórzy ludzie robią w ciągu dnia znacznie więcej ode mnie. Spodziewałem się, że mają oni jakieś wielkie naczynia. Tymczasem przekonałem się, że ich naczynia są jeszcze mniejsze od mojego. Odkryłem, że praca wypełnia całe naczynie, w którym ją umieścimy.

W jaki sposób zajęcia wypełniają nasz rozkład dnia?

Dlaczego tak jest? Czemu dana ilość pracy zajmuje nam tyle czasu, ile wyznaczymy sobie na jej wykonanie? Otóż jest tak dlatego, że dwie siły działają tu w przeciwnych kierunkach. Są to siły zaplanowanej nieefektywności i wymuszonej efektywności.

Zaplanowana nieefektywność

Żeby to zrozumieć, rozpatrzmy najpierw, co się dzieje, gdy zaczynamy spędzać cały swój czas w pracy. Przypuśćmy, że postanowiliśmy, tak jak sam to zrobiłem na początku kariery zawodowej, że poświęcimy pracy większość dnia. Co się wówczas stanie? Prawdopodobnie nie najlepiej określimy priorytety. Przecież nie musimy, możemy wypełnić czas pracy mnóstwem nieistotnym drobiazgów, a i tak zdążymy zająć się sprawami, które musimy załatwić. Prawdopodobnie też łatwiej damy się oderwać od pracy. Mamy przecież czas na głupstwa. Nie będziemy też pewnie pracować tak szybko i z taką intensywnością, jak możemy. W rezultacie nie zrobimy więcej, chociaż pracujemy dłużej.

Wymuszona efektywność

Przyjrzyjmy się drugiej stronie medalu. Załóżmy, że podejmujemy taką decyzję, jaką podjąłem po urodzeniu się naszego pierwszego dziecka. Zaczynamy pracować krócej. Zmusza nas to do wyraźnego określenia priorytetów i podporządkowania im rozkładu dnia, a także do zwiększenia wydajności i uważnego przyjrzenia się, jak wykorzystujemy swój czas. Nie zrozum mnie źle. Jeżeli zaczynamy pracować krócej, pewne rzeczy będą musiały wypaść z naszego rozkładu dnia. Nie będzie miejsca na wszystko, co dotychczas w nim było. Ale nie to nic nie szkodzi. Dlaczego? Oto odpowiedź.

Kiedy z naszego rozkładu zajęć wypadają pewne rzeczy, są to rzeczy mniej ważne. Powiedzmy, że godzinę tygodniowo poświęcałem na spotkania z najważniejszym klientem i godzinę na stanie przy ekspresie do kawy i gadanie z kolegami o sporcie. Teraz jedna z tych godzin będzie musiała wypaść. Nie będzie to ta, którą poświęcam najważniejszemu klientowi. Stracę przyjemność wymądrzania się przy ekspresie do kawy, ale nie mam innego wyjścia. W tym cały urok wymuszonej efektywności. Przestajemy robić wiele rzeczy, które i tak nie miały większego znaczenia.

Wymuszonej efektywności zawdzięczamy jeszcze jedno: pomaga nam nabrać impetu. Co to dokładnie znaczy, przekonamy się dwa rozdziały dalej, gdy będzie mowa o zasadzie impetu.

Niech efektywność stanie się nawykiem

W jednym z następnych rozdziałów, poświęconym zasadzie Arystotelesa, omówimy potrzebę zerwania ze złymi nawykami. Najlepsze lekarstwo na złe nawyki to wystrzegać się ich. Jeśli nie ograniczamy czasu spędzanego w pracy, możemy wyrobić w sobie pewne bardzo złe nawyki w zarządzaniu czasem. Dotyczy to zwłaszcza sytuacji, w której bierzemy godziny nadliczbowe. Kiedy byłem kawalerem, nie przeszkadzało mi, że cały dzień siedzę w pracy. Chodziłem do kościoła i kilka godzin spędzałem w siłowni, ale poza tym nie wiedziałem, co robić z czasem. Niestety, kiedy przeszedłem na krótszy rozkład dnia, trudno mi było pozbyć się kawalerskich nawyków. Jak się przekonać, że nie marnujemy czasu w pracy tylko dlatego, że możemy go marnować?

Bądźmy ze sobą szczerzy

Musimy się przyznać sami przed sobą, dlaczego długo siedzimy w pracy. Na sukces możemy liczyć tylko wtedy, gdy pracujemy, aby coś osiągnąć, a nie po to, żeby uniknąć mniej przyjemnej alternatywy. Przed małżeństwem pracowałem do późnych godzin na tętniącej życiem uczelni. Było to na pewno przyjemniejsze niż samotne siedzenie w domu. Jeśli praca wymagająca czterdziestu godzin zabierała mi osiemdziesiąt, nie miało to dla mnie znaczenia. Jedyną nagrodą za wydajność byłby powrót do pustego mieszkania. Mogłem pracować czterdzieści godzin, zmarnować drugie czterdzieści i byłem zadowolony. Pracowałem do późna nie dlatego, że chciałem awansować, ale ponieważ stroniłem od miejsca, w którym nie chciałem przebywać. Bądźmy więc ze sobą szczerzy. Pracujemy do późna, bo jest to konieczne do odniesienia sukcesu? Czy może po to, żeby uniknąć czegoś, na co nie mamy ochoty?

Bądźmy gotowi

Musimy być gotowi nałożyć na swój czas ograniczenia. Kiedy zaczynałem pracę, mój czas nie podlegał żadnym ograniczeniom. Grałem trochę w koszykówkę i od czasu do czasu chodziłem do kościoła, a resztę czasu mogłem poświęcić pracy. Potem pojawiła się rodzina i zacząłem mniej swobodnie dysponować czasem. Kiedy nasze życie się zmienia albo bierzemy na siebie większe obowiązki, musimy być gotowi bardziej rygorystycznie gospodarować czasem. Ponieważ skrócenie dnia pracy wymusza większą wydajność, nie znaczy ono, że w ciągu tego krótszego czasu zrobimy mniej niż dotychczas. Może tylko znaczyć, że nie będzie nas stać na luksus niskiej efektywności.

Bądźmy twórczy

Jest niesamowite, ile możemy osiągnąć przy pewnej dozie inwencji w czasie, który mamy do dyspozycji. Raz w semestrze wygłaszam wykład o sukcesie dla wszystkich studentów drugiego roku biznesu. To jedno z najważniejszych wydarzeń w mojej karierze akademickiej. W tym semestrze jednak ku mojej rozpaczy wykład o sukcesie został wyznaczony na tę samą godzinę, co moje kursowe zajęcia ze studentami. Nie można było zmienić ani terminu zajęć, ani godziny wykładu o sukcesie. W pierwszym odruchu pomyślałem, że nie wygłoszę wykładu, bo nie mogę być jednocześnie w dwóch miejscach. A może jednak? Postanowiłem podejść twórczo do rozwiązania problemu.

Sprawdziłem najpierw, czemu powinienem poświęcić zajęcia w dniu wykładu o sukcesie. Tak się złożyło, że miałem wygłosić godzinny wykład kursowy, po którym był przewidziany kwadrans na pytania i odpowiedzi. Nagrałem wykład na wideo i poleciłem asystentowi wyświetlić film studentom. Osobie organizującej wykład o sukcesie zapowiedziałem, że muszę skrócić go do niecałej godziny, aby zdążyć do mojej sali na pytania i odpowiedzi po wykładzie kursowym. W pewnym sensie byłem więc naprawdę w dwóch miejscach naraz.

Wzrost wydajności pracy wymaga inwencji, a przyjęcie z góry, że czegoś nie da się zrobić, zabija wszelką inwencję. Gdybym pogodził się z początkową oceną sytuacji, nigdy nie wpadłbym na opisane wyżej rozwiązanie. Zrezygnowałbym z czegoś, na czym mi bardzo zależało. Kiedy jednak wyszedłem z założenia, że jedno z drugim da się pogodzić, zacząłem kombinować, jak to zrobić. I to jest sedno sprawy. Być może pracujemy do późna tylko dlatego, że uznajemy to za konieczne. Nie stawiamy swemu umysłowi zadania: znajdź inne rozwiązanie.

Bądźmy ostrożni

Chociaż możemy pracować wydajniej, istnieją granice tego, co da się zrobić. W tym semestrze jedna ze studentek podeszła do mnie po zajęciach i poprosiła o radę. Powiedziała, że jest przemęczona i liczy, że moje zajęcia z zarządzania czasem pomogą rozwiązać jej problem. Sypia zaledwie trzy godziny na dobę. Zapytałem, co robi przez resztę czasu. Praca, studia i inne sztywne zobowiązania zabierały jej około dwudziestu godzin na dobę. W tej sytuacji na sen zostawało już niewiele. Zaproponowałem, żeby odchudziła swój rozkład dnia. Po kolei wyjaśniła, że absolutnie nie jest w stanie pozbyć się czegokolwiek. Odparłem, że w takim razie nic jej nie pomogę. Jeśli przez dwadzieścia godzin na dobę jesteś zajęty, nie możesz spać ośmiu godzin. To po prostu matematycznie niemożliwe. Jak miałem jej pomóc zmieścić dwadzieścia godzin zajęć i osiem godzin snu w dwudziestoczterogodzinnej dobie? To tak, jakbym miał sprawić, żeby dwa plus dwa było pięć.

Porozmawialiśmy jeszcze o zaletach i wadach napojów energetycznych, a potem udzieliłem jej przestrogi. Być może będzie musiała żyć w tym wariackim tempie jeszcze przez dwa semestry, próbując jakoś dociągnąć do końca. Powinna jednak upewnić się, że to, co robi, jest uzasadnione i tymczasowe. Po dyplomie musi już zwolnić tempo, taki tryb życia nie może stać się normą. Kiedy ten okres w jej życiu się skończy, powinna ostrożnie podejmować sztywne zobowiązania. Nie może podchodzić do kariery zawodowej w taki sposób, jak do swojej edukacji. Na dłuższą metę nie da rady i zrujnuje sobie zarówno karierę, jak i zdrowie.

Czasem nawet największa inwencja nie zmieni faktu, że musimy poświęcić więcej czasu życiu zawodowemu, niż jest to pożądane. Kiedy tak się zdarza, robimy to, co konieczne. Zawsze jednak powtarzam studentom, że takie wydłużenie czasu pracy musi być uzasadnione i tymczasowe. Nie możemy pozwolić, żeby dodatkowe godziny stały się normą.

Unikajmy przesuwania granicy

Powinniśmy unikać zjawiska zwanego *przesuwaniem granicy*. Co oznacza to określenie? Załóżmy, że pracujesz w tej chwili czterdzieści godzin tygodniowo. Awansowałeś na wyższe stanowisko. Ponieważ nie jesteś jeszcze obeznany z nowymi obowiązkami, zaczynasz pracować po pięćdziesiąt pięć godzin tygodniowo. To naturalne. Ale naturalne powinno być też to, że z czasem praca będzie ci szła coraz sprawniej. Powinieneś podnosić swoje umiejętności i co za tym idzie, pracować wydajniej. Powinieneś też szkolić podwładnych, aby zlecać im część zadań. Nie ma powodu, dla którego pięćdziesięciopięciogodzinny tydzień pracy miałby stać się nową normą, o ile sam o tym nie zdecydujesz. Z czasem powinieneś wrócić do czterdziestu godzin tygodniowo.

Przed awansem granicą było czterdzieści godzin. Nie powinniśmy pozwolić, żeby granica ta przesunęła się do pięćdziesięciu pięciu godzin. Pięćdziesiąt pięć godzin należy traktować jako „stan przejściowy", a nie nową normę. Jeżeli pięćdziesiąt pięć godzin stanie się nową granicą twojego tygodnia roboczego, zawsze już będziesz pracował pięćdziesiąt pięć godzin tygodniowo. Ucząc się nowych obowiązków, musimy być gotowi zaakceptować pięćdziesięciopięciogodzinny tydzień pracy, ale naszym celem powinien być powrót do czterdziestu godzin. Jeśli nam się to uda, będziemy robić więcej w ciągu tej samej liczby godzin. Jeśli nie, przesunięcie granicy pozbawi nas co tydzień piętnastu godzin naszego życia.

Przesuwanie granicy wiąże się z dużym niebezpieczeństwem: może spowodować, że nasza kariera utknie w martwym punkcie. Jedyną drogą do następnego awansu jest zwiększenie wydajności na obecnej posadzie. Jeżeli awans zabrał z naszego życia piętnaście godzin, co zrobimy po następnym awansie? Zwiększymy tydzień pracy o kolejne piętnaście godzin? Czy na następnym stanowisku będziemy pracować siedemdziesiąt godzin tygodniowo? A jak awansujemy znowu? Będziemy pracować osiemdziesiąt pięć godzin na tydzień? Ilość godzin, które możemy poświęcić pracy, jest przecież ograniczona. Jeżeli będziemy przesuwać granicę, ilekroć dostaniemy awans, osiągniemy w końcu kres swoich możliwości. Jeżeli jednak będziemy wracać do czterdziestu godzin pracy tygodniowo, zawsze będziemy mieli czas potrzebny do wzięcia na siebie nowych obowiązków po następnym awansie.

To nie jest wytłumaczenie

Zasada efektywności nie powinna być nigdy uważana za usprawiedliwienie tego, że robimy mniej, niż należy. Nie powinniśmy zaniżać poziomu, powinniśmy podnosić wydajność swojej pracy. Kiedy robiłem doktorat, obowiązywała zasada, że mamy się całkowicie poświęcić pracy nad dysertacją. Oczekiwano od nas, że będziemy żyć tylko doktoratem. Pamiętam faceta – miał na imię Rob – który nie pasował do takiego ideału doktoranta. Miał rodzinę i życie poza nauką. Był świetnym studentem, ale wątpiliśmy, czy uda mu się zrobić doktorat, bo nie poświęcał pracy nad nim każdej godziny, tak jak reszta z nas.

Dziś rozumiem, że Rob tak samo angażował się w studia i inne obowiązki, jak my – mimo że był już mężem i ojcem. Zrobił doktorat tak jak wszyscy. Został potem bardzo cenionym specjalistą i dziekanem wydziału na dużym uniwersytecie stanowym.

W ostatecznym wyniku rynek nie nagradza nas za ciężką pracę i przesiadywanie do późna. Nagradza za rezultaty. Powinno nam zależeć na opinii osoby, która pracuje nie tyle najciężej, ile najbardziej wydajnie. Będą nas chwalić za ciężką pracę, ale nagradzać za wyniki. Musimy więc jak najwięcej robić, a nie jak najdłużej przesiadywać w firmie.

Nie staraj się być tym, który najdłużej siedzi w pracy. Bądź tym, który robi najwięcej. A wtedy, w zaoszczędzonym czasie, zabierzesz się do nowego projektu, skorzystasz z nowej okazji, spędzisz więcej czasu z rodziną albo po prostu oddasz się interesującemu hobby. Zrobisz więcej i staniesz się ciekawszą i bardziej wszechstronną osobą.

Wyzwanie efektywności:
Wybierz efektywność zamiast ciężkiej pracy
i godzin nadliczbowych

Szybkość

Zasada zwlekania:
Jeśli postanowisz: „Zrobię to jutro”,
możesz potem wyrzucać sobie:
„Powinienem był zrobić to wczoraj”

✷

Zasada impetu:
Żeby iść naprzód, trzeba ruszyć z miejsca
i nie zatrzymywać się

✷

Zasada jasności:
Jasność przyspiesza wiele spraw, zamęt je spowalnia

✷

Zasada Andrettiego:
Jeśli masz wrażenie, że nad wszystkim panujesz,
posuwasz się za wolno

✷

Zasada wnikliwości:
Działanie to nie to samo co postęp,
a pilne nie znaczy ważne

✷

Zasada zbędnej perfekcji:
Nie ma nic bardziej zbędnego, niż robić dobrze coś,
czego w ogóle nie należy robić

Część trzecia

Szybkość

Niedawno prowadziłem seminarium z podstawowych zasad zarządzania czasem. Przed rozpoczęciem zajęć gawędziłem z kilkoma osobami. Jedna ze słuchaczek pochwaliła mi się, że uwielbia zarządzać swoim czasem. Przyznała jednak, że ma problem: zarządzaniu czasem poświęca tyle czasu, że na inne rzeczy niewiele go zostaje.

Być może świetnie umiała organizować i systematyzować, ale zarządzanie czasem nie było jej silną stroną. Znała kierunek, lecz stała w miejscu. To tak jakby mieć superszybki samochód, ale nie mieć paliwa. Możesz czuć się fantastycznie, siedząc za kierownicą, lecz na pewno nigdzie nie pojedziesz. Nie ma nawet znaczenia, czy samochód zwrócony jest w kierunku, w którym chcesz jechać. Nie robisz nic, co przeniosłoby cię do miejsca, w którym chcesz się znaleźć. Dzięki wizji i koncentracji poznamy kierunek. Znając go, musimy ruszyć naprzód i nabrać szybkości.

W zarządzaniu czasem chodzi nie tylko o wizję i koncentrację. W pewnym momencie chodzi też o to, żeby przejść do działania i szybko iść do przodu. Im więcej zrobimy w ciągu dnia, tym lepiej będziemy w stanie wykorzystać czas. Oczywiście nasze działania muszą być odpowiednio ukierunkowane. Nie możemy jednak tylko pełzać we właściwym kierunku. Musimy ruszyć szparko i posuwać się w dobrym tempie.

Część trzecia poświęcona jest przejściu do działania i nabieraniu szybkości. Generał George Patton powiedział kiedyś, że dobry plan dziś jest lepszy niż doskonały plan jutro. Doskonały plan będzie bezużyteczny, jeśli nigdy nie wprowadzimy go w życie. Część trzecią zaczniemy od najczęstszego wroga działania. Dla większości ludzi jest nim zwlekanie. Nigdy nie nabierzemy szybkości, jeśli w ogóle nie ruszymy z miejsca. Zamierzam pokazać, że zwlekanie może się stać naszym przyjacielem, a nie wrogiem.

Kolejne trzy rozdziały dotyczą nabierania szybkości. Pierwszym krokiem jest zyskanie impetu. Zyskawszy impet, możemy posuwać się jeszcze szybciej, jeśli mamy jasność. Kiedy poruszamy się szybko, sytuacja może się nam nieco wymknąć spod kontroli. Nie znaczy to, że nie zarządzamy czasem właściwie, znaczy jedynie, że poruszamy się szybko. Nie możemy jednak zwolnić tylko po to, aby znów poczuć, że panujemy nad sytuacją.

Część trzecią zakończymy omówieniem dwóch czynników, które nas spowalniają. Jeśli nie będziemy umieli odróżnić postępu od krzątaniny albo spraw ważnych od pilnych, znacznie wytracimy prędkość. To samo nas czeka, gdy będziemy poświęcać jakiemuś zadaniu więcej czasu, niż to jest uzasadnione jego charakterem.

Czy chcesz, żeby zarządzanie czasem stało się znacznie prostsze? Proszę bardzo, wystarczy tylko wynaleźć maszynę czasu i wrócić do roku 1990. Dzięki temu wyeliminujemy większość rzeczy, które nas spowalniają. W tamtych czasach było o wiele mniej przeszkód i czynników rozpraszających naszą uwagę. Jeśli w 1990 roku ktoś chciał oderwać nas od pracy, musiał albo przyjść osobiście, albo zadzwonić do nas pod numer telefonu stacjonarnego. Dzisiejsza technika dostarcza znacznie więcej narzędzi, za pomocą których można przerwać nam pracę. Jest internet, telefony komórkowe, poczta elektroniczna, poczta głosowa itd. – nasz świat roi się od rzeczy, które nas spowalniają i sprowadzają z właściwej drogi.

Jak poruszać się szybko w świecie, który wciąż wynajduje nowe sposoby spowolniania nas? Wystarczy przyswoić sobie kilka podstawowych zasad. Zapoznajmy się z podstawowymi zasadami prędkości. Upewnij się, że dobrze zapiąłeś pasy, a oparcia foteli i stoliki znajdują się w pionowej pozycji i są zablokowane. Za chwilę odlatujemy w świat szybkobieżnego zarządzania czasem. Miejmy nadzieję, że po przeczytaniu tej części będziesz umiał utrzymać tempo w świecie, który wciąż wynajduje nowe sposoby spowolniania cię.

13
Zwlekanie

Zasada zwlekania:
Jeśli postanowisz: „Zrobię to jutro", możesz potem wyrzucać sobie: „Powinienem był zrobić to wczoraj"

Wielu ludziom zadałem już pytanie, jaki jest ich największy problem związany z zarządzaniem czasem. Zawsze dostawałem tę samą odpowiedź: zwlekanie. Kiedy pytam słuchaczy, kto z nich ma kłopot ze zwlekaniem, 90 procent osób unosi rękę do góry. Reszta być może ma ten sam kłopot, ale zwleka z podniesieniem ręki. Pewien słuchacz powiedział kiedyś, że nie ma problemu ze zwlekaniem: jest zawodowcem i umie zwlekać lepiej od wszystkich znanych sobie osób.

Wszyscy zwlekają

Chociaż napisałem książkę i prowadzę wykłady z zarządzania czasem, ja też zwlekam. Nawet dziś mi się to zdarzyło. Tematem dzisiejszego wykładu z zarządzania czasem miało być zwlekanie. Wszedłem do sali i powiedziałem studentom, że zgodnie z duchem tematu wykład został przełożony na następną godzinę. Właściwie miałem uzasadniony powód, żeby odwlec wykład o zwlekaniu. Ale czyż nie jest tak, że zawsze znajdziemy powód, by uzasadnić swoje zwlekanie?

W gruncie rzeczy jeśli nie mamy w życiu tylko jednej rzeczy do zrobienia, musimy zwlekać. Nie ma innego wyjścia, bo nie sposób robić wszystkiego naraz. Podobno Bóg wynalazł czas, żeby nie wszystko działo się jednocześnie. Czas to dobry wynalazek, dzięki niemu nie wszystko dzieje się w tym samym momencie. Jednak uniemożliwia nam to robienie wszystkiego jednocześnie. A ponieważ zwykle mamy kilka rzeczy do zrobienia, musimy z czymś zwlekać.

Na przykład muszę dzisiaj zrobić jeszcze dwie rzeczy: poćwiczyć i skończyć ten rozdział. Ponieważ w tej chwili piszę, zwlekam z ćwiczeniami. Gdybym poszedł poćwiczyć, zwlekałbym z pisaniem. Nie mogę ćwiczyć i pisać jednocześnie, muszę więc odwlec jedno lub drugie. Kiedy mamy do zrobienia więcej niż jedną rzecz, zawsze musimy coś odwlec.

Dobre i złe zwlekanie

Dopóki nie nauczymy się przebywać w dwóch miejscach naraz, musimy wybierać, z czym zwlekać. Trzeba to jednak robić z namysłem. Jeżeli zwlekamy z jakąś nieważną, pozbawioną znaczenia sprawą, zyskujemy czas na rzeczy istotne. Jeśli jednak odwlekamy rzeczy ważne, zwłoka może się na nas zemścić. Mój kolega po fachu – powiedzmy, że miał na imię Bart – może nam posłużyć za przykład jednego i drugiego. Bart świetnie potrafił odkładać drobne sprawy, żeby zająć się ważnymi. Czasami jednak odkładał takie, którymi koniecznie powinien się był zająć.

Bart był bardzo skupiony na swojej pracy. Wyznaczał sobie ambitne cele i nic nie mogło mu przeszkodzić w ich osiągnięciu. Był znakomitym specjalistą. Kiedyś zestawiono listę dziesięciu najlepszych artykułów naukowych z mojej dziedziny. Cztery z nich napisał Bart. Miał też znakomite osiągnięcia w sferze praktyki. Razem z innymi profesorami założył spółkę konsultingową. Wielu dyrektorów firm z listy Forbes 500 przyjeżdżało do miasta tylko po to, by prosić spółkę Barta o pomoc w podjęciu ważnych decyzji.

Zwlekanie ze sprawami, z którymi można zwlekać

Bart zdołał wiele osiągnąć, bo doskonale potrafił odwlekać sprawy, które można było odwlec. Jeżeli rzecz nie miała bezpośredniego związku z jego badaniami albo z doradztwem biznesowym, odkładał ją na potem. Nie mówił „nie", ale „później". A ponieważ odkładał tak wiele spraw, mógł skoncentrować się na tym, co miało dla niego największe znaczenie: na badaniach naukowych i konsultingu.

Na przykład pilnie potrzebował nowego samochodu, ale nigdy nie mógł się zająć jego kupnem. Stać go było na każdy wóz, ale jeździł starym, wysłużonym kombi. Zwlekając z kupnem nowego samochodu, musiał tłuc się starym gruchotem, lecz nie zwracał na to uwagi, bo miał ważniejsze sprawy na głowie. Auto Barta było już w tak złym stanie, że wspólnicy zaczęli się niepokoić. „Chcesz wozić klientów tym rzęchem?" – pytali z niesmakiem. Bart obiecywał, że sprawi sobie nowy wóz, ale nigdy nie dotrzymał słowa. Był zbyt zajęty pracą naukową i sprawami firmy.

W końcu wspólnicy postanowili, że sami kupią Bartowi auto. Był tak wybitnym specjalistą, że dzięki niemu zarobili o wiele więcej, niż mógł kosztować jakikolwiek samochód. Zapytali go tylko, jakiej marki auto by sobie życzył, na co Bart odparł, że to ze „znaczkiem w kształcie pacyfy".

„W porządku. Kupimy ci mercedesa. Pojedź tylko do salonu i wybierz. My już załatwimy resztę". Bart miał pojechać swoim gratem do salonu i wyjechać z niego nowiutkim mercedesem. Ale zajęty badaniami i konsultingiem nawet na to nie znalazł czasu. Wspólnicy mieli w końcu tego dość i sięgnęli po środki ostateczne. Zmienili zamki w biurze firmy i zapowiedzieli Bartowi, że go nie wpuszczą, dopóki nie odbierze wozu.

Nazajutrz rano na asystenta Barta czekała zwyczajowa lista spraw do załatwienia, którą zostawiał mu zwierzchnik. Tego dnia zawierała trzy pozycje: (1) przeprowadź analizę danych na komputerze, (2) odbierz książkę z biblioteki, (3) odbierz samochód z salonu Mercedesa. Zdziwiony asystent pospieszył do gabinetu Barta. „Co to znaczy?" – zapytał, pokazując na punkt trzeci. Bart wyjaśnił mu. Kiedy wieczorem opuszczał uczelnię, asystent zaprezentował mu jego nowy samochód i Bart pojechał nim do domu.

Zwlekanie ze sprawami, z którymi nie można zwlekać

Bart odnosił wielkie sukcesy w nauce i konsultingu, gdyż znakomicie umiał odkładać wszystkie inne sprawy na później. Ale jego zwlekanie miało też wielką wadę, za którą Bart drogo w końcu zapłacił. Bez względu na to, jak bardzo powinniśmy być skoncentrowani, z pewnymi sprawami nie można zwlekać. Jedną z nich są podatki. Przez kilka lat Bart nie znalazł czasu, żeby wypełnić zeznanie podatkowe. Nie próbował uchylać się od płacenia podatków, po prostu nie miał na nie czasu. I pewnego dnia otrzymał list z urzędu skarbowego. Urzędnicy pytali, dlaczego od dawna nie otrzymali od niego zeznań podatkowych. Potem przyszło wezwanie do osobistego stawienia się w urzędzie. Po nim nastąpiła kontrola skarbowa, a w końcu aresztowanie, proces i zmiana miejsca zamieszkania. Bart musiał spędzić dłuższy czas w więzieniu, bo zwlekał ze sprawą, z którą zwlekać nie wolno. Przekonał się, że podatki to ostatnia rzecz, z którą można zwlekać. Urząd skarbowy umie sprawić, że takie zwlekanie srodze się na nas zemści.

Kiedy zwlekać?

Bart był człowiekiem sukcesu, bo wiedział, jak odwlekać sprawy, które można odwlec. Napytał sobie jednak wielkiej biedy, gdyż nie nauczył się nie zwlekać ze sprawami, z którymi zwlekać nie wolno. Musimy wiedzieć, kiedy zwlekać, a kiedy nie. Skąd wiadomo, kiedy zwlekanie jest słuszne, a kiedy niesłuszne? Przyjrzyjmy się trzem znakom ostrzegawczym, informującym nas, że zwlekamy z czymś, z czym zwlekać nie można.

Pewne rzeczy nie znikną

Czasami odkładamy na później sprawy, które same się nie załatwią. Bart zwlekał z podatkami, ale sprawa ta nie mogła załatwić się sama. A skoro tak czy owak musimy coś zrobić, to lepiej zrobić to dziś. Sprawy, które odkładamy na potem, nie staną się z czasem łatwiejsze. Zwykle lepiej po prostu je zrobić, niż ciągle myśleć o tym, że będziemy musieli się nimi zająć. Nieprzyjemne rzeczy dokuczają nam najwięcej nie wtedy, gdy je robimy, ale gdy je odkładamy.

Doskonałym przykładem są brudne naczynia w zlewie. Po jednym z wykładów studentka podzieliła się z nami trafną uwagą. Powiedziała, że „naczynia w zlewie drażnią nas tylko wtedy, gdy ich nie zmywamy". Pomyślałem wtedy: „Święta racja". Kiedy wiemy, że musimy pozmywać naczynia, drażni nas ich widok w zlewie. Ale najbardziej zadziwiająca rzecz dzieje się w chwili, gdy zaczynamy zmywać. Od razu czujemy się lepiej. Zmywanie naczyń lub wkładanie ich do zmywarki wcale nie jest takie straszne. Nawet przyjemnie jest mieć świadomość, że kuchnia będzie znowu wyglądać czysto i porządnie. Przykre są tylko chwile poprzedzające zmywanie.

Tu właśnie jest sedno sprawy: brudne naczynia nie znikną. Czy słyszałeś, żeby ktoś włamał się do czyjegoś domu, pozmywał brudne naczynia i poszedł sobie? Prędzej czy później będziesz musiał je pozmywać. Im dłużej z tym czekasz, tym trudniej będzie usunąć resztki jedzenia. Zwlekanie zwiększa tylko twoją irytację i utrudnia późniejszą pracę. Tak samo jest z wieloma rzeczami, które odkładamy na później.

Zwlekanie nie ułatwia pracy, przeciwnie, zwykle ją utrudnia. Nie sprawi, że praca zrobi się sama, a tylko musimy dłużej na nią patrzeć. Jeśli chcemy ułatwić sobie pracę i uprzyjemnić dzień, powinniśmy od razu zabrać się do pracy i zrobić to, przed czym się bronimy. Brian Tracy zatytułował swoją książkę o zwlekaniu *Zjedz tę żabę**. Skąd ten tytuł? Według Tracy'ego jeżeli wiesz, że tego dnia musisz zjeść żabę, powinieneś ją zjeść z samego rana. Skoro nic nie może cię uchronić przed zjedzeniem żaby, bez sensu jest gapić się na nią przez cały dzień. Co jest gorsze od zjedzenia żaby? Patrzenie na nią przez cały dzień ze świadomością, że trzeba ją zjeść.

Niektóre rzeczy zdarzają się tylko raz

Czasami odkładamy na później ważne rzeczy i nie mamy już szansy do nich wrócić. Któregoś roku na początku listopada miałem wyznaczony ostateczny termin oddania książki do wydawnictwa. Musiałem dokończyć pewne rzeczy, nad którymi pracowałem, a termin zbliżał się szybkimi krokami. Odkładałem wszystkie sprawy z wyjątkiem pisania. Bywały dni, że nawet się nie goliłem. Zakładałem jakieś dżinsy, byle jaką koszulę i szedłem na wykład. Potem wracałem do komputera. Mimo że nie miałem na nic czasu, jednej sprawy nie odwlekałem. Jak powiedziałem, było to na początku li-

---

* Brian Tracy, *Zjedz tę żabę: 21 metod podnoszenia wydajności w pracy i zwalczania skłonności do zwlekania*, MT Biznes, Konstancin-Jeziorna 2005 (przyp. red.).

stopada. Tak się złożyło, że w tamtym roku odbywały się wybory prezydenckie. Swój obywatelski obowiązek traktuję bardzo poważnie. Zwlekałem do samego dnia wyborów (zgodnie z prawem można u nas głosować wcześniej), ale kiedy nadszedł ten dzień, nie mogłem dłużej zwlekać. Gdybym zwlekał dalej, straciłbym szansę na oddanie głosu i prawdopodobnie wyrzucałbym to sobie do końca życia. Nie miałbym już okazji, żeby wziąć udział w tych wyborach. Zwlekając, straciłbym coś, co jest dla mnie bardzo ważne.

Folkowo-rockowy utwór Harry'ego Chapina z 1974 roku *Kot w kołysce* to jedna z piosenek, które wywarły największy wpływ na moje pokolenie. Mowa w niej o ojcu, który ciągle obiecuje synowi: „Kiedyś się spotkamy". Nigdy to nie nastąpiło. Ojciec nie miał czasu dla syna, gdy ten dorastał. Nie znalazł nawet chwili, żeby pograć z nim w baseball. Kiedy chłopak jest już na studiach, ojciec ma wreszcie trochę czasu i może go spędzić z synem. Ale wtedy jest już za późno, bo chłopiec ma ciekawsze zajęcia. Ojciec przechodzi w końcu na emeryturę i teraz syn nie ma dla niego czasu. W dzieciństwie syn mawiał do ojca: „Będę taki jak ty". I rzeczywiście, kiedy dorósł, stał się zupełnie taki jak ojciec.

To jedna z tych piosenek, które nigdy nie straciły popularności. Do dziś nadają ją w radiu, skłaniając rodziców do refleksji nad swoim postępowaniem. Jest niesamowite, jak szybko dzieci z dwuletnich brzdąców zmieniają się w dwudziestoletnich młodzieńców lub panny. Kiedy ten okres minie, nigdy już nie wróci. Bardzo łatwo stracić te lata, bo wydaje nam się, że dziesięcioletni Jasio zawsze będzie miał dziesięć lat. I oto pewnego dnia uświadamiamy sobie ze zdumieniem, że ma już dwadzieścia.

Bart był świetny w odwlekaniu spraw, bo wiedział, jakie okazje się już nie powtórzą. Kiedy pracował nad jakimś projektem badawczym lub konsultingowym, wszyscy wiedzieli, że mogą na niego liczyć. W świecie badań i doradztwa biznesowego okazja, żeby doprowadzić pracę do końca, nie trwa długo. Bart prosperował w tym świecie tylko dlatego, że mógł odłożyć na później wszystko, czego nie musiał zrobić dziś. Dzięki temu był doskonałym badaczem i konsultantem. Ponieważ potrafił skutecznie odwlekać wszystkie inne sprawy, nikt nie musiał się martwić, że będzie zwlekał z wykonaniem projektów badawczych czy usługi konsultingowej.

Pewne rzeczy się mszczą

Odkładając rzeczy na później, czasami przysparzamy sobie kłopotów. Bart na przykład trafił do więzienia za uchylanie się od płacenia podatków. Nie powinien był zwlekać z zapłatą podatków, ale nigdy nie zamierzał „uchylać się" od czegokolwiek. Nigdy nie dbał o pieniądze. Jednak urząd skarbowy nie podzielał jego nonszalanckiego stosunku do pieniędzy. Urząd bardzo nie lubi, gdy nie dostaje od nas należnych podatków. Zwlekanie z ich zapłatą w końcu zemściło się na Barcie.

Nie musimy zaraz iść do więzienia, żeby nasze zwlekanie zemściło się na nas. Jeżeli szef krzyczy przez telefon: „Gdzie są raporty, które mi wczoraj obiecałeś?", to znaczy, że musimy uważać z odwlekaniem przesyłania mu raportów. Jeśli nasz współmałżonek nie pamięta, kiedy ostatni raz jedliśmy kolację we dwoje, to powinniśmy się zastanowić nad jej odwlekaniem. Jeżeli od kilku lat nie byliśmy na siłowni i nawet tego nie zauważyliśmy, to może powinniśmy zacząć zwlekać z czym innym niż z dbaniem o zdrowie. Jeżeli nigdy nie planujemy swojego dnia, ale zawsze oglądamy ulubione programy telewizyjne, to może powinniśmy przestać zwlekać z wdrożeniem swojego systemu zarządzania czasem. Jeżeli stale musimy nadrabiać zaległości, skutki bezmyślnego zwlekania mogą nie dać na siebie długo czekać.

Przypomnij sobie teraz kilka ostatnich przypadków, gdy zwlekanie z jakąś sprawą zemściło się na tobie. Wróć pamięcią do chwil, gdy mówiłeś ze smutkiem: „Powinienem był zrobić to wczoraj". A teraz przypomnij sobie, co robiłeś w czasie, gdy odwlekałeś daną sprawę. Czy popadłeś w kłopoty, bo zwlekałeś z czymś, z czym nie można zwlekać? Czy napytałeś sobie biedy, gdyż odłożyłeś ważne sprawy, żeby mieć czas na telewizję, gry wideo, internet, spotkanie z przyjaciółmi itd.? Jeśli tak, to wiesz, jaki masz problem ze zwlekaniem. Odkryłeś rzeczy, z którymi powinieneś zwlekać. Powinieneś zwlekać z surfowaniem po internecie, z oglądaniem telewizji itp. Wówczas przestaniesz może zwlekać ze sprawami, których odkładanie w końcu się na tobie mści. Rzadko popadniesz w tarapaty dlatego, że zwlekałeś z grą wideo.

Czasami mamy problemy z powodu tego, co robimy, albo czego nie robimy. Często popadamy w kłopoty, bo pewnymi sprawami zajęliśmy się zbyt późno. Spróbuj o dzień za późno przypomnieć sobie

…ubu. Nie zapomniałeś o niej, po prostu nie przypomnia-
…czas. Jestem pewien, że twoja małżonka nie zastanawiała
…vili i dostałeś za swoje. Takie są skutki zwlekania. Zrobienie czego… późno może pociągnąć za sobą nie mniej fatalne następstwa niż niezrobienie tego wcale. Kiedy zwlekanie stale mści się na tobie, wiesz, że robisz wszystko za późno.

Ile kosztuje nas zwlekanie?

Wszelkie zwlekanie pociąga za sobą konsekwencje, ale nie zawsze są one takie same. Jeśli zwlekamy z jednymi rzeczami, konsekwencje będą poważne. Jeśli zwlekamy z innymi, mogą być nieistotne. Zdarza się nawet, że zwlekanie z pewnymi rzeczami pociągnie za sobą korzystne skutki, zwłaszcza jeśli zrezygnujemy z nich całkowicie. Musimy się zastanowić, ile w danym przypadku kosztuje nas zwlekanie, i wyciągnąć z tego wnioski.

Jedna ze studentek powiedziała mi, że chce zrobić doktorat, bo dzięki niemu będzie zarabiać około 150 000 dolarów rocznie. Zamierzała jednak na dwa lata przerwać studia i dopiero potem zabrać się do doktoratu. Zapytałem, czy chce wyrzucić za okno prawie ćwierć miliona dolarów. Spojrzała na mnie ze zdziwieniem: „Dlaczego miałabym wyrzucić za okno ćwierć miliona dolarów?". Odparłem, że bez doktoratu dostanie pracę za 40 000 dolarów rocznie. Różnica między dwoma latami po 40 000 rocznie a dwoma po 150 000 dolarów wyniesie 220 000 dolarów. Powiedziałem: „Nie wiem, czy dla ciebie 220 000 dolarów to prawie ćwierć miliona, ale dla mnie różnica byłaby na tyle niewielka, że zastanowiłbym się nad odkładaniem doktoratu".

Powinniśmy zawsze wiedzieć, ile kosztuje nas bezmyślne zwlekanie. Czasami łatwo przeliczyć to na pieniądze. Jeżeli odłożymy na później coś, co przyniesie nam dodatkowe 24 000 dolarów rocznie, to nasze zwlekanie kosztuje nas 2000 dolarów miesięcznie, czyli prawie 500 dolarów tygodniowo. Przy pięciodniowym tygodniu pracy tracimy blisko 100 dolarów dziennie. Spróbuj powiedzieć sobie: „Zaczekaj jeszcze dzień. Masz przecież następne 100 dolarów do wyrzucenia". Problem polega na tym, że nie wyrzucamy tych stu dolarów w tej chwili. Wyjmiemy je z kieszeni dopiero w przyszłości, więc nie czujemy, że cokolwiek tracimy. Tak właśnie jest zawsze ze zwlekaniem. Ponieważ odkładamy pewne sprawy na później, nigdy nie płacimy za to dziś. Nie odczuwamy uszczerbku, więc wydaje nam się, że go nie ma. Pamiętajmy: nie ma, ale będzie. Musimy wziąć pod uwagę przyszły ból, nie tylko to, co boli teraz.

Poza tym należy uwzględnić nie tylko finansowe koszty. Jakie są koszty zwlekania w szkole? Dobre stopnie. Jakie są koszty zwlekania w pracy? Szacunek i wpływy. Jakie są koszty zwlekania w domu? Związki z bliskimi. Czym płacimy za zwlekanie z ćwiczeniami fizycznymi? Zdrowiem. Nie ma ważnej dziedziny w naszym życiu, na której nie odbije się bezmyślne zwlekanie. Musimy uważać, gdy z czymś zwlekamy, bo w ten sposób możemy odkładać na później udane życie.

Do czego może doprowadzić zwlekanie?

Zasada zwlekania nie mówi, że żałujemy każdej zwłoki, ale że możemy jej żałować. Jestem przekonany, że siedząc w swojej celi, Bart codziennie żałował, że zwlekał z załatwieniem sprawy podatków. Na pewno wolałby zajmować się badaniami i doradztwem. Ponieważ zwlekał z zapłatą podatków, stracił to, na czym mu najbardziej zależało. Nie mógł pewnie przeboleć, że zwlekał ze sprawą, z którą nie wolno zwlekać.

Natomiast odwlekanie spraw, które można odwlec, nie naraża nas na kłopoty. Przeciwnie, może się bardzo opłacić. Bart zwlekał z tyloma błahymi rzeczami, a nawet niektórymi ważnymi, że miał mnóstwo czasu, by stać się jednym z najlepszych specjalistów w historii mojej dyscypliny. Gdyby nie miał zdolności do zwlekania, nie mógłby osiągnąć tak wybitnej pozycji w swojej branży.

Czy Bart był wielkim specem od zwlekania? I tak, i nie. Dzięki zwlekaniu był wybitnym konsultantem i badaczem, lecz jednocześnie z powodu zwlekania stracił posadę, wolność, szacunek społeczny i to, co najbardziej lubił robić. Historia Barta może służyć za przykład i ostrzeżenie. Jeśli chcesz być wielki, zwlekaj tak jak Bart. Jeśli nie chcesz skończyć jak Bart, nie zwlekaj tak jak on. Ucz się zwlekać, ale ucz się też nie zwlekać. Zwlekanie może być naszym najlepszym przyjacielem w zarządzaniu czasem, ale może też stać się naszym największym wrogiem.

Powinniśmy nauczyć się zwlekać, stać się tak dobrymi specjalistami w tej dziedzinie, żeby dokładnie wiedzieć, co powinniśmy odłożyć na później, a co nie. Jeżeli zwlekanie wpędza nas w kłopoty, to dlatego, że pewnie nie wiemy, kiedy zwlekać. Kiedy mówimy: „Zrobię to jutro" przy okazji jakichś błahostek, to w porządku. Jeśli jednak mówimy tak, gdy chodzi o rzeczy naprawdę ważne, to niezawodnie będziemy sobie później wyrzucać: „Powinienem był zrobić to wczoraj".

Wyzwanie zwlekania:
Odłóż do jutra rzeczy, które przeszkodzą ci zrobić to,
co należy zrobić dziś.

14
Impet

Zasada impetu:
Żeby iść naprzód, trzeba ruszyć z miejsca
i nie zatrzymywać się

Yogi Berra był słynnym amerykańskim baseballistą. Wiele przypisywanych mu powiedzeń przeszło do legendy: „Nikt już nie chodzi do tej restauracji, jest w niej za duży tłok", „Zawsze chodź na pogrzeby znajomych, inaczej nie przyjdą na twój", „Inne drużyny mogą nam przysporzyć kłopotów, jak wygrają", „Możesz dużo zauważyć, tylko patrząc", „Dziesięciocentówka nie jest już warta pięciu centów", „Nie wygralibyście, gdybyśmy was pokonali" i najlepsze ze wszystkich: „Nigdy nie powiedziałem większości tego, co powiedziałem".

Zasada impetu brzmi jak jedna z sentencji Yogiego: „Żeby iść naprzód, trzeba ruszyć z miejsca i nie zatrzymywać się". Rewelacja! Jeśli jednak głębiej się zastanowić, to nasze częste problemy z pracą polegają na tym, że nigdy jej nie zaczynamy albo coś nas zatrzymuje. Rozwiążmy te dwa problemy, a będziemy w stanie dokonać wszystkiego. Jak je rozwiązać? Nabieramy impetu, a potem utrzymujemy tempo. O to chodzi w impecie i dlatego jest on tak ważny w zarządzaniu czasem.

Strata impetu to nie lenistwo

Kiedy nie zbliżamy się do naszego celu, łatwo uznać, że jesteśmy leniwi. W rzeczywistości mogliśmy tylko stracić impet, a to zupełnie co innego. Pokażę to na przykładzie.

Postanowiłem sobie, że tę książkę napiszę podczas letnich wakacji. Przez lata zbierałem materiały i wystarczyło przelać to wszystko na papier. Po zakończeniu wiosennego semestru przystąpiłem do pracy. Ponieważ skoncentrowałem się tylko na książce, rozpocząłem z wielkim impetem. Pisałem codziennie, więc praca posuwała się niewiarygodnie szybko. Potem na kilka dni przerwałem pisanie. Kiedy wróciłem do książki, szło mi jak po grudzie, słowa nie chciały płynąć. Rozdział, którego nie mogłem napisać, to ten rozdział.

Jak na ironię, pisząc rozdział o impecie, nie mogłem nabrać impetu, żeby go napisać. Miałem mnóstwo materiału, który chciałem wykorzystać w tym rozdziale. Mógłbym chyba napisać całą książkę o impecie. Bardzo mi zależało, żeby napisać ten rozdział. Spędziłem przy komputerze wiele godzin, zmagając się z opornymi słowami. Moje usiłowania nie przynosiły wyników nie dlatego, że byłem leniwy, ale że straciłem impet. Wiedziałem, że nie będę mógł pracować tak wydajnie jak poprzednio, dopóki go nie odzyskam.

Któregoś dnia, w okresie tej pisarskiej niemocy, jadłem obiad z rodziną. Zwierzyłem się, że straciłem twórczy impet, i to właśnie przy pisaniu rozdziału o impecie. Moje wyznanie wzbudziło wesołość. Facet chce opowiedzieć światu o znaczeniu impetu, a nie może tego zrobić, bo stracił impet.

„Łatwo stracić impet" – wyjaśniłem. – „Wszystkim nam się to zdarza od czasu do czasu". Potem zapytałem dzieci, jak spędzają wakacje. Każde postanowiło wcześniej, że w czasie wakacji dokona pewnych rzeczy. „Jak ci idzie nauka do egzaminu wstępnego na studia?" – zapytałem jedno. „Jak tam przygotowania do tych trudnych zajęć, które czekają cię w następnym semestrze?" – spytałem drugie. Po kolei udowodniłem obojgu, że po okresie wspaniałych postępów w ostatnich dniach też stracili impet.

Proszę zauważyć, że nie zarzucałem dzieciom lenistwa. Nie są leniwe. To jedni z najbardziej pracowitych studentów, jakich znam.

Dwójka, która straciła impet do nauki, ma zawsze same piątki. Ale tego lata ich zapał jakby przygasł. Jest wielka różnica między lenistwem a stratą impetu. Jeśli nie posuwamy się naprzód, nie znaczy to jeszcze, że jesteśmy leniwi. Po prostu nie mamy impetu i musimy go jakoś odzyskać. Kiedy mamy impet, wydaje się, że nic nas nie zatrzyma. Jeśli nam go brakuje, drepczemy w miejscu. Bardzo niewielu ludzi rozumie, jak ważny jest impet w ich codziennych zajęciach.

Siła impetu

Impet to jedna z najpotężniejszych sił we wszechświecie. Pierwsze prawo dynamiki Newtona głosi: „Jeżeli na ciało nie działa żadna siła albo działające siły równoważą się, to ciało pozostaje w spoczynku lub porusza się ruchem jednostajnym". Chcąc zrozumieć ruch ciał we wszechświecie, musisz zrozumieć, czym jest impet. To dzięki niemu wszystko się porusza. Jest to podstawowe prawo fizyki, ale nie stosuje się ono tylko do świata fizycznego.

Zespoły sportowe też potrzebują impetu. Trenerzy zawsze starają się wymyślić sposób, żeby gra ich drużyny nabrała rozpędu. Handlowcom również potrzebny jest impet. Czasami mogą mieć w sobie tyle impetu, werwy, że wystarczy, jak powiedzą: „Entliczek, pentliczek, czerwony stoliczek", a ludzie będą rozchwytywać ich towar ciężarówkami, i to po normalnej cenie. Ale gdy ci sami handlowcy stracą impet, nie będą w stanie pozbyć się towaru nawet za darmo. Liderzy też potrzebują impetu. Przedstawiając swoje prawa przywództwa, John Maxwell powiedział, że impet to najlepszy przyjaciel lidera. Politycy nie mogą się obyć bez impetu. Wiele kampanii wyborczych zostało wygranych dzięki impetowi i przegranych z powodu braku impetu.

Tak więc bez względu na to, czy studiujemy fizykę, trenujemy drużynę, sprzedajemy wihajstry czy ubiegamy się o stanowisko, impet ma dla nas podstawowe znaczenie. Kiedy staramy się pracować jak najwydajniej, mając ograniczoną ilość czasu, impet jest niezwykle ważny.

Paradoks wypełnionego rozkładu dnia

Stąd bierze się pozorny paradoks wypełnionego rozkładu dnia: im mniej mamy czasu, tym więcej potrafimy zrobić. Jest takie stare powiedzenie: „Jeśli chcesz, żeby coś zostało zrobione, zleć to komuś bardzo zajętemu". Kiedyś myślałem, że wynika to po prostu stąd, iż ludzie zapracowani są ambitni, a ci, którzy nie są zajęci, to leniuchy. Cytowane powiedzenie miałoby więc oznaczać mniej więcej tyle: „Jeśli chcesz, żeby coś zostało zrobione, zleć to osobie ambitnej, a nie leniowi". Nie jestem jednak pewien, czy właśnie dlatego ludzie zajęci potrafią lepiej wykonać jakieś zadanie niż ci, którzy mają dużo wolnego czasu.

Większość studentów przyzna, że kiedy ma coraz więcej zajęć, uzyskuje coraz lepsze stopnie. Wielu studentów na przykład twierdzi (sam słyszałem), że ich oceny są znacznie lepsze, odkąd pracują na pół etatu albo działają w jakiejś organizacji studenckiej. Nie stali się nagle bardziej ambitni po znalezieniu pracy. Mają po prostu mniej czasu na naukę. A mimo to uczą się lepiej.

Dlaczego mając mniej czasu, potrafimy dokonać więcej? Wynika to z prawa impetu. Gdybym obudził się rano i miał w tym dniu załatwić tylko parę drobnych spraw, mógłbym nawet nie zdołać ich załatwić. Czemu? Bo zamiast zajmować się pracą, przebimbałbym cały dzień. Nie wziąłbym się na serio do roboty, więc nic bym nie zrobił. Gdybym natomiast obudził się ze świadomością, że mam do wykonania kilka ważnych zadań, mógłbym załatwić się z nimi w lot. Wyskoczyłbym z łóżka jak z procy i szybko nabrał impetu. Dzięki temu impetowi przez cały dzień mógłbym wiele zrobić, bo zacząłbym dzień od szybkiego załatwienia kilku spraw.

Jeśli masz morze czasu na wykonanie jakiegoś zadania, zajmie ci ono morze czasu, bo nigdy nie nabierzesz impetu. Jeśli jednak go nabierzesz, sam się zdziwisz, ile możesz zrobić, i to w krótkim czasie. Rozdział o impecie pisałem wiele dni, bo wciąż nie mogłem nabrać impetu. A przecież zaledwie kilka tygodni wcześniej dzięki impetowi napisałem inny rozdział w zaledwie trzy godziny. To, że do wykonania mniej więcej tej samej pracy raz potrzeba godzin, a innym razem dni, wynika z różnicy między impetem a brakiem impetu.

Cztery czynniki impetu

Zasada impetu działa następująco. Prędkość wytwarza impet, a ten podtrzymuje ruch. Kiedy zabieramy się do czegoś prędko, z mocą i przekonaniem, że sprawa jest pilna, dzięki wytworzonemu impetowi możemy dokonać wiele w krótkim czasie. Gdy natomiast pracujemy nad czymś od niechcenia, nigdy nie uzyskamy prędkości potrzebnej do zrozumienia, jak nabrać impetu i utrzymać go. Zapoznamy się z czterema czynnikami impetu.

Czynnik pierwszy: to, co wytwarza impet

Napięty termin bodaj najskuteczniej wytwarza konieczny impet. Kiedy musimy pracować szybko, pracujemy szybko. Kiedy już zaczniemy pracować szybko, wydaje się, że nie przestajemy pracować nawet po wykonaniu zamierzonego zadania. Tak właśnie było z rozdziałem, który napisałem w zaledwie trzy godziny. Akurat tego dnia nawet nie planowałem pracy nad tym rozdziałem. Pracowałem nad innym i moim celem było tylko ukończenie tego rozdziału. Nie zamierzałem zaczynać następnego, bo miałem do wykonania inną pracę. Na pisanie przeznaczyłem tylko dwie ranne godziny. Przez te dwie godziny pisałem jak w transie i osiągnąłem cel tuż przed wyznaczoną godziną. Kiedy kończyłem rozdział, okazało się, że termin owej innej pracy został przesunięty o trzy godziny. Miałem impet, więc pisałem dalej. Dzięki temu impetowi pracowałem przez następne trzy godziny i napisałem jeszcze jeden rozdział. Napięty termin pomógł mi nabrać impetu, dzięki któremu dokonałem znacznie więcej, niż planowałem.

Dobre planowanie i organizacja również pomagają nam nabrać impetu. Jedną z najlepszych rzeczy jest zaplanowanie dnia w poprzedzający wieczór. Kiedy rano znajdziemy się w biurze, fabryce albo w podróży akwizycyjnej, nie będziemy już musieli tracić ani sekundy na zastanawianie się, co mamy robić. Nasz dzień będzie wyglądał w dużej mierze tak jak początek dnia. Dlatego też poniedziałkowy ranek jest najważniejszą częścią tygodnia pracy większości ludzi. Na szczęście poniedziałek następuje zaraz po weekendowym odpoczynku, w czasie którego możemy oderwać myśli od zawodowych obowiązków. Zabierając się ostro do pracy w poniedziałkowy ranek, nabierzemy impetu, który może nam wystarczyć na cały tydzień. Jaki będzie początek tygodnia, taki będzie cały tydzień.

Pewien sportowiec jeszcze w szkole średniej pobił stanowy rekord w skoku wzwyż. Na pytanie dziennikarza, jak tego dokonał, odparł: „Przerzuciłem tylko serce przez poprzeczkę i moje ciało podążyło za nim". Tak właśnie powinniśmy postępować, ilekroć mamy do wykonania wymagające zadanie. Przystąpić do działania i przez krótki czas wkładać w nie całe serce i umysł. Wytworzony impet wystarczy nam do ukończenia pracy. Nigdy nie próbuj zaczynać trudnej pracy bez przekonania. To na nic. Nie nabierzesz impetu i przez cały czas będziesz się tylko męczyć.

Czynnik drugi: to, co odbiera impet

Impetu mogą nas pozbawić wydarzenia bądź ludzie. Nie odnosisz wrażenia, że ile razy zaczynasz nabierać impetu, ktoś wchodzi do twojego gabinetu i rozpoczyna błahą rozmowę? Dlaczego ludzie nie mający nic do roboty chcą nam przeszkodzić w pracy akurat wtedy, gdy nabieramy impetu? Trudno w tej sytuacji nie być niegrzecznym, ale musimy umieć jak najszybciej wrócić do pracy.

Każda przerwa utrudnia zachowanie impetu. Telefony na przykład mogą łatwo odebrać nam impet. Jeśli kierujemy grupą ludzi i mamy do napisania raporty, prawdopodobnie trudno nam będzie utrzymać impet w pracy nad nimi. Każde pytanie albo uwaga któregoś z naszych podwładnych naraża nas na utratę impetu. Moglibyśmy skończyć raport, gdyby przez pół godziny nikt nam nie przeszkadzał. Kiedy jednak ktoś ciągle odrywa nas od pracy, taki raport może nam zająć cały dzień.

Najskuteczniej pozbawiamy się impetu sami, źle organizując sobie pracę. Kiedy podczas pracy ciągle musimy ją przerywać i szukać czegoś, co nam potrzebne, trudno nam nabrać impetu i utrzymać go. Ileż to razy, gdy pracowaliśmy nad jakimś projektem, przytrafiała nam się taka historia: musimy sprawdzić coś w notatce, którą otrzymaliśmy, toteż sięgamy po nią, ale nie ma jej na miejscu. „Gdzie jest ta notatka od szefa? Przecież przed chwilą tu była. Wiem, że ją miałem...". Kiedy w końcu znajdziemy ową nieszczęsną notatkę i wrócimy do pracy, wytracimy dużą część impetu. Im lepiej zorganizujemy sobie pracę, tym mniejsze niebezpieczeństwo, że pozbawimy się impetu.

Czynnik trzeci: to, co unicestwia impet

Krótka przerwa od czasu do czasu nie pozbawi nas całego impetu. Bywają jednak wydarzenia, które zatrzymują w miejscu tok tego, co robimy, i kierują nas w zupełnie inną stronę. Któregoś dnia siedziałem w swoim domowym gabinecie i pisałem. Praca posuwała się bardzo szybko. Nagle od strony ogrodu dobiegł mnie jakiś hałas. Wybiegłem z domu i zobaczyłem, że moja córka spadła z huśtawki. Ręka zaczęła jej puchnąć, wiedziałem więc, że jest złamana. Po impecie, z jakim wcześniej pracowałem, nie było już śladu. Nie mogłem przecież powiedzieć: „Kochanie, trzymaj rękę nieruchomo, a ja napiszę jeszcze kilka stron". Rzuciłem pisanie i zawiozłem córkę na pogotowie.

Prawdziwe problemy pozbawiają nas całego impetu i nic nie możemy na to poradzić. Zdarzają się tak ważne sprawy, że musimy przerwać pracę, choćby szło nam doskonale. Bezpieczeństwo i zdrowie córki jest dla mnie znacznie ważniejsze niż wszystko, co mógłbym napisać. Jej wypadek całkowicie wyhamował mój impet, i tak powinno być. Nie da się uniknąć zdarzeń, które unicestwiają nasz impet. Są one po prostu częścią życia.

Musimy jednak wystrzegać się pseudoproblemów. Istnieją wydarzenia, które wyglądają jak problemy, ale nimi nie są. Czasami na przykład ludzie próbują obciążyć nas skutkami swoich zaniedbań. Na pewno znacie tabliczkę z napisem: „Twoje złe planowanie nie jest moim problemem". Tabliczki takie stoją zwykle na biurkach urzędników państwowych, a nie ludzi, którzy muszą być mili dla klientów, bo dzięki nim mają pracę. Problem klienta staje się zazwyczaj moim problemem. Ale to, że mój kolega z pracy lub ze studiów źle coś sobie zaplanował, nie musi mnie obciążać. Nasz impet jest zwykle ważniejszy niż ich problem.

Czynnik czwarty: to, co pozoruje impet

Są rzeczy, które pozostawiają nas w błędnym przekonaniu, że zyskujemy impet. Jest to jedna z najtrudniejszych przeszkód w naszych staraniach, aby nabrać impetu i utrzymać go. Jak jeszcze będzie o tym mowa, szybkie posuwanie się do przodu nie znaczy wcale, że daleko dotrzemy. Jeśli tracimy czas na bezproduktywną krzątaninę, zadania o niskim priorytecie albo pilne sprawy pozbawione większego znaczenia, nie nabierzemy odpowiedniego impetu. Może nam się wydawać, że mamy impet, ale to nieprawda. Prawdziwy impet jest wtedy, gdy posuwamy się szybko w kierunku ważnego celu. Przy rozstrzyganiu, czy nabraliśmy impetu, cel jest równie ważny jak szybkość naszego posuwania się naprzód.

Impet to potężna siła, ale nie jedyna. Spójrzmy na Księżyc i pomyślmy o niewiarygodnym impecie, dzięki któremu ta olbrzymia skalista kula okrąża Ziemię dzień po dniu, miesiąc po miesiącu, rok po roku, stulecie po stuleciu. Przy całym swoim impecie Księżyc jedynie zatacza koła. W jego wypadku to dobrze, od tego jest Księżyc, żeby krążył wokół naszej planety (wszystkie księżyce orbitują wokół planet). Nie chcemy jednak, żeby nasz impet pozwalał tylko na zataczanie kółek. Jeśli stale wracamy do punktu wyjścia, znaczy to, że pozorny impet bierzemy za rzeczywisty.

Klucz do odróżnienia impetu pozornego od prawdziwego leży w naszej definicji zarządzania czasem. Pamiętaj, że zarządzasz czasem tylko w tej mierze, w jakiej twoje czynności odpowiadają temu, gdzie chcesz się znaleźć w jakimś momencie w przyszłości. Chcemy, żeby impet kierował nas w stronę naszych życiowych celów. Pozorny impet pozwala nam tylko kręcić się w kółko. Dopiero dzięki rzeczywistemu impetowi idziemy naprzód.

Okresy impetu

Impet zwykle pojawia się wtedy, gdy potrafimy przez dłuższy czas skupić całą energię na konkretnym zadaniu. Przypomina to pchanie samochodu, któremu zgasł silnik. Wytężasz siły, popychasz auto i ruszasz je z miejsca. Wymaga to wiele wysiłku, ale także wytwarza odpowiedni impet. Dzięki niemu łatwo utrzymać samochód w ruchu. Im dłużej działa impet, tym łatwiej będzie ci dotoczyć samochód do wybranego miejsca. Siła impetu wykonuje potrzebną pracę.

Co by jednak było, gdybyś za każdym razem, gdy samochód rusza z miejsca, zatrzymywał go dla złapania oddechu? Popychasz samochód, który zaczyna się toczyć. Zatrzymujesz się, żeby złapać oddech. Auto staje w miejscu. Znów je popychasz i samochód zaczyna się toczyć. Zatrzymujesz się dla złapania oddechu. Auto staje... W ten sposób byłoby ci znacznie trudniej dotoczyć wóz na miejsce. A tak właśnie często wygląda nasz dzień. Wytężamy siły, by ruszyć pracę z miejsca, co wymaga dużego wysiłku. Posuwamy się z naszą pracą do przodu i nagle coś nas zatrzymuje. Żeby znów ruszyć do przodu, musimy na nowo wytężyć siły. Często jest tak, że impet działa przeciwko nam, a nie na naszą korzyść.

Żeby rozwiązać ten problem, możemy wydzielić ze swojego dnia „okresy impetu". Mechanizm jest następujący. Przeznaczamy określony czas na pracę nad konkretnym projektem lub na pracę w grupie nad pokrewnymi zadaniami. Możemy na przykład pracować nad raportem, dzwonić do wszystkich swoich klientów na określonym terenie, załatwiać korespondencję, opracowywać terminarz szkoleń dla naszego biura itd. Im ściślej odizolujemy się od czynników mogących zakłócić nam pracę, tym lepiej. Zaczynamy więc od jasnego określenia tego, co chcemy osiągnąć w pewnym okresie. Zapisujemy, jaki konkretny rezultat ma nam przynieść praca w tym czasie.

Potem ustalamy pierwszą rzecz lub dwie, które mamy zrobić, aby osiągnąć swój cel. Zapisujemy je. Nie musimy zapisywać wszystkiego, co należy zrobić w ciągu danego okresu. Wystarczy jedna lub dwie rzeczy. Nie potrzeba więcej, żeby uruchomić impet. Mamy teraz to, co potrzebne do nabrania impetu (czyli zestaw zadań) i utrzymania go (czyli odcinek czasu). Ruszamy z miejsca i zaczynamy wykonywać pierwsze zadanie. Pracujemy, aby uzyskać zakładany rezultat, dopóki nie osiągniemy celu albo nie skończy się wyznaczony czas. Musimy tylko raz nabrać impetu i wystarczy nam on na cały wyznaczony okres. To dużo lepsze niż wielokrotne zaczynanie i przerywanie pracy.

Jak stać się niepowstrzymanym?

Jeżeli pociąg jedzie z prędkością 100 kilometrów na godzinę, ma wielki impet. Moglibyśmy postawić na torach grubą betonową zaporę, a nie zatrzymalibyśmy go. Gdyby natomiast ten pociąg się zatrzymał, wystarczyłoby podłożyć mały kawałek betonu pod każde z kół lokomotywy, a nie ruszyłby z miejsca. Taka jest siła impetu. Kiedy się poruszamy, trudno nas zatrzymać. Kiedy stajemy, trudno znowu ruszyć z miejsca. Dlatego jedno z największych wyzwań związanych z czasem polega na tym, żeby ruszyć do przodu i nie zatrzymywać się.

Wyzwanie impetu:
Rusz energicznie do przodu i walcz ze wszystkim, co chce cię zatrzymać.

15
Jasność

Zasada jasności:
Jasność przyspiesza wiele spraw, zamęt je spowalnia

Potrzebujemy impetu, bo dzięki niemu posuwamy się naprzód. Potrzebna nam też jasność, bo przyspiesza pracę. Musimy nabrać impetu, żeby wykonać wyznaczone zadania. Musimy też mieć jasność, jeśli chcemy osiągnąć wielkie cele. Mahatma Gandhi dokonał wspaniałych rzeczy, bo miał jedno i drugie.

Gandhi zmienił świat

Chciałeś kiedyś zmienić świat? Mahatma Gandhi dokonał tego. Doprowadził do odzyskania przez Indie niepodległości, a jego przykład stał się inspiracją dla ruchów obywatelskich i narodowowyzwoleńczych na całym świecie. Któż mógł się tego spodziewać po uczniu, o którym dyrekcja szkoły napisała w opinii: „Osiąga dobre wyniki z języka angielskiego, dostateczne z arytmetyki i mierne z geografii; zachowanie wzorowe, charakter pisma nieczytelny". Gandhi ożenił się bardzo wcześnie i w młodości wiele podróżował. Ponieważ znakomicie władał językiem angielskim, wyjechał na studia do Anglii. Po powrocie do Indii próbował rozpocząć praktykę adwokacką, ale nie miał serca brać świadków w krzyżowy ogień pytań. Potem zajmował niskie stanowiska w wymiarze sprawiedliwości w Afryce Południowej. Należał do licznej grupy ludzi, którzy płyną przez życie z prądem. Mają tylko mgliste wyobrażenie celów, do jakich dążą, i zupełnie nie wiedzą, jak je osiągnąć. I wówczas przyszedł dzień, który zmienił jego życie.

Gandhi był w podróży służbowej. Kupił bilet pierwszej klasy, ale konduktor kazał mu przesiąść się do trzeciej ze względu na ciemny kolor skóry. Gandhi protestował i został wyrzucony z pociągu. Na zapadłej stacyjce kolejowej spędził zimną, samotną noc. Zastanawiał się, czy wracać do Indii, czy zostać w Afryce Południowej i walczyć z rasistowską dyskryminacją. O świcie podjął decyzję, a reszta, jak to się mówi, jest już historią.

W ciągu jednej nocy Gandhi zmienił swoje życie: z osoby dryfującej bez celu stał się człowiekiem, który zmienił świat. Wtedy właśnie zyskał jasność. W swoim życiu dokonał bez użycia przemocy większych zmian niż ktokolwiek przed nim. Mógł osiągnąć tyle w tak krótkim czasie, ponieważ miał trzy rodzaje jasności. Miał jasność celu, bo wiedział, czego chce dokonać. Miał jasność procedury, bo wiedział, jak tego dokonać. I potrzebował jeszcze jasności trzeciego rodzaju. Nie chciał walczyć z dyskryminacją, uciekając się do przemocy, do walki zbrojnej. Musiał sprawić, aby inni jasno zrozumieli jego cel i metody. Przez lata kształtował to, co będziemy nazywać jasnością grupową.

Aby szybko iść do przodu, potrzebujemy tych trzech rodzajów jasności. Wszystko jedno, czy zmieniamy świat, prowadzimy własną firmę, wychowujemy dzieci, uczymy w szkółce niedzielnej, czy robimy cokolwiek innego, nigdy nie dokonamy wiele, jeśli nie będziemy mieli jasności. Potrzebujemy jasności celu, jasności procedury i jasności grupowej. Zajmijmy się dokładniej każdym z tych trzech rodzajów jasności.

Jasność celu

Pewien miłośnik muzyki powiedział kiedyś słynnemu skrzypkowi:

– Oddałbym życie, żeby grać na skrzypcach tak jak pan dzisiaj.

– Ja oddałem – odparł skrzypek.

Miał on jasność celu, który kierował jego codziennym porządkiem dnia. Rano ćwiczył grę na skrzypcach przez cztery, pięć godzin. Potem jadł obiad. Po południu ćwiczył przez kolejne cztery, pięć godzin. Skrzypce nie zabierały mu całego życia. Nie miał jednak trudności z podjęciem decyzji, co powinien robić rankami i popołudniami. Nic nie mogło go pozbawić czasu, który poświęcał skrzypcom.

Nasz rozkład dnia powinien być podporządkowany pewnemu celowi. Nie chodzi mi o to, aby użyć celu w taki sposób, jak to zrobił Rick Warren w książce *The Purpose Driven Life* (Życie, któremu przyświeca cel). Skoncentrował się on na duchowym celu naszej ziemskiej egzystencji. Zgadzam się z Warrenem, że wiara powinna być zasadniczą częścią naszego życia. Sam jednak używam słowa „cel" w bardziej przyziemnym znaczeniu. Mówiąc o jasności celu, skupiam się na celach naszej codziennej aktywności.

Jasność celu zaczyna się od zrozumienia, jakie rzeczy są dla nas najważniejsze. To początek, ale nie koniec. Większość ludzi, zapytana, jakie są najważniejsze rzeczy w życiu, odpowie mniej więcej tak samo. Pewien pastor opowiadał ostatnio, jak trudno jest wygłosić mowę pogrzebową na pogrzebie kogoś, kogo słabo znaliśmy. Powiedzmy, że umiera wuj Fred, który był niereligijny i nie chodził do kościoła. Jego siostrzeńcy i siostrzenice proszą pastora, żeby przemówił na pogrzebie zmarłego. Dobrze, odpowiada pastor, ale musicie mi coś o nim opowiedzieć.

Duchowny ma mówić przez kwadrans o kimś, kogo nawet nie znał. Pyta więc rodzinę, jaki był wuj Fred. Zawsze otrzymuje tę samą odpowiedź. Imiona zmieniają się, ale opis jest taki sam. Bliscy zaczynają opowieść od tego, że „wuj Fred był dobrym człowiekiem". Potem mówią, że wuj Fred kochał rodzinę. Następną pozycją w peanie na cześć zmarłego jest stwierdzenie, że wuj Fred przez całe życie ciężko pracował. Członkowie rodziny kończą na ulubionej drużynie wuja Freda i opowiadają, jak bardzo zmarły kochał tę drużynę. Według pastora właściwie każda rodzina podaje mu tylko takie informacje.

Powiedziałem żonie, że wiem, dlaczego wszystkie rodziny mają tylko tyle do powiedzenia o wuju Fredzie. Po prostu wuj Fred to facet, a faceci są ludźmi mało skomplikowanymi. Kobiety potrafią być skomplikowane, ale faceci są bardzo prości. Jeśli zajrzeć do naszego mózgu, to znajdzie się tam tylko cztery części. Chcemy uchodzić za

„dobrych", kochamy rodzinę, lubimy uważać, że ciężko pracujemy, i mamy bzika na punkcie drużyny, której kibicujemy. To wszystko. W facetach nie ma nic więcej.

Miłość do rodziny i sumienna praca nie wystarczą, żebyśmy mieli jasność celu. Chodzi o to, że rzeczy te mogą mieć bardzo różne znaczenia. Co to właściwie znaczy „kochać rodzinę"? Dla mnie na przykład oznacza to czynne interesowanie się wykształceniem dzieci. Nigdy natomiast nie chciałem trenować drużyny, w której grały moje dzieci. Jako człowiek rodzinny przywiązywałem znacznie większą wagę do nauki niż do sportu. Czasami chodzenie na mecze dzieci było dla mnie udręką, ale nigdy nie zżymałem się, gdy miałem im pomóc odrobić lekcje. Tak było w moim wypadku. Znam ojców, którzy kochają rodzinę nie mniej ode mnie, a edukację swoich dzieci całkowicie pozostawiali nauczycielom. Jednocześnie byli trenerami każdej drużyny, do której należały ich pociechy.

Wszyscy kochamy rodzinę, ale różnie to okazujemy. Gdybyśmy zapytali grupę facetów, jaki mają „cel" w życiu, większość na pierwszym miejscu umieściłaby bycie dobrym ojcem. Gdybyśmy jednak zapytali, co to właściwie znaczy, odpowiedzi mogłyby różnić się diametralnie. Jako chłopak bardzo interesowałem się sportem. W dorosłym wieku wracam pamięcią do tych lat i dochodzę do wniosku, że za dużo czasu poświęcałem uprawianiu sportu, a za mało nauce. Moje życie nabrało treści dopiero wtedy, gdy zacząłem bardziej poważnie traktować naukę, a mniej poważnie sport. Ktoś, kto prowadzi inny tryb życia, mógłby uznać, że jego cel jako ojca jest dokładnym tego przeciwieństwem. Możemy mieć różne poglądy na ojcostwo. Chodzi tylko o to, żebyśmy jasno zdawali sobie z nich sprawę.

Dotyczy to wszystkich głównych dziedzin naszego życia. Co to znaczy, że chcemy odnosić sukcesy w pracy? Jestem z zawodu profesorem. Czy wiecie, jak różnie może wyglądać praca profesora? Dla mnie chodzi w niej o nauczanie i wszelkie czynności, które pozwolą mi uczyć jak najlepiej. Możemy mieć nawet różne poglądy na to, co to znaczy być dobrym nauczycielem. Jestem profesorem biznesu, więc zawsze było dla mnie ważne, żeby utrzymywać stały kontakt ze światem interesów. Uważam też, że powinienem znać najnowsze osiągnięcia w swojej dziedzinie, staram się więc śledzić dostępną literaturę przedmiotu.

Ponieważ tak rozumiem swoje powołanie, mam bardzo mało czasu na inne aspekty swojej pracy. Chociaż kilkakrotnie proszono mnie o objęcie stanowiska dziekana, zawsze odmawiałem. Jak zarazy unikałem obowiązków administracyjnych, stroniłem od zasiadania w komisjach i chodzenia na zebrania. Znam jednak ludzi na uczelni, którzy przepadają za tym, przed czym ja się bronię. Ich pogląd na rolę profesora jest zupełnie inny niż mój.

Jasność celu to zatem znacznie więcej niż tylko nieokreślone wyobrażenie, co jest dla mnie ważne. Chodzi w niej o bardzo jasne zrozumienie, czym jest dla mnie ów cel. Alvin Toffler* powiedział swego czasu: „Robiąc drobne rzeczy, musisz myśleć o wielkich, żeby wszystkie te małe rzeczy były właściwie ukierunkowane". Jeżeli mamy kłopoty z określeniem, co umieścić w naszym rozkładzie dnia, a co z niego wyrzucić, to być może brak nam jasności celu. Wiem, że muszę uwzględnić w nim rodzinę, ale co to właściwie znaczy? Wiem, że muszę wziąć pod uwagę pracę, lecz co to oznacza? Uznanie, że moim celem jest równowaga między obowiązkami rodzinnymi i zawodowymi, to ważny pierwszy krok na drodze do uzyskania jasności celu, musimy jednak jedne i drugie określić dokładniej.

Kiedy mamy jasny cel, nasze decyzje stają się znacznie łatwiejsze. Przypomnij sobie historię Mahatmy Gandhiego i jego bezsenną noc na stacji kolejowej. Gandhi zastanawiał się, czy zostać w Afryce Południowej, czy wrócić do Indii. Była to trudna decyzja, bo w grę wchodziło wiele czynników. Kiedy jednak postanowił podjąć walkę z dyskryminacją, klamka zapadła. Musiał zostać i walczyć.

Jeśli nie posuwamy się dostatecznie szybko do przodu w jakiejś dziedzinie, może powinniśmy uzyskać jasność co do swojego celu w tej dziedzinie. Kiedy proszono mnie, żebym podjął się trenowania drużyny mojego dziecka albo objął stanowisko dziekana, nigdy nie musiałem się długo zastanawiać. Wiedziałem, że ani jedno, ani drugie nie odpowiada mojej koncepcji życia, chociaż może pasować do koncepcji kogoś innego. Podjęcie takich decyzji jest dla nas łatwe w tych sferach życia, w których widzimy przed sobą jasny cel.

---

* Alvin Toffler (1928–2016) – futurolog przełomu wieków, twórca nowych koncepcji biznesu, syntetyzował wiedzę o przeszłości i na tej podstawie przewidywał drogi rozwoju ludzkości. Autor m.in. *Trzeciej fali* czy *Szoku przyszłości* (przyp. red.).

Jasność procedury

Mając jasność celu, będziemy posuwać się szybko tylko wtedy, gdy mamy również jasność co do procedury. Znaczy to, że wiemy, jak dotrzeć tam, dokąd zmierzamy. Kiedy mamy wytyczony cel, musimy wiedzieć, w jaki sposób do niego dotrzeć. Wyobraź sobie, że jedziesz samochodem do miejsca, w którym byłeś wcześniej tylko raz albo dwa. Rzucasz okiem na swój nowy GPS i okazuje się, że urządzenie nie działa. Na próżno starasz się je uruchomić. Wobec tego próbujesz dojechać na miejsce, opierając się na tym, co zapamiętałeś z poprzednich wizyt. Szukasz znajomego widoku albo nazwy ulicy, które podpowiedzą ci, gdzie skręcić. Masz jasność, dokąd zmierzasz, ale nie masz jasności, jak tam dotrzeć. To tak jak mieć jasność celu, ale nie mieć jasności procedury. Wiesz, gdzie chcesz się znaleźć, ale spowalnia cię brak jasnego wyobrażenia, jak tam dotrzeć.

Ponieważ twój GPS się popsuł, musiałeś zwolnić. Załóżmy, że nagle przypomniałeś sobie, że masz GPS w telefonie komórkowym. Zatrzymujesz się na parkingu i wpisujesz do GPS szukany adres. W jednej chwili otrzymujesz dokładną marszrutę, ulica po ulicy. Mając jasność procedury trafienia do celu podróży, możesz ruszyć z miejsca w szybkim tempie.

Zamęt zawsze powoduje spowolnienie, a jasność – przyspieszenie tempa posuwania się naprzód. Potrzebujemy jasności celu. Nawet najlepsze GPS na świecie nic nie pomoże, jeśli nie wiemy, dokąd zmierzamy. Musimy mieć też jasność co do procedury. Nie dotrzemy szybko do celu, jeśli nie znamy najlepszej drogi do niego. Kiedy jednak mamy zarówno jasność celu, jak i jasność procedury, szybko osiągniemy cel.

Dlatego właśnie poświęcamy w tej książce tyle miejsca planowaniu, procedurom, systemom i nawykom. To im zawdzięczamy jasność procedur. W swoim i tak bardzo zabieganym życiu nie znoszę poświęcać czasu na planowanie dnia, tygodnia, miesiąca i roku. Wiem jednak, że muszę to robić, bo brak planu spowolni moje działania. To tak jak podczas podróży. Najbardziej nie cierpię tego, co mnie czeka, zanim wsiądę do samochodu. Muszę się zastanowić, dokąd mam jechać, i wpisać wszystkie dane do GPS. Wtedy podróż jest znacznie przyjemniejsza i trwa krócej, bo podążam tylko za wskazówkami GPS. Procedura zarządzania czasem, którą opracowaliśmy, przypomina GPS służące do poruszania się po naszym życiu. Może wskazać nam drogę do celów, które chcemy osiągnąć. Wdrożenie tej procedury wymaga jednak czasu, dyscypliny i namysłu. Jednak w naszym życiu nie stanie się nic ważnego, jeśli nie będziemy mieli jasnej świadomości, dokąd chcemy dojść.

Jasność grupowa

Istnieje jeszcze jeden, niezwykle ważny rodzaj jasności. To, co stosuje się do jednostek, stosuje się również do grup ludzi. Jeśli chcesz spowolnić działanie swojej grupy, zamąć w głowach jej członków. Jeżeli pragniesz, żeby osiągnęła ona wielkie cele, dopilnuj, by każdy dokładnie wiedział, dokąd zmierzacie i jaki jest następny krok w tym kierunku.

Liderzy muszą zapewnić jasność

W jaki sposób zespół uzyskuje jasność? Wszystko zaczyna się od góry. Jak mówi John Maxwell: „Wszystko zależy od przywództwa. Wszystko!". Jeżeli lider nie ma jasności, jego zespół najpewniej będzie zdezorientowany. W naszej szkole uczymy, jak ważne jest określenie misji firmy. Firmy jednak nie mogą zakładać, że jeśli wypisały na jakiejś tabliczce swoją misję, to mają jasność celu. Jasność celu musi istnieć w jednym miejscu: w głowach liderów. Możesz poobwieszać wszystkie ściany tabliczkami z wypisaną na nich najwspanialszą misją na świecie, ale jeżeli liderzy firmy nie mają tej misji w głowach, to nie jest to prawdziwa misja ich firmy.

Kiedy lider pracuje do późna nad tym, co firma powinna zrobić w następnej kolejności, musi mieć jasność celu. Prawdziwą misją organizacji jest wspólna wizja jej liderów, którą kierują się oni podczas codziennych lub cotygodniowych zebrań. A jeśli liderzy nie mają wspólnej wizji? Cotygodniowe narady staną się spotkaniami grupki ludzi walczących o wpływy. Organizacja zacznie dreptać w miejscu. A wtedy wszystkie dawne dokonania możemy wyrzucić przez okno. Nasz zespół mógł odnieść wielkie sukcesy, ale teraz czeka go klęska

– przegra z pierwszą lepszą konkurencyjną organizacją, w której wszyscy mają jasną świadomość wspólnego celu. Kiedy nie ma jasności, koniec jest przesądzony.

Ale nawet jasność celu nie musi oznaczać, że uzyskanie przez cały zespół jasności procedury będzie łatwe. Dlaczego? Ludzie przywiązują się do tego, co należy do nich. Jeżeli członek zespołu otrzyma ode mnie do wdrożenia jakąś procedurę, nie będzie do niej tak przywiązany jak wtedy, gdy procedurę opracuje sam. Nie będzie jej też rozumiał tak dobrze. Nie chcę więc wszystkiego wymyślać sam, chcę, żeby członkowie zespołu odgrywali aktywną rolę w kształtowaniu jasności procedury. Jako lider muszę wyznaczyć ramy i warunki sprzyjające wytworzeniu jasności procedury. Upoważniam więc członków zespołu do opracowania szczegółów procedury w wyznaczonych ramach. Kto pełnił kiedyś funkcję lidera, wie, że zachowanie równowagi między ogólnymi ramami a szczegółowymi rozwiązaniami nie jest łatwe. Wiemy, że jasność procedury ma wielkie znaczenie i że członkowie zespołu muszą zmierzać w tym samym kierunku. Ale wiemy też, że trzeba zachować pewną elastyczność, bo poszczególni członkowie mają własną jasność procedury.

Dbaj o jasną komunikację

Jedna rzecz zawsze spowoduje, że zespół straci jasność celu i procedury: zła komunikacja. Jasność grupowa nie może istnieć tam, gdzie komunikacja nie jest jasna. Oto cztery znaki ostrzegawcze złej komunikacji:

- *Ustawiczne zaskakiwanie*: Jeśli ciągle jesteśmy zaskakiwani decyzjami, powinniśmy chyba popracować nad swoimi umiejętnościami komunikacyjnymi. Nie wiemy, co się dzieje w firmie, bo znajdujemy się poza najważniejszymi kanałami komunikacyjnymi.
- *Formułowanie odpowiedzi, gdy powinniśmy słuchać*: Kiedy ktoś do nas mówi, a my myślimy o tym, co chcielibyśmy powiedzieć, powinniśmy popracować nad swoimi umiejętnościami komunikacyjnymi. Gdy druga osoba do nas mówi, powinniśmy słuchać, a nie formułować odpowiedź.
- *Brak kontaktu z najważniejszymi osobami*: Jeżeli nie rozmawiamy regularnie z najważniejszymi członkami naszego

zespołu, nie mamy szans na jasną komunikację. Z ludźmi, z którymi nie rozmawiamy regularnie, szybko tracimy kontakt.
- *Nieporozumienie i zamęt*: Jeżeli w naszym zespole nagminnie dochodzi do nieporozumień, to mamy problem. To, że z wypowiadam jakieś słowa, nie znaczy jeszcze, że rozmówca mnie rozumie.

Jasność i unikanie zamętu wymagają utrzymywania otwartych kanałów komunikacji z członkami zespołu.

Zachowanie jasności

Jeśli mamy już jasność, powstaje pytanie, w jaki sposób ją zachować. Omówimy cztery czynniki, które pomogły Gandhiemu zachować jasność. Mogą pomóc i nam.

Wydarzenia: Przypomnijmy sobie, jak Gandhi przesiedział noc na stacji kolejowej. Z każdym etapem swojej podróży zyskiwał większą jasność celu. Z powodu koloru skóry musiał siedzieć ma koźle, jadąc dyliżansem, nie chciano mu dać pokoju w hotelu, kazano podróżować trzecią klasą, był zmuszony błąkać się po mieście w poszukiwaniu noclegu i usłyszał, że nie może jeść razem z innymi gośćmi w sali jadalnej. Gandhi nigdy nie zapomniał upokorzeń, których doznał podczas tej podróży. Gdyby kiedykolwiek zaczął tracić jasność celu, wystarczyłoby, żeby wrócił pamięcią do tych wydarzeń, a natychmiast by ją odzyskał.

Ludzie: Pomysł walki bez użycia przemocy Gandhi zaczerpnął z kilku źródeł. Jednym z nich były idee Lwa Tołstoja. Gandhi nigdy nie spotkał się z Tołstojem, korespondował z nim tylko przez rok poprzedzający śmierć pisarza. Do końca życia nie zapomniał jednak listów Tołstoja i jednego z jego opowiadań. Pomogło mu to w zachowaniu jasności procedury.

Wartości: Jako dziecko Gandhi doszedł do wniosku, że podstawowymi wartościami są prawda i miłość. Nie wyobrażał sobie, że można posłużyć się nienawiścią do osiągnięcia takiego celu, jak miłość. Przez całe życie starał się lepiej zrozumieć, co się najbardziej dla niego liczy.

Konieczna potrzeba: Gandhi nie szukał sławy. Nie należał do ludzi, którzy lubią być w centrum zainteresowania. Wiedział, że sam nie poradzi sobie z niesprawiedliwością. Gdyby poszedł do Brytyjczyków w pojedynkę i powiedział im: „Precz z mojego kraju", usłyszałby: „Precz nam z oczu". Kiedy jednak do akcji nieposłuszeństwa przyłączyły się miliony, Brytyjczycy niewiele mogli zrobić. Byli do głębi wstrząśnięci, gdy sześćdziesiąt tysięcy ludzi poszło z Gandhim do więzienia – tak ściśle związali swój los z celem i metodami przywódcy. Był to początek końca władzy brytyjskiej w Indiach, chociaż na niepodległość trzeba było czekać jeszcze wiele lat.

Zmienianie świata

Niewielu z nas dane będzie dokonać czegoś tak wielkiego, jak uwolnienie kraju spod władzy obcego mocarstwa. Cechująca Gandhiego jasność celu i metod musiała być niebywała, aby mógł on osiągnąć to, co osiągnął. Ale zasady jasności zachowują ważność nawet wtedy, gdy chodzi o zmianę naszego świata. Musimy dbać o jasność swojego celu, procedur i jasność wśród członków grupy, niezależnie od tego, czy posłużą nam do tego wydarzenia, ludzie, wartości czy konieczna potrzeba. Zasada jasności to bardzo ważna zasada zarządzania czasem, bo brak jasności spowalnia nasze działanie.

Wyzwanie jasności:
Żeby zyskać prędkość, uzyskaj jasność.

16
Andretti

Zasada Andrettiego:
Jeśli masz wrażenie, że nad wszystkim panujesz,
posuwasz się za wolno

Jak to jest, kiedy naprawdę sprawnie zarządzasz swoim czasem? Wyobraź sobie taką sytuację. Masz impet, więc posuwasz się do przodu. Uzyskałeś jasność, więc poruszasz się szybko. Wszystko idzie jak po maśle. Jesteś wreszcie prawdziwym specem od zarządzania czasem. Zarządzasz wszystkimi priorytetami w swoim życiu. Zmierzasz do celu i nie tracisz chwili czasu. Jak to jest?

Prawdopodobnie za chwilę stracisz panowanie nad sytuacją. Jeżeli chcesz zachować całkowitą kontrolę, zmniejsz tempo. Jeśli posuwasz się szybko, prawdopodobnie nie będziesz miał błogiego, uspokajającego poczucia, że wszystko idzie dobrze. Większość ludzi nie rozumie tej zasady zarządzania czasem. Im lepiej zarządzasz czasem, tym więcej możesz zrobić. Im więcej robisz, tym szybciej zmienia się sytuacja. Im szybciej zmienia się sytuacja, tym silniejsze mamy poczucie, że nie panujemy nad nią.

Po co zarządzamy czasem?

Mieszkam w Valdoście, małym mieście na południu Stanów Zjednoczonych. Czas płynie tu powoli, co akurat bardzo mi odpowiada. Dwoje moich dzieci mieszka w Atlancie. Z Valdosty jedzie się do nich autostradą międzystanową, przecinającą centrum Atlanty. W Atlancie nigdy nie wiadomo, co nas czeka. Możemy utknąć w korku, posuwać się w żółwim tempie albo pędzić 120 kilometrów na godzinę w sznurze samochodów, jadących zderzak w zderzak. Kiedy powoli krążę ulicami Valdosty, czuję, że całkowicie panuję nad sytuacją. Gdy pędzę 120 kilometrów na godzinę zatłoczoną szosą przez Atlantę, nigdy nie mam tego poczucia.

Zawsze mamy większe poczucie kontroli nad sytuacją wtedy, gdy poruszamy się wolno, niż kiedy pędzimy. Właściwe zarządzanie czasem służy temu, abyśmy nie marnowali ani chwili. Przyspieszamy nasze działania, a wtedy zaczynamy tracić poczucie, że całkowicie panujemy nad sytuacją. Nie zarządzamy czasem po to, aby mieć owo przyjemne uczucie, że wszystko mamy pod kontrolą. Jak wynika z naszej definicji zarządzania czasem, zarządzamy nim, żeby nasze codzienne działania odpowiadały długofalowym celom. Jeśli to oznacza większe uporządkowanie naszego życia, to dobrze. Jednakże kontrola nad sytuacją nie jest celem zarządzania czasem. Zarządzając czasem, możemy znaleźć się w sytuacji, w której nie będziemy pewni, czy wszystko mamy pod kontrolą.

Gościłem kiedyś bardzo bogatego biznesmena, który wygłosił na naszej uczelni kilka odczytów. Człowiek ten mógł się pochwalić imponującymi osiągnięciami. Sprawiał wrażenie, że doskonale panuje nad wszystkim. Zwierzył mi się jednak, że to wrażenie jest zupełnie mylne. Pamiętam, jak mi powiedział: „Zawsze czuję, że lada moment będę miał wszystko pod kontrolą, ale nigdy do tego nie dochodzi". Czy osiągnął to, co zamierzał? Tak. Czy odniósł sukcesy w interesach? Wielkie sukcesy. Sądząc po rezultatach, lepiej radził sobie z zarządzaniem czasem niż większość ludzi. Prawie żadna ze znanych mi osób nie potrafiła przecież dokonać w ciągu doby tyle co on. Ale zarządzając swoim czasem, znajdował się w sytuacjach, w których nie miał poczucia panowania nad wszystkim. Oczywiście mógł zrobić, co trzeba, żeby zapanować nad sytuacją. Musiałby jednak zwolnić tempo i w rezultacie zrobiłby mniej. Odzyskanie kontroli nad wszystkim byłoby krokiem w złym kierunku.

W naszym mieście znajduje się wielki zakład karny. Jeden z moich przyjaciół jest tam kierownikiem do spraw rekreacji. Opowiadał mi, że kilku więźniów po zwolnieniu z zakładu specjalnie weszło w konflikt z prawem, żeby wrócić za kratki. Przyzwyczaili się do więziennego porządku i na wolności nie potrafili dać sobie rady z brakiem kontroli nad swoim życiem. Jeśli naszym jedynym celem jest życie w przyjemnym, schludnym, ściśle uporządkowanym środowisku, nie potrzebujemy systemu zarządzania czasem, ale celi więziennej. Powinniśmy coś przeskrobać, żeby trafić do więzienia, a wtedy nasz mały świat będzie poddany totalnej kontroli. Jeśli jednak naszym celem jest posuwać się szybko naprzód, by zajść daleko, musimy zarządzać swoim czasem. A zarządzając nim, nie raz znajdziemy się w sytuacji, nad którą zupełnie nie będziemy panować.

Mario Andretti

„Im szybciej się poruszasz, tym wyraźniej czujesz, że tracisz kontrolę nad sytuacją" – to zasada Andrettiego, nazwana tak na cześć słynnego kierowcy wyścigowego Mario Andrettiego. Jeśli jakieś nazwisko może być synonimem szybkiego poruszania się, to na pewno nazwisko Andrettiego. Jego błyskotliwa kariera trwała przez cztery dekady. Gdyby miała cztery koła, ścigałby się w niej na torze i pewnie wygrał jakieś zawody. Andretti słynął z zimnej krwi. Bardzo rzadko widywano go zdenerwowanego, co jest niesamowite, bo przecież przez całe życie jeździł samochodami z prędkością 300 kilometrów na godzinę. Zawsze sprawiał wrażenie, że nad wszystkim panuje.

On sam jednak, przynajmniej na torze wyścigowym, nie zawsze miał takie poczucie. Powiedział kiedyś: „Jeśli masz wrażenie, że panujesz nad wszystkim, jedziesz za wolno". Pamiętam, jak przeczytałem to zdanie i uświadomiłem sobie, że to jedna z najcenniejszych prawd o zarządzaniu czasem. Przez całe życie staramy się zapanować nad wszystkim. Niestety, skutek jest taki, że posuwamy się wolniej.

Oto, co powiedział o tej maksymie impresario Maria Andrettiego:

> Mario wyraża w niej swoje głębokie przekonanie, że bez otarcia się o chaos nie ma triumfu. Niekoniecznie jednak chodzi mu o brutalną prędkość, tę, którą rozwijamy za pomocą nieubłaganego nacisku prawej stopy. Dla Maria wygoda to wróg zwycięstwa. Jeżeli nie kręci ci się w głowie, jeśli nie przeży-

> wasz psychicznego i fizycznego stresu, pędząc samochodem wyścigowym po śliskiej granicy między życiem a śmiercią, to znaczy, że jedziesz za wolno. Jeżeli dochodzisz do kresu możliwości, to dajesz z siebie wszystko. Jeśli nie osiągasz kresu, to nie wykorzystujesz wszystkiego, co się da, nie idziesz na całego. To jest sedno wyścigów samochodowych.

Kiedy przeczytałem tę wypowiedź, pomyślałem: „Mocne". Wygoda to wróg zwycięstwa. No, no! Musi ci się kręcić w głowie. Naprawdę? Jeżeli nie osiągasz kresu, nie wykorzystujesz wszystkich możliwości.

W zarządzaniu czasem nie musimy być tak wymagający. Możemy chyba sobie pozwolić na pewien luz, bo przecież nie jeździmy wyścigówkami. Powinniśmy jednak odpowiedzieć na pewne ważne pytania. Myśląc o Mariu Andrettim, pytam siebie: czy stałem się takim mięczakiem, że zwalniam tempo, bo tak jest wygodniej? Co się takiego stanie, jeśli moje życie na chwilę wymknie się spod kontroli? Stracę dzień pracy. A co by się stało z Andrettim, gdyby na sekundę stracił panowanie nad samochodem? Kiedy w ławicy innych wozów jedzie się trzysta na godzinę, lepiej nawet o tym nie myśleć. Jeżeli Andretti mógł poradzić sobie z sytuacją, która wydawała się wymykać spod kontroli, może w moim świecie odrobina szaleństwa to nic wielkiego. Kiedy mówię o pożarze w pracy, jest to tylko metafora.

Oto nasze wyzwanie: musimy poruszać się tak szybko, przynajmniej czasami, że tracimy poczucie całkowitego panowania nad sytuacją. Zarazem jednak nie chcemy wcale stracić kontroli i rozbić się. Musimy nauczyć się żyć z poczuciem, że nie do końca panujemy nad wszystkim. Musimy też jednak unikać utraty kontroli.

Dlaczego mamy poczucie, że nie panujemy nad sytuacją?

Jak pogodzić ze sobą jedno i drugie? Aby odpowiedzieć na to pytanie, musimy zastanowić się, skąd się bierze poczucie braku kontroli nad sytuacją.

Czasami naprawdę nie panujemy nad sytuacją

Admirał Robert Peary był organizatorem licznych wypraw polarnych. Robił wszystko, żeby być pierwszym człowiekiem na biegunie północnym. Miał najlepszy sprzęt, był znakomitym nawigatorem, swoje ekspedycje planował w najdrobniejszych szczegółach. Mimo to nieraz bywało, że sytuacja wymknęła mu się spod kontroli. Podczas jednej z wypraw wstał wcześnie i przez cały dzień podążał na północ ile tchu w piersiach. Ale mierząc wieczorem położenie geograficzne, stwierdził, że znajduje się o 10 kilometrów na południe od miejsca, z którego rano wyruszył. Jak to się stało? Czyżby popełnił błąd nawigacyjny?

Nie. Po prostu szedł po krze lodowej dryfującej na południe szybciej, niż wyprawa posuwała się na północ. Mimo największych starań Peary nie panował w pełni nad sytuacją podczas swoich wypraw. Coś potężniejszego od niego – w tym wypadku ogromna kra lodowa – miało większy wpływ na jego poczynania niż on. Peary jednak nie poddał się. Nie powiedział: „No cóż, chłopaki, zmierzamy na południe. Przejedźmy się na tej krze na Hawaje". Nazajutrz rano znów ruszył w drogę, dobrze wiedząc, że nie do końca panuje nad sytuacją.

Lubię tę historię, bo zdarzało mi się przeżywać to samo. Bywały dni, że zrywałem się wcześnie rano, pracowałem ciężko i kończyłem późnym wieczorem, ale zamiast posunąć się naprzód, byłem dalej od celu niż rankiem. W takie dni nietrudno poddać się zniechęceniu. Nie powinniśmy jednak mu ulegać, bo w naszym zapracowanym życiu jest wiele rzeczy, nad którymi nie panujemy. Są i będą dni, w których te potężniejsze od nas czynniki zawładną naszym czasem i skierują nas w stronę przeciwną do celu.

Zresztą w rozdziałach o zasadzie chaosu i zasadzie NYCNO mówiliśmy już, że zarządzanie czasem to w dużej mierze uczenie się, co robić w sytuacji wymykającej się spod kontroli. Zgodnie z zasadą chaosu musimy pracowicie walczyć z chaosem, który stale wdziera się w nasze życie. Z kolei według zasady NYCNO sytuacja nie zawsze rozwija się zgodnie z naszym planem, a mimo to nie możemy zaniedbywać planowania. Sytuacja wymknie się spod kontroli, ale nie powinno nas to odwieść od zarządzania swoim czasem. Więcej nawet, powinno nas skłonić do jeszcze ściślejszego panowania nad tym, nad czym da się zapanować.

Czasami nie próbujemy zapanować nad sytuacją

Nie wolno nam myśleć: „Ponieważ nie mogę zapanować nad wszystkim, nie będę panował nad niczym". Chyba najlepszym przykładem do naśladowania jest John Wooden, legenda amerykańskiej koszykówki. Osobiście uważam go za najlepszego trenera koszykarskiej ligi uniwersyteckiej w historii. Jego maksyma brzmi: „Panuj nad wszystkim, nad czym możesz panować, i nie martw się o resztę". Jeżeli mógł panować nad sytuacją, panował nad nią. Jeśli było coś, na co nie miał wpływu, nie łamał sobie tym głowy.

Na przykład zawsze tak samo zaczynał pierwszy trening w sezonie. Uczył zawodników, jak wkładać skarpetki. Trzeba przyznać, że był to dość niespodziewany początek marszu drużyny po mistrzostwo ligi. Ale Wooden nie robił tego bez powodu. Twierdził, że między tym pierwszym treningiem a meczem o mistrzostwo jest wiele rzeczy, na które nie ma wpływu. Mógł jednak zadbać o to, żeby zawodnicy nie nabawili się odcisków z powodu źle włożonych skarpetek. Wywierał więc wpływ na to, co od niego zależało, i było to świetne przygotowanie do zmagań z czynnikami, na które nie mógł mieć wpływu.

Zasada Andrettiego nie daje nam prawa do niechlujstwa i obojętnego patrzenia, jak wszystko wokół pogrąża się w chaosie. Wprost przeciwnie. Kiedy dokonujemy wielkich rzeczy, sytuacja na pewno wymknie się spod kontroli, musimy więc starać się panować nad tym, na co mamy wpływ. Jestem pewien, że Andretti i jego zespół mechaników z największą pieczołowitością dbali o stan techniczny samochodu. Jeżeli kierowca nie panował nad sytuacją, to dlatego że jechał z maksymalną prędkością, a nie dlatego że jego mechanicy byle jak przygotowali wóz.

Czasem wciąż się uczymy, jak zapanować nad sytuacją

Jestem pewien, że z każdym rokiem ścigania się Andretti coraz lepiej panował nad sytuacją na torze. Z każdym rokiem jechał szybciej, zanim poczuł, że zaczyna tracić kontrolę. Wynika to z ogólnej prawidłowości: uczymy się radzić sobie z sytuacjami, które wymykają się spod kontroli, radząc sobie z takimi sytuacjami. Czy pamiętasz, jak pierwszy raz prowadziłeś samochód? Jestem pewien, że twój ojciec lub matka pamiętają. Czy pamiętasz, jak bardzo musiałeś się skoncentrować, żeby samochód jechał prosto i w nic nie uderzył? Jeśli zaliczasz się do większości, prawdopodobnie miałeś poczucie, że nie bardzo panujesz nad sytuacją.

Prowadząc samochód, musimy myśleć o wielu sprawach. Musimy mieć świadomość, z jaką prędkością jedziemy. Musimy zdawać sobie sprawę z położenia wszystkich innych samochodów na drodze – kto jest za nami, kto przed nami, a kto nadjeżdża z przeciwka. Musimy obserwować wszystkie znaki drogowe i tablice informacyjne. Musimy obliczać w pamięci właściwe tempo hamowania, żebyśmy nie uderzyli w samochód przed nami, a jednocześnie nie zatrzymali się zbyt daleko od niego. Musimy uważać, jak obracamy kierownicą, żeby nie wylądować w rowie albo na niewłaściwym pasie. Musimy pamiętać o ograniczeniu prędkości, o tym, dokąd jedziemy i jaką drogą tam dotrzeć. I musimy pamiętać o tym wszystkim jednocześnie. Nic więc dziwnego, że kiedy dopiero uczymy się wykonywania wszystkich tych rzeczy naraz, mamy poczucie braku kontroli nad sytuacją.

Skąd to poczucie? Otóż nasz umysł potrafi myśleć tylko o ograniczonej liczbie rzeczy jednocześnie. Im bardziej zbliżamy się do tej granicy, tym silniejsze mamy poczucie, że tracimy panowanie nad sytuacją. Kiedy pierwszy raz prowadzimy samochód, nasz umysł musi zajmować się wszystkimi wymienionymi wcześniej rzeczami. Im jednak częściej pewne rzeczy powtarzamy, tym bardziej przenosimy związane z tym czynności umysłowe z naszej świadomości do przedświadomości, a nawet podświadomości.

Pamiętasz, jak ostatni raz prowadziłeś samochód? Wciąż musiałeś myśleć o wszystkich wymienionych wyżej rzeczach, ale założę się, że prawie tego nie zauważałeś. Twoja świadomość prawdopodobnie nie myślała o obracaniu kierownicą, hamowaniu, przyspieszaniu itp. Wszystko to działo się w głębi twojego mózgu, na poziomie podświadomości. Dzięki temu mogłeś myśleć o innych rzeczach: o tym, co jest w radiu, o spotkaniu, które właśnie odbyłeś, albo co będzie na kolację. Myślałeś o tych samych rzeczach, ale ponieważ nie wypełniały ci one świadomości, nie miałeś poczucia braku kontroli nad sytuacją.

Jak pozbyliśmy się tego poczucia? Robiąc dokładnie to, wskutek czego czujemy, że nie panujemy nad sytuacją. Nadal prowadziliśmy samochód, chociaż czuliśmy się nieswojo. I po pewnym czasie okazało się, że nasze poczucie braku kontroli nad sytuacją zniknęło.

Andretti nie zaczynał od wyścigu Indianapolis 500, ale od wyścigów samochodów produkcji seryjnej. Potem chciał się ścigać w jednomiejscowych bolidach, więc przesiadł się do samochodów typu midget. W jednym roku wziął udział w ponad stu wyścigach. Następnie ścigał się samochodem typu sprint i w końcu trafił na tor w Indianapolis. Gdyby nie umiał radzić sobie z sytuacjami wymykającymi się spod kontroli na półmilowym torze ziemnym w Nazareth w stanie Pensylwania, nie dałby sobie rady z takimi sytuacjami podczas Indianapolis 500. O to właśnie chodzi. Radząc sobie z sytuacjami wymykającymi spod kontroli, uczymy się radzić sobie z takimi sytuacjami na wyższym poziomie.

Chciałbym być dobrze zrozumiany. Istnieją uzasadnione i nieuzasadnione powody, dla których czujemy, że nie panujemy nad sytuacją. Moglibyśmy na przykład wypić kilkanaście piw, złapać za telefon komórkowy, wyjechać na autostradę do Miami i przez całą drogę nadawać esemesy. Nie jest to dobry sposób na uczenie się, jak sobie radzić z sytuacjami wymykającymi się spod kontroli. To świetny sposób na spowodowanie wypadku, w którym ktoś może zginąć, a nie o to mi przecież chodzi.

Koszty wygodnej bezczynności

To, o co mi chodzi, jest bardziej w duchu znanych słów prezydenta Johna Kennedy'ego. Kennedy rozumiał, że nikt nie lubi ryzyka związanego z brakiem kontroli nad sytuacją. Rozumiał też jednak, że prawdziwe ryzyko jest wówczas, gdy zawsze panujemy nad wszystkim. Oto jego słowa:

> Każdy program działania naraża nas na ryzyko i koszty. Są one jednak znacznie mniejsze niż długofalowe ryzyko i koszty wygodnej bezczynności.

Sytuacja, nad którą nie panujemy, jest niebezpieczna, ale niebezpiecznie jest też zawsze panować nad sytuacją. Wolelibyśmy uniknąć „długofalowego ryzyka i kosztów wygodnej bezczynności".

Na czym polega ryzyko wygodnej bezczynności? Prawdopodobnie największe jest takie, że będziemy strzelać do celu, którego już nie ma. Rzeczy zmieniają się tak szybko, że jeśli poświęcimy za dużo czasu na ich porządkowanie, nie będzie już miejsca, w którym moglibyśmy je położyć. W ekonomii istnieje teoria „twórczej destrukcji". Według niej żeby iść do przodu, trzeba ciągle coś zmieniać. W każdej gałęzi przemysłu zachodzą niewiarygodnie szybkie zmiany. Nic dziwnego, że zawsze czujemy się wytrąceni z równowagi. Cel przez cały czas się porusza.

Powinniśmy akceptować sytuacje wymykające się spod kontroli także dlatego, że często trzeba nami potrząsnąć, abyśmy się obudzili. Moglibyśmy jechać samochodem i bujać w obłokach, nie zwracając uwagi, co się dzieje na szosie. Gdyby jednak nagle ktoś zaczął zajeżdżać nam drogę, szybko zeszlibyśmy z obłoków i zajęli się sytuacją na jezdni. Nic tak nie angażuje naszego umysłu, jak próba zapanowania nad sytuacją, która wymyka się spod kontroli. Jeśli więc apatycznie płyniemy z prądem, utrata panowania nad sytuacją może być nam potrzebna, żebyśmy skupili się na tym, co się dzieje tu i teraz.

Inne niebezpieczeństwo wygodnej bezczynności polega na tym, że nigdy nie dokonamy przełomu, bo do tego potrzebny jest chaos. Przypomnijmy sobie, co powiedział Andretti: „Bez otarcia się o chaos nie ma triumfu". Najlepsze zajęcia ze studentami to takie, w trakcie których czasami czuję, że sytuacja wymyka mi się spod kontroli. Oto przepis na świetne zajęcia: weź grupę studentów, którzy bardzo się różnią. Dorzuć kilka osób o ruchliwym umyśle, którzy mówią zawsze to, co im przyjdzie do głowy. Zmieszaj to z interesującymi i potencjalnie spornymi tematami. A potem trzymaj się mocno, bo jeśli jesteś nauczycielem, czeka cię ostra jazda. Zdarzały mi się chwile, w których czułem się zupełnie pozbawiony kontroli nad sytuacją – nie miałem nawet pewności, czy ochroni mnie pancerz profesorskiego tytułu. Potem jednak wielu studentów zwierzyło mi się, że były to jedne z najlepszych zajęć, w jakich brali udział.

Kiedy nie panujemy nad sytuacją, podróż może być trudna, ale mamy szansę dotrzeć do fantastycznego miejsca. Czy czuję się nieswojo, gdy moje zajęcia zmierzają w jakimś dziwnym kierunku, którego nie przewidywałem? Bynajmniej. Czy mógłbym skierować je z powrotem w utarte koleiny? Tak, gdybym tego chciał. Ale z punktu widzenia edukacyjnego cena kontroli byłaby zdecydowanie za wysoka. Moja potrzeba kontroli pozbawiłaby studentów niezwykłego doświadczenia edukacyjnego. Jeżeli chcemy panować nad każdą sytuacją, powinniśmy się zastanowić, ile to nas kosztuje. Cena kontroli może być o wiele za wysoka. Musimy pogodzić się z tym, że często najwięcej dokonujemy wtedy, gdy mamy poczucie zupełnego braku panowania nad sytuacją.

Zarządzanie czasem kontra zarządzanie stresem

Kiedy omawiam zasadę Andrettiego, niektórzy są zdziwieni, a nawet zawiedzeni. Myślą, że wystarczy dobrze zarządzać czasem, żeby w jednej chwili znaleźć się na spokojnych i bezpiecznych wodach. Po to właśnie uczą się zarządzania czasem. Chcą żyć w świecie, który nie narażałby ich na ciągłe stresy. Mówię wtedy, że potrzebne są im zajęcia nie z zarządzania czasem, ale z zarządzania stresem. Skuteczne zarządzanie czasem bywa niekiedy stresujące. Mamy więc dwa wyjścia. Jeżeli nie potrafimy poradzić sobie ze stresem związanym z brakiem kontroli nad sytuacją, powinniśmy zwolnić tempo. Jeżeli nie możemy tego zrobić, musimy nauczyć się radzić sobie ze stresem. Innego wyjścia nie ma. Kiedy zaczynasz jechać szybko, masz poczucie, że tracisz panowanie nad sytuacją. Oczywiście nie chcesz zupełnie stracić kontroli i rozbić się. Andretti nigdy nie jechał tak szybko, by wypaść z toru i uderzyć w barierki. Jechał jednak na tyle szybko, żeby zwyciężyć. Tak właśnie musimy postępować, jeśli chcemy maksymalnie wykorzystać to, co oferuje nam życie. Musimy poruszać się szybko, choćbyśmy nawet mieli poczucie, że nie w pełni panujemy nad sytuacją.

Wyzwanie Andrettiego:
Poruszaj się szybko, nawet jeśli masz poczucie,
że nie do końca panujesz nad sytuacją.

17
Wnikliwość

Zasada wnikliwości:
Działanie to nie to samo co postęp,
a pilne nie znaczy ważne

W ostatnich dwóch rozdziałach mówiliśmy o tym, co zrobić, by dokonać więcej w krótszym czasie. W następnych dwóch będzie mowa o tym, co może nas spowolnić. Jeśli nasze wysiłki są mało przemyślane lub skierowane w niewłaściwą stronę, to nie ma znaczenia, jak szybko się posuwamy. Tak czy siak nie dotrzemy do celu.

Uważaj, gdzie budujesz

Mój stary przyjaciel, adwokat, zbudował sobie nowy dom, o którym zawsze marzył. Odwiedziłem go i muszę przyznać, że dom jest rzeczywiście piękny. Opowiedziawszy, ile czasu, pracy i starań wymagało zbudowanie domu, przyjaciel zwierzył mi się, że o mały włos wszystkie jego wysiłki i pieniądze poszłyby na marne. Kiedy dom został już zbudowany, musiał złożyć w sądzie odpowiednie dokumenty. Przeglądając je, dokonał strasznego odkrycia. Okazało się, że zbudował dom nie na swojej działce, lecz na działce sąsiada. Nic dziwnego, że o mało nie zemdlał.

Szybko sprawdził, do kogo należy „pusta" parcela, na której stał jego wymarzony dom, i złożył właścicielowi hojną ofertę kupna. Kiedy chcesz kupić parcelę, bo przypadkowo zbudowałeś na niej dom, masz dość kiepską pozycję negocjacyjną. Na szczęście właściciel „pustej" działki nie wiedział, że stoi na niej czyjś dom, a mój przyjaciel naturalnie nic mu o tym nie wspomniał. Oferta została przyjęta i wymarzony dom mojego przyjaciela stoi teraz na podwójnej działce.

Z przykrego doświadczenia przyjaciela wyciągnąłem dwa wnioski. Pierwszy: gdybym miał parcelę i ktoś bardzo chciałby ją ode mnie odkupić, powinienem najpierw pojechać i rzucić na nią okiem. Nigdy nie wiadomo, co się może dziać na naszej „pustej" parceli. Drugi wniosek był ważniejszy: zanim cokolwiek zbudujesz, nie omieszkaj upewnić się, że budujesz we właściwym miejscu. Gdyby mój przyjaciel nie zdołał kupić feralnej działki, mógłby spisać na straty wszystkie pieniądze i wysiłki włożone w budowę. Budowanie w niewłaściwym miejscu nie przynosi korzyści.

Morał ten nie odnosi się tylko do budowy domu, ale do wszelkiej naszej działalności. Jeżeli budujesz w złym miejscu, marnujesz czas. Możemy pracować bardzo ciężko, możemy budować dokładnie to, co postanowiliśmy zbudować. Rezultat naszej pracy może nam się bardzo podobać. Mimo to, jeśli nasze wysiłki są skierowane w złą stronę, nie będziemy w stanie cieszyć się ich owocami.

Rzadko się zdarza, aby ktoś zbudował dom na nie swojej działce. Istnieją proste sposoby, żeby sprawdzić, w którym miejscu należy postawić dom. Ale dla upewnienia się, czy nie marnujemy czasu, trzeba większej wnikliwości. Wnikliwość w zarządzaniu czasem jest potrzebna zwłaszcza w dwóch dziedzinach. Czasami łatwo pomylić działanie z postępem, a sprawy pilne uznać za ważne. Przyjrzyjmy się więc tym dwóm dziedzinom, bo wymagają one szczególnej wnikliwości. Bez niej możemy bowiem zmarnować czas na budowanie w niewłaściwym miejscu.

Działanie i postęp

Mojemu przyjacielowi nie przyszło nawet do głowy, że buduje na niewłaściwej parceli. Cieszył się, że wznosi wreszcie dom swoich marzeń, i poniekąd tak było. Tyle tylko, że budował go w miejscu, w którym owoce jego ciężkiej pracy mogły zostać zmarnowane. Musimy pamiętać, że kiedy marnujemy czas, nie zawsze jesteśmy tego świadomi. Czasami pracujemy bardzo ciężko, ale nie tworzymy niczego, co przyniesie nam korzyść. Koncentrujemy się na samej działalności, zamiast na postępie.

Pewnego razu jałowa krzątanina posłużyła mi za pretekst, żeby uniknąć postępu; skończyło się na wstawieniu akwarium do mojego gabinetu. Przez lata powtarzałem, że chciałbym mieć akwarium. Czyny mówią jednak więcej niż słowa. Spełnienie marzenia o akwarium nigdy nie było warte mojego czasu i wysiłku, więc pewnie tak naprawdę nie chciałem mieć akwarium. Pomysł posiadania akwarium podobał mi się chyba bardziej niż samo akwarium. Pewnego dnia miałem na biurku stos prac egzaminacyjnych do oceny. Nie znoszę sprawdzania prac egzaminacyjnych, ale siedziałem za biurkiem i sumiennie je sprawdzałem. W pewnej chwili weszła moja córka i powiedziała, że za jedyne sto dolarów jest do kupienia w pełni wyposażone akwarium. Natychmiast odłożyłem prace egzaminacyjne i pobiegłem kupić akwarium. Przez całe popołudnie byłem zajęty instalowaniem go. Sądziłem, że robię to, żeby spełnić swoje wielkie marzenie. W rzeczywistości nie chodziło o akwarium, ale o prace egzaminacyjne. Dziś wiem, że gdybym nie sprawdzał tych prac, nigdy nie kupiłbym akwarium. Nie instalowałem go dlatego, że naprawdę chciałem mieć akwarium. Gdybym naprawdę chciał je mieć, już dawno bym je kupił. Chodziło mi o to, żeby uciec od sprawdzania prac egzaminacyjnych.

Krzątanina nie jest kluczem do sukcesu. Pszczołę chwali się za to, że się krząta. Dlaczego? Bo robi miód. Ale mucha też się krząta. I co z tego ma? Dostaje packą na muchy. Jeżeli zamierzasz się krzątać, pamiętaj, żebyś robił coś pożytecznego. Inaczej możesz dostać od życia packą.

Dwa rodzaje krzątaniny

Kiedy się krzątamy, grożą nam dwie pułapki. Omówimy je, żeby wiedzieć, czego się strzec.

Pułapka błahostek

Jeżeli się krzątamy, robiąc różne nieistotne rzeczy, chociaż moglibyśmy zajmować się ważnymi sprawami, wpadliśmy w pułapkę błahostek. Mówiąc słowami Jima Collinsa z jego niesamowitej książki *Od dobrego do wielkiego**, nie możemy sobie pozwolić na to, aby dobre było wrogiem wielkiego. Moglibyśmy zajmować się ważnymi sprawami, dokonując rzeczy istotnych dla nas i dla otoczenia, tymczasem tracimy czas i siły na błahostki. Niektórzy mogliby zarabiać setki tysięcy, a pracują za minimalną pensję.

Moglibyśmy wykonywać odpowiedzialne zadania, a zajmujemy się drobiazgami. Ja na przykład instalowałem akwarium, gdy powinienem był sprawdzać prace egzaminacyjne. Nie chodzi o to, że instalowanie akwarium jest czymś złym. Problem polegał na tym, że krzątałem się przy akwarium, żeby wykręcić się od tego, co naprawdę powinienem był robić. Akwaria są wspaniałe, ale nie wtedy gdy odrywają nas od ważniejszych spraw.

Pułapka guzdrania się

Druga pułapka polega na tym, że wprawdzie robimy to, co powinniśmy, ale w sposób nieefektywny. Znana jest anegdota o malarzu, któremu zlecono namalowanie pasów na jezdni. Kiedy pierwszego dnia przychodzi do pracy, szef stawia przed nim puszkę z farbą i daje do ręki pędzel. Nie chcąc zawieść szefa, malarz bardzo się stara, wkładając w robotę całe serce. Podczas pierwszej inspekcji szef jest zachwycony. W ciągu dwóch godzin nowy pracownik namalował więcej niż ktokolwiek przed nim. Ale z każdą godziną nowy maluje coraz wolniej. O trzeciej po południu pasów na jezdni prawie już nie przybywa. Na pytanie, dlaczego robota idzie mu tak wolno, malarz wyjaśnia: „Bo mam coraz dalej do puszki z farbą".

Malarzowi nie można na pewno zarzucić lenistwa. Trudno byłoby o bardziej sumiennego pracownika. Nie można też powiedzieć, że nie robił tego, co mu polecono. Został zatrudniony do malowania pasów na jezdni i bardzo przykładał się do pracy. Można mu jednak zarzucić, że nie robił tego tak, jak trzeba. Na tym polega pułapka guzdrania się. Pracujemy, robimy to, co powinniśmy, ale nasz wysiłek

* Jim Collins, *Od dobrego do wielkiego: czynniki trwałego rozwoju i zwycięstwa firm*, MT Biznes, Warszawa 2007 (przyp. red.).

w dużej mierze idzie na marne, bo wykonujemy pracę niewłaściwie. Facet zajmował się chodzeniem po farbę, a mógł w tym czasie malować, gdyby tylko zabierał puszkę ze sobą. Jego chodzenie było niepotrzebne, było więc jałową krzątaniną.

Niebezpieczeństwo krzątaniny

Jeśli nie uważamy, nasze życie może przypominać bujanie się w fotelu na biegunach – dużo ruchu, ale żadnych postępów. A jeżeli nie robimy postępów, powinniśmy zmienić sposób działania. Wielkie niebezpieczeństwo krzątaniny polega na tym, że może nas ona zmylić. Chętnie myślimy, że skoro po całych dniach ciężko pracujemy, dokonujemy ważnych rzeczy. Tymczasem miarą tego, na ile pożytecznie wykorzystujemy czas, nie jest ciężka praca, ale jej efekty.

Istnieje jeszcze większe niebezpieczeństwo związane z krzątaniną: możemy tłumaczyć nią fakt, że nie robimy tego, co powinniśmy. Jeżeli mam na biurku stos prac do sprawdzenia, wiem dobrze, co powinienem robić: sprawdzać je. Pamiętam, że za czasów studenckich bardzo mnie irytowało, gdy profesorowie nie oddawali mi na czas ocenionych prac. Jeżeli mam prace egzaminacyjne do oceny, nie ma mowy, żebym wylegiwał się na kanapie. Nie pozwoliłoby mi na to sumienie. Miałbym zbyt duże poczucie winy, by leżenie na kanapie sprawiało mi przyjemność. Kiedy trzeba oceniać prace, próżnowanie, a nawet robienie przyjemnych rzeczy nie wchodzi w rachubę. A jeśli zajmuję się instalowaniem akwarium? To dużo pracy. Kiedy ciężko pracuję, nie mam wyrzutów sumienia. Dzięki akwarium mogłem mieć dobre samopoczucie, chociaż nie robiłem tego, co należało.

Dlatego właśnie krzątanina jest najgorszym rodzajem lenistwa. Jest w istocie znacznie gorsza niż wylegiwanie się na łóżku i zbijanie bąków. Jeśli nic nie robię, sumienie powie mi przynajmniej, że powinienem zabrać się do roboty. Jeśli jednak ciężko pracuję, zwykle mam czyste sumienie, chociaż zajmuję się nie tym, co trzeba. Krzątając się, z czystym sumieniem mogę ignorować to, co powinienem robić.

Na tym polega prawdziwe niebezpieczeństwo. Zadowalamy się łatwą krzątaniną, zamiast dbać o wymierne postępy. Nie mamy wyrzutów sumienia, bo przecież pracujemy. Nigdy jednak nie powinniśmy dopuścić, aby sama aktywność była miarą naszej pracy. Musimy mierzyć ją nie tym, jak bardzo jesteśmy zajęci, ale na ile zbliżamy się do swoich celów.

Pilne i ważne

Budować w niewłaściwym miejscu możemy też w inny sposób: myląc sprawy ważne z pilnymi. Bardzo jasno pokazał to Stephen Covey w książce o nawykach skutecznego działania. Pisał, że istnieją sprawy ważne i sprawy pilne, ale nie można ich ze sobą mylić. Nie każda pilna sprawa musi być ważna.

Problem percepcji

Pilne sprawy mogą wprowadzić nas w błąd, bo zawsze wydają się ważne. Chcąc przekonać ludzi o ważności sprawy, często mówimy im, że jest pilna. To chwyt stale stosowany przez handlowców. Mówią oni na przykład klientom, że dany artykuł jest ostatni w sklepie albo że wyprzedaż się kończy. Chodzi o to, żeby kupno towaru wydawało się rzeczą nie cierpiącą zwłoki, bo wtedy klienci uznają je za ważną sprawę.

Problem percepcji działa też w drugą stronę. Bardzo ważne sprawy mogą wydawać się nieistotne, jeśli nigdy nie stają się pilne. Weźmy na przykład ćwiczenia fizyczne. Czy właściwe ćwiczenia są ważne? Niezwykle ważne. Niewiele rzeczy ma tak duży wpływ na jakość naszego życia jak zachowanie zdrowia i dobrej kondycji. Czy jednak w dowolnie wybranym dniu ćwiczenia fizyczne są pilną sprawą? Bynajmniej. Jeśli będziemy robić same rzeczy niecierpiące zwłoki, ominą nas wszystkie korzyści, jakich mogą nam przysporzyć ćwiczenia fizyczne.

Problem motywacji

Jeśli nie uważamy, pilne sprawy mogą szybko zepchnąć sprawy ważne na drugi plan. Dlaczego? Pilna sprawa bardziej motywuje nas do działania niż ważna. Wszyscy wiemy, jak to jest, kiedy w czasie kolacji zadzwoni telefon. Co sprawia, że wydaje się taki ważny? Czy to, że większość odbieranych przez nas telefonów jest ważna? Nie. Wszyscy wiemy, że znacznie ważniejsze rzeczy dzieją się wtedy, gdy spędzamy czas z rodziną, niż rozmawiamy przez telefon. Telefon jednak wydaje się ważny, bo trzeba go pilnie odebrać. Porzucamy więc rodzinę i rozmawiamy przez telefon.

Na ile dana sprawa motywuje nas do działania, zależy w dużej mierze od tego, ile mamy na nią czasu. Przypomnij sobie czasy studenckie. Na sześć tygodni przed końcem semestru obowiązek przygotowania pracy semestralnej nie jest zbyt silnym bodźcem. Trudno oderwać się od telewizji, gier wideo, internetu czy innych rozrywek i zająć się pisaniem pracy. Natomiast na dzień przed terminem ta sama praca semestralna staje się potężnym czynnikiem motywującym. Telewizja, gry wideo i strony społecznościowe nagle tracą swoją atrakcyjność i interesuje nas tylko praca. Co zmieniło nas z niezmotywowanego studenta w studenta niezwykle skoncentrowanego na nauce? Mała ilość czasu, która pozostała nam do oddania pracy semestralnej.

Tu tkwi sedno sprawy: to, ile czasu mamy na wykonanie zadania, nie ma prawie nic wspólnego z jego znaczeniem. Praca semestralna była równie ważna sześć tygodni przed końcem semestru, jak na dzień przed jego końcem. Właściwie była wówczas ważniejsza, bo szansa na napisanie w tym czasie pracy na piątkę była znacznie większa. Przygotowując ją w ostatniej chwili, możemy liczyć co najwyżej na trójkę. Jeżeli uzyskanie piątki jest istotne, to napisanie pracy jest nawet ważniejsze wtedy, gdy nie jest jeszcze takie pilne.

Katastrofa w ostatniej chwili

Nie powinniśmy odkładać ważnych spraw do czasu, aż staną się pilne. Wracając do przykładu ze studiami: wszyscy moi studenci mogą zaświadczyć, ile kłopotów to powoduje. Wystarczy, że wrócą pamięcią do zakończenia ostatniego semestru. Mieli masę zadań do wykonania, a wszystkie bardzo pilne. Żadnego z nich nie otrzymali w ostatniej chwili. Tematy prac semestralnych zostały rozdane wiele tygodni wcześniej. Były wtedy tak samo ważne, jak na dzień przed terminem oddania. Nic nie zabrania przygotować ich na długo przed tym terminem. Plan sesji egzaminacyjnej jest znany jeszcze przed początkiem semestru. Na całe tygodnie przed jego końcem studenci znali wszystkie zadania, które mieli wykonać do zaliczenia semestru. Problem polega na tym, że motywuje nas nie znaczenie sprawy, ale jej pilność. Niestety, pod koniec semestru wszystkie ważne rzeczy zderzają się ze sobą, tworząc jedno wielkie kłębowisko pilnych spraw.

Tuż przed terminem jesteśmy rzeczywiście bardziej zmotywowani, ale czekanie do ostatniej chwili powoduje dwa problemy. Po pierwsze, może to być bardzo stresujące. Stres jest do zniesienia, jeśli trwa krótko. Moi studenci mogą się pocieszać, że pilne zadania zostaną w końcu wykonane, oceny wystawione i będzie można wyjechać na przerwę świąteczną lub letnią. Stres mija. A jeśli załatwiasz same pilne sprawy? Ten rodzaj stresu szkodzi zdrowiu. Musisz znaleźć jakiś sposób uwolnienia się od tyranii pilnych spraw. Tyrania ta zamieni nasze życie w piekło i może nas nawet zabić.

Drugi problem polega na tym, że pilna sprawa jest jak wisząca w powietrzu katastrofa. Jeśli czekamy z wydrukowaniem raportu do ostatniej chwili, może się zdarzyć, że drukarka odmówi posłuszeństwa. Jeżeli będziemy czekać do ostatniej chwili z wysłaniem e-maila, może się okazać, że nie mamy połączenia z siecią. Jeśli do ostatniej chwili czekamy z telefonem do kogoś, nasz niedoszły rozmówca może akurat wyjechać na urlop. Jest to przekleństwo ostatniej chwili. Cokolwiek robimy w ostatniej chwili, będzie bardziej skomplikowane, niż się spodziewamy. Czekając tak długo, ryzykujemy niedotrzymanie ważnych terminów.

Jak zapewnić, żeby sprawa była pilna?

Dla uniknięcia tych dwóch problemów Covey radzi załatwiać ważne sprawy, zanim staną się pilne. To słuszna metoda, chyba że należysz do tych 90 procent mieszkańców świata, których motywują do działania tylko pilne sprawy. Co masz zrobić, jeśli „zawsze robisz wszystko na ostatnią chwilę"? Sprawić, żeby motywująca siła pilnych spraw działała na twoją korzyść. Sprawy powinny robić wrażenie pilnych, zanim staną się naprawdę pilne.

Wyjaśnię na przykładzie, co mam na myśli. Bardzo lubię wozić swoje dzieci samochodem. Jeden z synów musi być w bibliotece o wpół do jedenastej. Od szóstej rano staram się napisać pierwszą wersję tego rozdziału. Jest teraz za dziesięć dziewiąta. Na skończenie rozdziału mam jeszcze kilka tygodni, ale powiedziałem sobie, że jeśli nie skończę go do dziesiątej piętnaście, syn weźmie mój samochód i sam pojedzie do biblioteki. W ten sposób mam poczucie, że skończenie rozdziału jest sprawą bardzo pilną. Sprawiłem sobie zarówno kij, jak i marchewkę. Albo spędzę trochę czasu z synem, co bardzo lubię, albo będą musiał patrzeć, jak odjeżdża moim samochodem.

Nadejdzie czas, kiedy ukończenie rozdziału stanie się pilne. Wydawca wyznaczył mi określony termin, jest on jednak odległy. Dotrzymam go, nawet jeśli dziś rano nie skończę rozdziału. Ale dzięki wyznaczeniu sobie własnego terminu pracuję intensywnie i nie rozpraszam się. Zwiększyłem swoją motywację do pracy, czyniąc ukończenie tego rozdziału sprawą pilniejszą, niż jest ona w rzeczywistości.

Aby ta metoda coś dała, trzeba spełnić dwa warunki. Po pierwsze, wyznaczony termin musi być powiązany z jakimś zewnętrznym wydarzeniem. Nie ja ustalałem rozkład zajęć syna, to władze biblioteki kazały mu być w pracy o dziesiątej trzydzieści. Po drugie, niedotrzymanie terminu musi pociągać za sobą określone skutki. Mogą być to skutki pozytywne, jak spędzenie czasu z synem, albo negatywne, jak widok syna odjeżdżającego samochodem. Skutki te nie są szczególnie poważne. Mam wiele okazji do spędzania czasu z synem i jest on bardzo dobrym kierowcą, więc nie muszę się martwić o swój samochód. Mimo wszystko nawet drobne skutki mogą wpoić nam poczucie, że sprawa jest pilna, co ma ogromny wpływ na naszą motywację.

Nie zadowalaj się krzątaniną i załatwianiem pilnych spraw

Mojego przyjaciela adwokata omal nie spotkała katastrofa, gdy zbudował dom na nie swojej działce. Zdołał jej uniknąć, ale musiał zapłacić wygórowaną cenę za parcelę, na której omyłkowo postawił dom. Czasami, kiedy budujemy w niewłaściwym miejscu, nie da się wyjść z tego obronną ręką. Kiedy marnujemy czas, krzątając się bezproduktywnie i zajmując nieistotnymi, choć pilnymi sprawami, nigdy nie odzyskamy straconego czasu. Dlatego potrzebna nam wnikliwość, by ustrzec się przed traceniem czasu na budowanie w złym miejscu.

Musimy osiągnąć w życiu etap, w którym nie zadowoli nas wygodna krzątanina ani załatwianie pilnych spraw. Zadowalanie się krzątaniną jest o wiele łatwiejsze, niż robienie postępów. Akwizytorowi dużo łatwiej jest uporządkować alfabetycznie wizytówki, niż zadzwonić pod wydrukowane na nich numery telefonu. Naprawdę jednak opłaca się telefonowanie, a nie posiadanie pięknie uporządkowanego pliku wizytówek. Nawet najlepiej na świecie ułożone wizytówki nie przyniosą nam ani centa dochodu. Jeśli więc chcemy coś w życiu osiągnąć, nie możemy zadowalać się krzątaniną. Musimy wymagać od siebie postępów, mimo że jest to znacznie trudniejsze.

Czasami ważna sprawa bywa nudna i uciążliwa, pilna natomiast ekscytująca. Ale życie sprawami pilnymi, a nie ważnymi przypomina jazdę kolejką górską. Może być fajna, ale w końcu wracamy do miejsca, z którego wyruszyliśmy. Rozejrzyj się, a zobaczysz, że ważne sprawy motywują ludzi sukcesu tak, jak sprawy pilne motywują ludzi przeciętnych.

Jeśli więc ulegamy pokusie łatwej krzątaniny albo lubimy ekscytować się pilnymi sprawami, narażamy się na ryzyko budowania w złym miejscu. Musimy mieć pewność, że nasze wysiłki nie pójdą na marne. Musimy koncentrować się na postępie, a nie na krzątaninie, na sprawach ważnych, a nie pilnych.

Wyzwanie wnikliwości:
Nigdy nie zadowalaj się łatwą krzątaniną
ani załatwianiem pilnych spraw.

18
Zbędna perfekcja

Zasada zbędnej perfekcji:
Nie ma nic bardziej zbędnego, niż robić dobrze coś,
czego w ogóle nie należy robić

Gdybym mógł wyrzucić jedną z podstawowych zasad zarządzania czasem i nie uczyć jej, byłaby to właśnie ta. Nie lubię o niej mówić, bo zawsze narażam się na niechęć części słuchaczy. Są to osoby mające głębokie przekonanie, że „jeśli jakaś praca warta jest wykonania, to warto wykonać ją dobrze". Nie będę się spierał z takim poglądem. To jedno z powiedzeń należących do kategorii „słusznych banałów". Jeśli już poświęcamy czas jakiejś działalności, to ta działalność powinna być tego warta. A wszystko, co warto robić, powinno być zrobione dobrze. Niestety, życie ma swoje prawa. Często musimy robić rzeczy, które nie są tego warte. Co wtedy? Jeżeli praca nie jest w ogóle warta zachodu, to na pewno nie jest warta tego, żeby wykonać ją perfekcyjnie. Stracimy tylko czas potrzebny nam do zajęcia się naprawdę ważnymi sprawami.

Zbędne zadania, które trzeba wykonać

Każdemu zdarza się od czasu do czasu otrzymać zadanie, które nie służy żadnemu pożytecznemu celowi. W moim zawodzie przybiera ono zwykle postać niepotrzebnego sprawozdania, które muszę napisać. Jakiś biurokrata z władz stanowych albo rady uczelni uważa, że znaczenie jego stanowiska mierzy się liczbą sprawozdań, które każe sobie przesyłać. Jestem przekonany, że większości tych sprawozdań nikt nie czyta. Ich wpływ na jakość edukacji jest taki sam, jak wpływ kropli deszczu na poziom Oceanu Spokojnego. Niestety, nie mogę odmówić pisania takich bezsensownych sprawozdań. Dodaję swoją cegiełkę do góry nieczytanych sprawozdań w nadziei, że nasi radośni biurokraci pozostawią mnie w spokoju i pozwolą mi uczyć studentów, czyli wykonywać moją właściwą pracę.

Pamiętam zebranie, na którym pracowaliśmy nad takimi sprawozdaniami. Przewodniczący zapytał:

– Jaki jest najlepszy sposób opracowania tych sprawozdań?

– Taki, który zajmie najmniej czasu – odpowiedziałem.

Rozległy się stłumione chichoty. Spytałem obecnych, czy ktoś mógłby mi powiedzieć, jakie korzyści odniosą z tych sprawozdań studenci. Nikt się nie odezwał. Dla wszystkich było jasne, że sporządzamy sprawozdania tylko po to, żeby wykonać polecenie zwierzchników. Nikt nie miał większych złudzeń, że ktoś je kiedykolwiek przeczyta. Ale nie mogliśmy ich nie napisać. Gdyby rada uczelni zarządziła, że kadra nauczycielska ma w czasie weekendów stać na straży uczelnianego sztandaru, musielibyśmy zaciągnąć wartę. Dlatego ośmiu wysoko wykwalifikowanych i opłacanych specjalistów musiało poświęcić długie godziny na coś, czego w ogóle nie należało robić.

Czy jest coś złego w pisaniu zbędnych sprawozdań, których nikt nie przeczyta? Same sprawozdania nie były złe, po prostu niepotrzebne. Jeśli jednak przypomnimy sobie zasadę wykluczającej alternatywy, zrozumiemy, na czym polega problem. Decydując się na coś, rezygnujemy z czegoś innego. Tu jest pies pogrzebany. Co nie zostało zrobione, gdy pracowaliśmy nad zbędnymi sprawozdaniami? Czego kosztem zyskaliśmy czas na ich sporządzenie? Czy kosztem lepszego przygotowania się do wykładów? A może rozmów ze studentami lub badań, z których społeczeństwo mogłoby odnieść korzyść? Z jakich zajęć musieliśmy zrezygnować, żeby napisać te sprawozdania?

Nie powinniśmy zajmować się nieistotnymi rzeczami, bo w ten sposób rezygnujemy z rzeczy ważnych. Nie zawsze jednak można zrezygnować z każdej nieważnej rzeczy, z którą się stykamy. Czasami nie możemy się uchylić od błahych spraw i musimy się nimi zająć.

I tu nasuwa się ważne pytanie. Czy jeśli wykonujemy jakieś nieistotne, zbędne zadanie, to powinniśmy się do niego przykładać? Czy powinniśmy oddawać się całą duszą błahemu zadaniu, o którym pięć minut później nikt nie będzie pamiętał?

Pora na perfekcję

Bywają chwile, gdy trzeba być perfekcjonistą, bo liczy się tylko to, co najlepsze. Kiedy wsiadam do samolotu, mam nadzieję, że pilot jest perfekcjonistą. Nie chciałbym, żeby podchodził do swoich obowiązków na zasadzie „lepsze jest wrogiem dobrego". To samo dotyczyło lekarzy, którzy swego czasu mnie operowali. Miałem nadzieję, że mój chirurg jest fanatykiem swojego zawodu i zawsze dba, żeby wszystko było jak trzeba. Perfekcjonizm na pewno bywa cnotą. Jeżeli moje życie jest w twoich rękach, wykonaj proszę swoją pracę tak, że mucha nie siada.

Jednak nałogowe dążenie do perfekcji może być największym złodziejem naszego czasu. Otrzymywane przez nas zadania bywają czasem tego rodzaju, że zajmując się nimi, tracimy czas. Starając się wykonać je perfekcyjnie, zmarnujemy tylko jeszcze więcej czasu. Jeśli ośmiu doktorów filozofii traci wiele godzin, żeby jakiś urzędas ucieszył się pięknie wyglądającym sprawozdaniem, a mogliby poświęcić ten czas studentom i badaniom naukowym, to trzeba to uznać za straszne marnotrawstwo.

Powinniśmy umieć ocenić, czy zadanie trzeba wykonać perfekcyjnie czy wystarczy wykonać je tylko jako tako. Zwykle jednak tak nie postępujemy, ulegamy naturalnym skłonnościom. Niektórzy wszystko starają się robić perfekcyjnie. Nazywa się ich „perfekcjonistami". Są też tacy, którym zawsze wystarczy, gdy zrobią coś „jako tako". Można ich nazwać „wrogami perfekcji". Zarządzanie czasem jest wyzwaniem i dla jednych, i drugich, ale z różnych powodów.

Zmagania perfekcjonisty

Ludzie, z którymi pracuję, to przeważnie perfekcjoniści. Wszyscy są bardzo dobrze wykształceni. Zawdzięczają to temu, że na studiach byli prymusami i zawsze starali się perfekcyjnie wykonywać otrzymane zadania. Czują się fatalnie, jeśli efekty ich pracy nie są nieskazitelnie doskonałe. Pamiętasz zebranie, na którym powiedziałem kolegom, że naszym bezsensownym sprawozdaniom powinniśmy poświęcić jak najmniej czasu? Wszyscy przyznali mi rację, ale nie mogli pogodzić się z myślą, że ich sprawozdanie może nie zasługiwać na piątkę z plusem. W końcu więc nasze urzędasy dostały doskonale opracowane sprawozdania. Aż przykro pomyśleć, że nikt ich nie przeczyta, bo są naprawdę znakomite.

Jeżeli mamy skłonność do perfekcji, to bez względu na sytuację albo zadanie, będziemy do niej dążyć. I na tym polega problem, bo perfekcja wymaga czasu. Cyzelując każdy szczegółik, tracimy czas, który moglibyśmy spożytkować na coś innego. Oczywiście nie mam za złe chirurgowi, że sprawdza dokładnie wszystkie szwy, przez co nie ma czasu pograć w golfa. Jeśli jednak profesorowie opracowują perfekcyjnie niepotrzebne sprawozdania, mają przez to mniej czasu na przygotowanie się do wykładów lub przeprowadzenie ważnych badań.

Pod pewnym względem perfekcjoniści stoją przed największym wyzwaniem. Aby zrobić wszystko, co trzeba, muszą poskromić swój perfekcjonizm. Nigdy nie będą się czuli dobrze ze świadomością, że zrobili coś niedoskonale. Zawsze będą widzieć wady w swojej pracy i rumienić się ze wstydu. Żeby jednak właściwie zarządzać czasem, muszą wykształcić umiejętność przymykania oka na te wady i myśleć o ważniejszych zadaniach, które trzeba wykonać. Muszą zapomnieć o brzydocie niedoskonałości i skoncentrować się na pięknie rzeczy ważnych.

Zmagania wroga perfekcji

Czasami nie wystarczy zrobić coś jako tako. Jeżeli praca wymaga perfekcji, to wykonanie jej niedoskonale jest stratą czasu. Pisząc na przykład artykuł do czasopisma akademickiego, wiem, że będzie on recenzowany przez innych profesorów. Ich zadaniem jest ustalenie, czy artykuł zasługuje na publikację. Jeśli im się nie spodoba, wyniki moich badań nie ujrzą światła dziennego. Pamiętajmy, że profesorowie mają skłonność do perfekcji, więc nie wystarczy im coś, co jest zrobione jako tako. Jeśli znajdą błędy, odrzucą artykuł i nigdy nie zostanie on wydrukowany. A wtedy czas, który poświęciłem na badania i pisanie artykułu, będzie w całości zmarnowany. Za badania, których wyniki nie zostały ogłoszone, nie dostanę żadnej nagrody. Nagrodą za badania jest wyłącznie publikacja ich wyników. Jeżeli mam wykonywać badania „jako tako", to lepiej, żebym w ogóle się do nich nie zabierał.

Jest to problem ludzi, których życie można określić jako „pozbawione perfekcji". Ludzie ci nie będą mieli problemu z niepotrzebną perfekcją. Nie będą tracić czasu, żeby zrobić doskonale coś, czego w ogóle nie należy robić. Czasami jednak nie potraktują istotnych zadań tak poważnie, jak powinni. Stracą czas, wykonując je tak kiepsko, że równie dobrze mogliby nie wykonać ich wcale.

Rób to, czego wymaga zadanie, zamiast ulegać skłonnościom

Nasze naturalne skłonności nie powinny decydować, czy mamy zadowolić się czymś, co jest „jako takie", czy dążyć tylko do „tego, co najlepsze". O tym powinien rozstrzygać charakter pracy. Nie możemy zadowalać się dobrym, jeśli wymagane jest tylko to, co najlepsze. Musimy też umieć godzić się na to, co jest jako takie, jeśli tego tylko się od nas wymaga.

Tak czy inaczej, nie unikniemy sytuacji, w której jakość naszej pracy nie będzie nam się podobać. Jako perfekcjonista nie unikniesz chwil, kiedy patrząc na wykonaną pracę, będziesz się zżymał, że nie włożyłeś w nią całego serca. Jeżeli kazano ci zrobić coś, co nie jest warte twego czasu, musisz oprzeć się pokusie wykonania tej pracy idealnie i zdobyć się na to, żeby poprzestać na „jako takim". Jeżeli natomiast należysz do „wrogów perfekcji", to czasami będziesz musiał dalej pracować nad pewnym zadaniem, chociaż twoim zdaniem już wykonałeś je dobrze. Istnieją w naszym życiu rzeczy, które powinniśmy zrobić jak najlepiej, chociaż chętnie zaprzestalibyśmy pracy, bo jesteśmy zadowoleni z osiągniętego rezultatu.

Jak sobie radzić z niepotrzebnymi zadaniami?

Musimy zrozumieć, że w wykonanie pewnych zadań trzeba włożyć wszystkie siły, a inne nie są warte poświęcania im czasu. Sporo spraw w naszym życiu jest zupełnie błahych. Nie bądźmy próżni i nie sądźmy, że świat poniesie wielką stratę, jeśli nie zrobimy wszystkiego idealnie. Musimy umieć wykonywać pewne zadania perfekcyjnie, ale trzeba też umieć radzić sobie z błahostkami. Są trzy sposoby radzenia sobie z niepotrzebnymi zadaniami.

Skasuj

Kiedy wiele lat temu kupiłem pierwszy komputer, wpadłem na pewien pomysł. Często potrzebowałem zapisać na krótko pewien plik, który nie był mi później do niczego potrzebny. Był tylko etapem w procesie konwertowania pewnych danych do innego formatu. Potrzebowałem go do przechowania informacji, które zbierałem do skopiowania na inny nośnik albo do wydrukowania. Zacząłem więc nazywać wszystkie pliki o użyteczności krótszej niż pięć minut *zap me* („skasuj mnie"). Wybrałem tę nazwę, żeby zawsze lądowały na końcu listy plików. Dzięki temu z góry wiem, że każdy plik zaczynający się od „skasuj mnie" mogę bezpiecznie usunąć bez względu na to, co zawiera. Gdyby to był ważny plik, nigdy nie nazwałbym go „skasuj mnie".

Czy nie byłoby fajnie, gdybyśmy mogli traktować niepotrzebne zadania tak samo, jak traktuję te zbędne pliki? Czy moglibyśmy nazwać zbędne zadania „skasuj mnie", żeby po kilku minutach wrócić do nich i je skasować? Owszem. Nie musimy niczego odrzucać, po prostu nie powinniśmy zbyt szybko brać się do pracy. Jeżeli nie zajmiemy się od razu jakimś bezsensownym zadaniem, może ono w ciągu pięciu minut stracić aktualność i nawet nie będziemy musieli go odrzucać. Im zadanie mniej ważne, tym jest bardziej prawdopodobne, że szybko stanie się nieaktualne. Widzieliśmy, jak to działa przy okazji zasady zwlekania. Umieszczamy sprawę na spodzie sterty, wiedząc, że nikt nigdy nie zdoła do niej dotrzeć.

Oddaj komuś

Skończywszy pierwszą redakcję powieści *Na wschód od Edenu*, John Steinbeck dał ją ponoć do przeczytania innemu pisarzowi. Ten nie miał nic do powiedzenia o treści utworu, ale zauważył: „Niepoprawna ortografia, fatalna gramatyka".

Steinbeck, który dostał Nagrodę Nobla z literatury, chociaż nie skończył studiów, nie przejął się krytyką. Odparł: „Mój wydawca ma mnóstwo inteligentnych, wykształconych redaktorów i redaktorki, którzy świetnie znają się na ortografii i gramatyce i doprowadzą je do ładu. Ale ci wykształceni redaktorzy i redaktorki nigdy nie napisaliby *Gron gniewu*".

Niektóre zadania są ważne dla pewnych osób, ale nie dla nas. Książki Steinbecka były przed publikacją poprawiane przez ludzi znających się na ortografii i gramatyce. Po co jednak Steinbeck miałby marnować swój niezwykły talent na sprawdzanie ortografii? Nawet jeśli jakieś zadanie wymaga perfekcyjnego wykonania, to nie zawsze my musimy być osobą, która powinna je wykonać. Czasami możemy przekazać takie zadanie komuś, komu z określonych względów bardziej zależy na perfekcji.

Uwiń się szybko

W ciągu dnia będziemy zapewne mieli mnóstwo drobnych, nieistotnych spraw do załatwienia, których powinniśmy szybko się pozbyć. Można to zrobić na dwa sposoby. Jeden to załatwić je hurtem. Na moją skrzynkę mailową trafia wiele drobnych spraw. Pozostawiam je tam i w pewnym momencie załatwiam wszystkie naraz. Dzięki temu nie odrywam się co chwila od ważniejszych spraw.

Drugi sposób jest przeciwieństwem pierwszego. Załatwiamy drobną sprawę od ręki i zapominamy o niej. Odebrałem właśnie telefon od wspólnika w interesach, który chciał, żebym coś dla niego zrobił. Zauważmy, że to on mnie potrzebował, nie ja jego. Dla mnie rzecz nie miała żadnego znaczenia. Pewnego dnia mogę jednak potrzebować jego pomocy, więc zrobiłem, o co mnie poprosił. Zanim na dobre rozsiadłem się w fotelu, zadanie było wykonane i miałem je z głowy. Zajęło mi dwie minuty. Uporałem się z nim błyskawicznie i mogłem zająć się sprawami, które były dla mnie ważne.

Jeżeli szybko się z czymś uwijamy, musimy myśleć w kategoriach dopuszczalnego minimum jakości. Podczas moich studiów władze uniwersyteckie zezwoliły, aby trzy przedmioty kończyły się tylko zaliczeniami, a nie egzaminami na stopień liczący się do średniej. To znaczy dany przedmiot można było tylko zaliczyć albo nie zaliczyć. Chodziło o to, że wcześniej nie wybieraliśmy pewnych przedmiotów, obawiając się, że otrzymamy niskie oceny. Władze chciały nas do nich zachęcić, pozwalając na ich zaliczanie bez stopnia. W moim wypadku rozwiązanie zdało egzamin. Zamiast na hiszpański, który wybrali wszyscy, zapisałem się na cztery semestry starożytnej greki. Myślałem chyba, że może mi się przydać, gdybym kiedyś spotkał Sokratesa. W pierwszym semestrze uczyłem się bardzo pilnie, ponieważ chciałem mieć dobry stopień, ale w pozostałych semestrach grekę wybrałem jako jeden z trzech przedmiotów na zaliczenie. Umiałem na tyle, żeby zaliczyć, więcej nie musiałem. Miałem dzięki temu więcej czasu na inne przedmioty. Ponieważ nigdy nie natknąłem się na Sokratesa, wystarczyło, że grekę znałem jako tako.

Pojęcie dopuszczalnego minimum jakości stosuje się w wielu dziedzinach. Jeśli chodzi o zaliczenia przedmiotów na studiach, to zapewniało je 60 punktów na 100. W przypadku przedmiotu ocenianego na stopień byłoby to dla mnie za mało. Na studiach doktoranckich miałem szczęście chodzić na zajęcia z teorii marketingu prowadzone przez największego specjalistę w historii tej dyscypliny. Z tego przedmiotu oczywiście nie chciałem być tylko „jako taki", musiałem mieć piątkę. Jeśli chodzi o grekę, mogłem się nie wysilać, ale teoria marketingu była dla mnie dużo ważniejsza.

Jeśli zadanie w ogóle nie jest warte zachodu, a mimo to trzeba je wykonać, powinniśmy określić dopuszczalne minimum jakości dla tego zadania. Nie musimy czuć się zobowiązani, żeby je przekroczyć. Możemy osiągnąć ustalone minimum, oszczędzając czas na inne zadania, przy których wymagania jakościowe są wyższe. Jeżeli jest to nasz główny przedmiot na studiach, trzeba starać się o piątkę. Jeśli chodzi o przedmiot na zaliczenie, wystarczy go zaliczyć. Nie staraj się o lepszą ocenę z przedmiotu na zaliczenie kosztem czasu, który mógłbyś poświęcić nauce głównego przedmiotu.

Musimy wiedzieć jedno i drugie

Na wielu uczelniach opowiada się następujący dowcip, który właściwie nie jest dowcipem: piątkowi studenci idą po studiach pracować u studentów trójkowych, a czwórkowi obejmują państwowe posady. Opowiedz ten dowcip na uczelni, a usłyszysz chichoty albo szyderczy śmiech. Wszyscy wiemy, że jest w nim wiele prawdy. Dlaczego?

Piątkowi studenci nie potrafią wykonać pracy inaczej niż perfekcyjnie. Natomiast studenci trójkowi zawsze szukają prostszych i łatwiejszych sposobów osiągnięcia swojego celu. Zorientowali się, że perfekcja nie jest konieczna. Kiedy po ukończeniu studiów otwierają firmy, zatrudniają perfekcjonistów, czyli dawnych piątkowych studentów. Ci nie mogą być szefami, bo nie wiedzą, kiedy być, a kiedy nie być perfekcjonistami. Są nimi przez cały czas, marnując swoje ograniczone środki finansowe na perfekcję, kiedy ta nie jest wcale potrzebna.

Zaletą zatrudniania studentów piątkowych jest to, że jakiekolwiek zadanie im zlecimy, zawsze wykonają je perfekcyjnie. Wadą – że nie wiedzą, które zadanie trzeba wykonać perfekcyjnie, a które tylko jako tako. Student piątkowy potrzebuje trójkowego, żeby ten skierował jego perfekcjonizm we właściwą stronę. Studenci piątkowi wiedzą, jak być perfekcjonistą, ale nie wiedzą kiedy. Trójkowi natomiast wiedzą, kiedy być perfekcjonistą, ale nie wiedzą jak. Dlatego zlecają pracę perfekcjonistom.

Chodzi o to, żeby wiedzieć jedno i drugie. Powinniśmy wiedzieć, jak dojść do perfekcji i kiedy być perfekcjonistami. Aby maksymalnie wykorzystać swój czas, nie możemy tracić go na sumienne wykonywanie zadań, których w ogóle nie należy wykonywać.

Kiedy pisałem ten rozdział, przypomniała mi się modlitwa, którą większość z nas pewnie zna. To *Modlitwa o pogodę ducha* Reinholda Niebuhra*:

* Reinhold Niebuhr (1892–1971) – amerykański teolog, etyk protestancki (przyp. red.).

Boże, użycz mi pogody ducha,
żebym godził się z tym, czego nie mogę zmienić,
odwagi, żebym zmieniał to, co mogę zmienić,
i mądrości, żebym odróżniał jedno od drugiego.

Nie ma chyba mądrzejszej maksymy, którą moglibyśmy się kierować w życiu. Gdyby istniała modlitwa o zarządzanie zadaniami, które wykonujemy, być może byłaby podobna do *Modlitwy o pogodę ducha*:

Daj mi cierpliwość, bym robił doskonale
Rzeczy, które mają największe znaczenie.
Daj mi zdolność, bym robił szybko lub nie robił wcale
Rzeczy, które mają najmniejsze znaczenie.
A gdy jedno i drugie o mój czas konkuruje,
Daj mi mądrość, bym wiedział, które jest które.

Takie jest sedno wyzwania zbędnej perfekcji. Czasami nie możemy wykręcić się od pewnych niepotrzebnych zadań, możemy jednak nie dopuścić do tego, aby zabierały nam one czas potrzebny na znacznie ważniejsze sprawy.

Wyzwanie zbędnej perfekcji:
Pozwól, aby sam charakter zadania rozstrzygał,
czy wystarczy wykonać je jako tako,
czy trzeba je wykonać perfekcyjnie.

Moc

Zasada biegłości:
Najpewniejszy sposób, by oszczędzić czas,
to rozwijanie umiejętności

✷

Zasada Arystotelesa:
Doskonałość to nie jeden czyn, ale nawyk

✷

Zasada dyscypliny:
Bez samodyscypliny nie ma udanego życia

✷

Zasada zespołu:
Żeby iść szybko, idź sam.
Żeby zajść daleko, stwórz zespół

✷

Zasada równowagi:
By osiągnąć równowagę, spędzaj czas jakościowy
w pracy i dużo czasu w domu

✷

Zasada rzeczywistości:
Przyszłość jest bardziej rzeczywista, niż się wydaje

Część czwarta

Moc

Prędkość bywa nietrwała. Jadąc przez Atlantę, często się o tym przekonuję. Ruch odbywa się w niezłym tempie i nagle wszyscy się zatrzymują. Stoimy w miejscu i nie możemy nic na to poradzić. To samo się zdarza, gdy zarządzamy czasem. Wszystko idzie jak z płatka, załatwiamy jedną ważną sprawę po drugiej. Raptem coś się dzieje i utykamy w pół drogi. Mieliśmy sporą prędkość, a teraz nie jesteśmy w stanie robić tego, co byśmy chcieli. W tej części książki przyjrzymy się czynnikom, które mogą zapewnić moc naszemu zarządzaniu czasem. Moc ta pochodzi z czterech źródeł.

Pierwszym źródłem jesteśmy my sami. Często wydaje się, jakbyśmy z własnej winy przez cały dzień ledwie kuśtykali. Wystarczy spojrzeć w lustro, żeby znaleźć rozwiązanie wielu problemów związanych z zarządzaniem czasem. W trzech pierwszych rozdziałach części czwartej zastanowimy się, jak człowiek w lustrze może nam pomóc w lepszym zarządzaniu czasem. Omówimy zasadę biegłości. Podnosząc nasze umiejętności w dowolnej dziedzinie, możemy bardzo skrócić czas potrzebny do wykonania zadań. Następnie zajmiemy się zasadą Arystotelesa. Dotyczy ona naszych nawyków związanych z zarządzaniem czasem. Vince Lombardi powiedział: „Zwyciężanie to nawyk. Niestety, przegrywanie też". Dobre zarządzanie czasem to nawyk. Niestety, złe również. Potem pomówimy o samodyscyplinie. Listy zadań do wykonania są świetnym pomysłem, zwłaszcza gdy jesteśmy zdyscyplinowani i wykonamy zadania, które na nich figurują. Ale lista zadań do wykonania bez samodyscypliny to tylko spis pobożnych życzeń.

Drugim źródłem mocy jest współdziałanie w ramach zespołu. Nie zawsze chcemy należeć do jakiegoś zespołu, ale w pojedynkę nasze możliwości są ograniczone. Zespół potrafi utrudnić nam działanie, zwłaszcza gdy staramy się szybko wykonać jakąś konkretną pracę. Wydaje się po prostu, że działa on wolniej niż pojedyncza osoba. Analizując zasadę zespołu, pokażemy, kiedy stworzyć zespół, a kiedy działać w pojedynkę.

Trzecim źródłem jest równowaga. Ile razy musimy złapać gumę, żeby nasza podróż trwała dłużej? No cóż, jeśli mamy cztery niezbyt dobre opony, jedna przebita opona może nas całkowicie unieruchomić. A jeśli mamy trzy opony dobre i jedną przebitą? Jak daleko zajedziemy? Nawet jedna wystarczy, żebyśmy stanęli w miejscu. Bywa, że zarządzając czasem, próbujemy zastąpić trzy dobre opony jeszcze lepszymi. Mamy nadzieję, że skoro trzy opony są dobre, nie będziemy musieli się martwić o czwartą, przebitą. Jeżeli naprawdę chcemy, żeby nasz system zarządzania czasem miał odpowiednią moc, powinniśmy przestać koncentrować się na dobrych oponach, a zająć się przebitą. Omówimy zasadę równowagi, kładąc zwłaszcza nacisk na równowagę między życiem zawodowym a rodzinnym. Stworzenie systemu zarządzania czasem, w którym ta równowaga byłaby zachowana, jest największym wyzwaniem. Ale nasza zasada stosuje się również do innych dziedzin, w których musimy dbać o równowagę – takich jak zdrowie i życie duchowe.

Czwartym źródłem mocy jest kontakt z naszą przyszłością. Jak już powiedzieliśmy wiele razy w tej książce, zarządzamy czasem na tyle, na ile nasze obecne działania są zgodne z tym, gdzie chcemy się znaleźć w przyszłości. Wynika stąd oczywiście, że myślimy o przyszłości. Cokolwiek robimy dziś, tworzymy rzeczywistość, w której będziemy żyć w przyszłości. Niestety, nasza upragniona przyszłość bywa bardzo abstrakcyjna i niejasna. Przy okazji zasady rzeczywistości zastanowimy się, jaką władzę zyskujemy nad swoim czasem, gdy nasza wizja przyszłości przestaje być abstrakcyjnym marzeniem i nabiera realnych kształtów.

Po przeczytaniu tej części książki, zarządzając czasem, powinieneś mieć nie tylko prędkość, ale także moc. Dzięki niej będziesz mógł zapewnić sobie przyszłość, jakiej pragniesz, mając na to jedynie ograniczoną ilość czasu.

19
Biegłość

Zasada biegłości:
Najpewniejszy sposób, by oszczędzić czas,
to rozwijanie umiejętności

Rozkład dnia możemy zmienić tylko na określoną liczbę sposobów. Da się z niego wyrzucić tylko niezbyt dużą liczbę rzeczy. Impet nie może nam nadać dowolnie dużej prędkości. Możemy uzyskać tylko ograniczoną jasność. Jesteśmy w stanie poruszać się tylko z określoną szybkością, zanim nasze niejasne wrażenie, że sytuacja wymyka nam się spod kontroli, stanie się groźną rzeczywistością. Stosując tradycyjne metody zarządzania czasem, możemy posuwać się coraz szybciej, lecz tylko do pewnej granicy. Ale nie chodzi tylko o to, żeby poruszać się szybciej, lecz także o to, by lepiej wykonywać zadania. O potędze większych umiejętności przekonałem się pewnego wieczoru, przyglądając się, jak moja córka tworzy film animowany.

Dwa komputery w naszym domu są połączone w sieć. Dzięki temu pracując na jednym, mogę obserwować, co dzieje się na drugim. Tego wieczoru przyglądałem się za pośrednictwem swojego komputera, jak córka realizuje naprawdę ładny filmik animowany. Byłem pod wrażeniem, ile się już nauczyła. Nagle usłyszałem rozpaczliwy krzyk. Jej program padł i straciła wszystko, nad czym pracowała przez trzy godziny. Trzygodzinna praca poszła na marne. Jakieś dziesięć minut później znów zajrzałem na drugi komputer i zobaczyłem, że córka jest na tym samym etapie pracy, co tuż przed awarią programu. Zapytałem, jak jej się udało odzyskać plik. Odparła, że wcale go nie odzyskała. Za pierwszym razem nauczyła się tyle, że wystarczyło jej dziesięć minut do odtworzenia tego, na co poprzednio potrzebowała aż trzech godzin.

Pomyśl tylko. Zanim nauczyła się programu, stworzenie filmu animowanego zajęło jej trzy godziny. Kiedy biegle go opanowała, na wykonanie dokładnie tej samej pracy wystarczyło jej dziesięć minut. Trzygodzinna praca zamieniła się w dziesięciominutową. Trudno znaleźć system zarządzania czasem, który byłby zdolny do takiego wyczynu. Mógłbym przez cały dzień zestawiać listy zadań do wykonania i terminarze, a wątpię, czy wymyśliłbym coś, co pozwoliłoby mi oszczędzić tyle czasu. Wykonuj sprawniej to, co robisz, a oszczędzisz masę czasu – oto zasada biegłości. Najpewniejszym sposobem oszczędzenia czasu jest sprawniejsze wykonywanie zadań. Do sprawniejszej pracy potrzebne są dwie rzeczy. Musimy nauczyć się reguł związanych z tym, co robimy, i stworzyć narzędzia, które pomogą nam działać efektywniej. Przyjrzyjmy się, jak to wygląda w praktyce.

Nauka reguł

Wszystkim rządzą określone reguły. Weźmy na przykład książki stojące na regałach w bibliotece. Ponieważ są ich tysiące, muszą być uporządkowane według pewnych ścisłych reguł. Jeśli mamy za zadanie znaleźć książkę na regale, nie musimy uczyć się najlepszych metod zarządzania czasem. Wystarczy, że opanujemy reguły, zgodnie z którymi bibliotekarze ustawiają książki na regałach.

Kiedy wykładałem na uniwersytecie stanu Oklahoma, jedna z moich podopiecznych pracowała w bibliotece. Do jej obowiązków należały wypożyczenia: wyszukiwała książki i przynosiła je pracownikom uczelni. Razem z nią pracował pewien bibliotekarz. Wyszukiwanie książek zajmowało mu całe wieki. Dostawał listę książek i artykułów do przyniesienia i wychodził. Mijały godziny, a jego nie było. Koledzy zaczynali się zastanawiać, czy nie zaszył się w jakimś kącie i nie uciął sobie drzemki. Moja podopieczna biegła więc do magazynu go szukać. Nie spał, pracował ciężej niż inni bibliotekarze.

Mimo to był od nich mniej wydajny. Nie miał problemu z zarządzaniem czasem, ale z wiedzą.

Jak moglibyśmy sprawić, żeby ten człowiek pracował bardziej efektywnie? Czy należałoby mu kupić podręczny terminarzyk i nauczyć go, jak się nim posługiwać? Pokazać, jak codziennie ma wyznaczać sobie cele i dostosowywać do nich swoje działania? Nauczyć go ustalania priorytetów, oceniania alternatywnych rozwiązań i eliminowania wszystkiego, co rozprasza uwagę? Nie. Jego kłopoty brały się nie stąd, że nie umiał zarządzać czasem, ale że nie potrafił szukać na regałach. Nie potrzebował lepszego systemu zarządzania czasem. Powinien był nauczyć się reguł, według których książki ustawione są na regałach.

Pomyśl o swojej pracy. Co jest u ciebie odpowiednikiem regałów bibliotecznych? Jakie są te nieliczne czynności, które musisz stale wykonywać? Jakie reguły rządzą twoimi regałami? Czy znasz je lepiej niż inni? Jeśli nie, wiemy już, jaki masz problem z czasem. Wykonuj sprawniej to, co robisz, a będziesz miał dużo więcej wolnego czasu na inne rzeczy. Największe postępy w zarządzaniu czasem poczyniłem wtedy, gdy nauczyłem się przygotowywać do wykładów i pisać artykuły, które odpowiadały wymaganiom redaktorów. Miałem znacznie więcej czasu na inne zajęcia. Kiedy nabrałem odpowiedniej wprawy, potrafiłem dokonać w ciągu kilku godzin tyle, ile dawniej robiłem całymi tygodniami.

Pamiętasz historię o dwóch drwalach, którzy urządzili sobie pięciogodzinne zawody w rąbaniu drewna? Jeden był duży i silny, drugi mały i chudy. Duży i silny pracował ciężko przez całe pięć godzin. Mały trochę pracował, trochę odpoczywał, znów pracował i znów odpoczywał. Kiedy minęło pięć godzin, zważono narąbane drewno. Okazało się, że mały wygrał. Duży nie mógł w to uwierzyć. Był przecież większy, silniejszy i ciężej pracował. Nie odpoczywał ani chwili, a jego rywal prawdopodobnie rąbał w ciągu każdej godziny przez niecałe trzy kwadranse. Jak to się mogło stać?

Wyjaśnienie okazało się proste: duży drwal nie rozumiał jednej z reguł rąbania drewna. Mały drwal w rzeczywistości nigdy nie odpoczywał. Przerywał rąbanie po to, żeby naostrzyć siekierę. Wiedział, że najwięcej drewna wcale nie rąbie największy, najsilniejszy, a nawet najciężej pracujący drwal, ale ten, który ma najostrzejszą siekierę.

Las jest miejscem dla dużych, silnych facetów, którzy ciężko pracują, lecz nie jest miejscem dla tępych siekier. Wielu ludzi uważa, że nie ma czasu, żeby przerwać pracę i naostrzyć siekierę. Zastanówcie się. A gdyby nasi drwale otrzymywali wynagrodzenie od kilograma narąbanego drewna? Mały drwal zarabiał więcej, ostrząc siekierę, niż duży, gdy w pocie czoła rąbał drewno.

Autor i prelegent Jim Rohn wywarł na mnie wielki wpływ. Jego dewiza brzmiała: „Twoje życie będzie lepsze, jeśli ty będziesz lepszy". Jak się przekonał, że to prawda? Mając dwadzieścia pięć lat klepał biedę, nie starczało mu nawet na podstawowe opłaty. Miał jednak szczęście poznać Earla Shoaffa. Zaczął mu się żalić, że wszystko jest za drogie. Shoaff odparł:

– To nie jest problem, problem polega tym, że cię na nic nie stać.

– Oczywiście, że nie. Proszę tylko spojrzeć. – Rohn wyjął czek, na którym była kwota jego pensji. – To wszystko, co płaci firma.

– Wszystko, co płaci firma, czy wszystko, co firma płaci tobie?

– No, niektórym płaci dużo więcej.

– Dlaczego?

– Nie wiem – odpowiedział Rohn, drapiąc się po głowie.

Shoaff pokiwał głową.

– Chyba zbliżamy się do sedna sprawy. Ci inni wiedzą coś, czego ty nie wiesz. Myślę, że powinieneś się czegoś nauczyć.

Jim Rohn zaczął się zastanawiać nad swoim życiem i pracą. Doszedł do wniosku, że rzeczywiście mógłby się wiele nauczyć. Jak pomyślał, tak zrobił i sześć lat po rozmowie z Shoaffem był już milionerem.

Wszystko, co robimy, wymaga czasu. Czy moglibyśmy go jakoś skrócić? Pomyśl o rzeczy, która zabrała ci najwięcej czasu. Gdybym cię zapytał, dlaczego trwało to tak długo, być może odpowiedziałbyś: „Bo tyle czasu to zajmuje". Zadaj sobie pytanie, czy naprawdę tak jest? Czy tyle czasu to zajmuje, czy tyle czasu zajmuje to tobie? Czy inni potrafią w krótszym czasie zrobić więcej od ciebie? Jeśli tak, powinieneś zapytać: „Dlaczego?". Czy wiedzą coś, czego ty nie wiesz?

Wykorzystanie narzędzi

Każda dziedzina ma swoje reguły i każda ma własne narzędzia. Cokolwiek robisz, istnieją narzędzia, które pozwolą ci zrobić to szybciej. Narzędzie to dowolna rzecz, która pozwoli nam zaoszczędzić czas. Poniżej omówię krótko trzy rodzaje narzędzi: technikę, sieć kontaktów i środowisko pracy.

Technika

Ludzie używają zwykle tylko drobnej części urządzeń technicznych, które mogłyby zwiększyć ich produktywność. Musimy po prostu nauczyć się używać tych urządzeń. To tak, jakbyśmy mieli przed domem śliczny nowy samochód, a codziennie chodzili piechotą do pracy 10 kilometrów, bo nie chce nam się zrobić prawa jazdy. Nie dajmy się onieśmielić technice. Jeśli na przykład nie wykorzystujesz wszystkich możliwości swojego komputera, bo nie potrafisz posługiwać się programami, powinieneś się ich nauczyć. Każdy oporny na naukę znajdzie odpowiedni dla siebie podręcznik. Istnieją strony internetowe, które pokażą ci krok po kroku, jak używać dowolnego programu komputerowego. Moją ulubioną jest płatna witryna Lynda.com. Za bardzo umiarkowaną opłatę miesięczną możesz szybko przyswoić sobie każdy z setek pakietów programów. Jeżeli twoja techniczna siekiera jest tępa, trzeba ją naostrzyć.

Sieć kontaktów

Inną pomocą, po którą sięgamy zbyt rzadko, są ludzie wokół nas. Nie możemy być dobrzy we wszystkim. Najmądrzejsi ludzie z dziedziny biznesu to ci, którzy korzystają z pomocy fachowców, jeśli się na czymś nie znają. Potrzebujemy sieci ludzi, którzy będą nam pomagać. Nie chodzi o to, żeby pracowali za nas, bo jesteśmy leniwi. Chodzi o stworzenie sieci obustronnie korzystnych kontaktów, która pomoże nam pracować szybciej.

Kiedy na przykład prowadzę jakiś program badawczy, wiem, że jedne rzeczy wykonam bardzo dobrze, a inne znacznie lepiej wykonają współpracownicy. Moją silną stroną jest planowanie projektu, wyznaczenie kierunków badań, rozwijanie bazy teoretycznej i pisanie końcowego raportu. Nie zawsze natomiast jestem na bieżąco z najnowszymi koncepcjami metodologicznymi czy technikami statystycznymi. Zamiast próbować je sobie przyswoić, po prostu pozyskuję do współpracy ludzi, którzy znają się na nich lepiej ode mnie. Pracując razem, możemy przeprowadzić ponad dwa razy więcej badań niż osobno. Nie wykorzystuję ich ani oni nie wykorzystują mnie. Współpracujemy ze sobą, żeby dzięki połączeniu swoich silnych stron, zmaksymalizować efekty pracy. Mamy dwa wyjścia: (1) zyskać biegłość we wszystkim, co robimy, i (2) osiągnąć ją tylko w kilku dziedzinach i połączyć siły z ludźmi, którzy zrobią resztę.

Dobrze urządzone środowisko pracy

Trzecim narzędziem, którym dysponujemy, jest środowisko pracy. Czy nasze miejsce pracy jest zorganizowane tak, że mamy natychmiastowy dostęp do wszystkiego, czego potrzebujemy? Mam trochę narzędzi, ale ponieważ niedużo pracuję wokół domu, leżą w wannie stojącej w składziku. Kiedy trzeba wbić gwóźdź, wywiercić otwór albo przykręcić śrubę, wyciągam wannę i szukam potrzebnego narzędzia. Tracę przez to mnóstwo czasu, ale nie jest to wielki problem, bo takie wypadki zdarzają się rzadko. Jeżeli w domu trzeba coś naprawić, najczęściej wzywam fachowca.

Wiecie, co zauważyłem u tych fachowców? Nie trzymają narzędzi na kupie w jakiejś starej wannie. Nie muszą w niej grzebać, żeby znaleźć narzędzie, którego potrzebują. Wszystko mają porządnie poukładane. Tak postępują zawodowcy. Ja trzymam narzędzia w wannie, bo jestem amatorem.

Moje życie zawodowe wygląda zupełnie inaczej. Niedawno przyszli do mnie filmowcy, żeby przeprowadzić wywiad. Podczas powitania napomknęli, że przed ich przyjściem musiałem chyba posprzątać gabinet. „Nie" – zaprzeczyłem. – „Tu jest tak zawsze. Nie musiałem niczego specjalnie przygotowywać". Przyznali, że rzadko widzieli gabinet tak czysty i uporządkowany jak mój. Chcę wiedzieć, gdzie wszystko jest, i mieć do wszystkiego łatwy i bezpośredni dostęp. Kiedy przygotowuję się do wykładu, nie mogę tracić czasu na szukanie jakiegoś artykułu po wszystkich szufladach i półkach. Amatorów stać na bałagan w środowisku pracy, zawodowców nie.

Jak nauczyć się sprawniej pracować?

Rozumiemy więc potrzebę opanowania reguł i zdobycia narzędzi. Od czego zaczniemy? Dowiedziałem się ciekawej rzeczy o ludziach sukcesu: zawsze próbują rozwijać swoje umiejętności. Życie jest dla nich niemal jak gra, której cel to przekonanie się, na ile sprawni mogą być w tym, co robią. Jak tego dokonują? Każdy, kto chce rozwinąć swoje umiejętności w jakiejś dziedzinie, zawsze może zrobić dwie rzeczy.

Ucz się od innych

Brian Tracy powiedział: „Musimy uczyć się od innych. Życie jest za krótkie, żeby uczyć się wszystkiego od zera". Trzeba znaleźć ludzi znających się lepiej na danej dziedzinie i dowiedzieć się od nich wszystkiego, co się da. Gdzie znajdziemy takich ludzi?

Na początek rozejrzyjmy się wokół i zadajmy sobie pytanie: „Kto naprawdę zna się na tym, co robi?". Wiem z doświadczenia, że ludzie uwielbiają opowiadać o swojej pracy osobom żądnym wiedzy. Prowadzę na uczelni zajęcia, na których studenci robią wywiady z ludźmi sukcesu. Przeprowadzili na przykład wywiady z niektórymi mieszkańcami naszego stanu, którzy odnieśli największy sukces. Byli zdumieni, jak chętnie dzielą się oni swoją wiedzą. Nawet najbogatszym i najsławniejszym zwykle pochlebia, gdy ktoś doceni ich osiągnięcia i pyta, jak ich dokonali. Bywa, że człowieka wielkiego sukcesu nikt przez całe lata nie poprosi o podzielenie się zdobytą wiedzą. Kiedy ktoś odniesie wielki sukces finansowy, bardzo często odwiedzają go starzy przyjaciele. Zwykle proszą o posadę, czasami liczą na wsparcie. Prawie nigdy jednak nie chodzi im o wiedzę, która pomogłaby im osiągnąć to samo. Co jest bardziej użyteczne: posada, trochę pieniędzy czy wiedza?

Trener sprzedaży miał kiedyś prelekcję dla grupy handlowców, których instruował, jak zwiększyć sprzedaż. W sali było około pięćdziesięciu handlowców z pewnej firmy. Trener zapytał, kto z obecnych jest najlepszym handlowcem. Wszyscy wskazali mężczyznę imieniem Ken, który siedział w pierwszym rzędzie.

Trener spojrzał na Kena i spytał:

– Czy to prawda? Jest pan tutaj najlepszy?

– Nic o tym nie wiem – odrzekł Ken. – Nie powiedziałbym, że jestem najlepszy, chociaż miałem kilka tłustych lat.

– No, na pewno dobrze panu idzie, skoro wszyscy uważają, że jest pan najlepszy. Zadam panu jeszcze jedno pytanie. Wszyscy tutaj chcą osiągnąć to, co pan. Ilu kolegów pytało pana, jak pan to zrobił?

Ken odparł, że żaden. Trener powiódł wzrokiem po sali i zapytał:

– A więc dlatego tu jestem? Wiecie, kto z was jest najlepszy, a nawet go nie zapytaliście, jak to robi.

Ludzi sukcesu można też znaleźć w księgarniach. Nie, nie chodzi o to, że zbierają się tam i czekają, żeby ktoś poprosił ich radę. Wielu ludzi sukcesu napisało książki. Mnóstwo innych książek napisano o tym, jak się odnosi wielki sukces. W książkach tych można znaleźć wszelkie możliwe pomysły, a mimo to niewielu ludzi po nie sięga.

Przypuśćmy, że jestem zainteresowany zdobyciem majątku. Raczej nie mógłbym podejść do miliardera i zapytać, jak doszedł do swojej fortuny. Nie jest to jednak konieczne. Mogę się łatwo dowiedzieć, w jaki sposób wielu miliarderów, a jeszcze więcej milionerów zrobiło majątek. Wystarczy, że przeczytam książki napisane przez ludzi bogatych albo o nich. Czy skorzystałbym z okazji, gdyby Sam Walton nadal żył, a ja mógłbym spędzić z nim popołudnie? Jasne. Został najbogatszym człowiekiem świata i wiem, że gdybym mógł z nim dłużej porozmawiać, niejednego bym się nauczył. Ale mogę zrobić coś równie pożytecznego, jak rozmowa z Samem Waltonem. W ostatnich dwóch latach życia Walton napisał książkę *Amerykański sen**. Za cenę książki i czasu poświęconego na jej przeczytanie dowiem się, jak Walton odniósł swój oszałamiający sukces.

Ucz się przez praktykę

Pewien prelegent powiedział, że osiąganie biegłości w jakiejś dziedzinie to trzystopniowa procedura: próba, niepowodzenie, korekta. Im więcej razy przejdziemy przez tę procedurę, tym sprawniej będziemy robić to, co robimy. Całe nasze życie powinno tak wyglądać: próba, niepowodzenie, korekta, próba, niepowodzenie, korekta,

* Sam Walton, *Amerykański sen. Sam Walton. Moja historia*, Grupa Wydawnicza Foksal, Warszawa 2015 (przyp. red.).

próba, niepowodzenie, korekta… Sam słyszałem, jak kilku bogatych biznesmenów mówiło, że stosowaniu tej procedury zawdzięcza majątek. Wieczorami często czytali o tym, co robią inni ludzie sukcesu, i wyciągali wnioski z lektury. Codziennie sprawdzali w praktyce co najmniej jeden pomysł, o którym się dowiedzieli. Większość z tych pomysłów okazywała się nietrafiona. Ale metodą prób i błędów co tydzień wdrażali w swoich firmach dwa, trzy nowe rozwiązania. Pomyśl, jakie odniósłbyś korzyści, gdybyś w przyszłym roku wynalazł sto usprawnień w swojej pracy lub biznesie. Jest to możliwe, musisz tylko wymyślić około tysiąca nowych rozwiązań i sprawdzić, czy dają wyniki. Nie spodziewaj się, że odniosą skutek za pierwszym razem. Wykonaj dziesięć prób, wtedy sprawdzian będzie miarodajny.

Możesz oszczędzić całe lata

Zakładam, że w ciągu następnych dziesięciu lat chcesz osiągnąć pewne cele (ja na pewno). Jeśli tak, ręczę, że istnieją sposoby, dzięki którym zajmie ci to od dwóch do pięciu lat mniej (to samo dotyczy mnie). Są to albo reguły, których nie znamy, albo narzędzia, których nie używamy. Wyobraź sobie, że nauczysz się czegoś, dzięki czemu zaoszczędzisz kilka lat ciężkiej pracy. To nie tylko dobre – to naprawdę potężne zarządzanie czasem. Musimy planować, organizować, porządkować, dostosowywać itp., ale dzięki żadnej z tych czynności nie zaoszczędzimy tyle czasu, ile dzięki sprawniejszej pracy.

Wyzwanie umiejętności:
Oderwij się od pracy i zainwestuj trochę czasu w naukę.

20
Arystoteles

Zasada Arystotelesa:
Doskonałość to nie jeden czyn, ale nawyk

Książki o zarządzaniu czasem najczęściej traktują przede wszystkim o tym, co robimy. Dotyczy to w dużej mierze również tej książki. Aby jednak nasz system zarządzania czasem miał właściwą moc, musimy zastanowić się, kim jesteśmy. Dla osiągnięcia czegoś w sporcie trzeba wytężyć wszystkie siły. Każdy trener domaga się od zawodnika, żeby na boisku „dał z siebie wszystko". Trenerom jednak zależy też na zawodnikach, którzy mają większy potencjał. Nawet wytężając wszystkie siły, podniesiemy tylko określony ciężar. Zawsze osiągniemy punkt, w którym mimo największych wysiłków nie dźwigniemy ani jednego kilograma więcej. A wtedy jedyny sposób, żeby podnieść większy ciężar, to zwiększenie naszych sił. Kiedy dajesz z siebie wszystko, wynik zależy już nie od tego, co robisz, ale od tego, kim jesteś. Żeby więcej osiągnąć, musimy być sprawniejsi.

W poprzednim rozdziale zaczęliśmy już mówić o tym, jak uzyskać większą sprawność. Poznanie reguł i zdobycie narzędzi na pewno nam w tym pomogą. W tym i następnym rozdziale zbadamy wnikliwiej kwestię, kim jesteśmy. W niniejszym rozdziale pomówimy o nawykach. Zdaniem Arystotelesa to nawyki czynią nas tym, kim jesteśmy. W następnym rozdziale przyjdzie kolej na samodyscyplinę. Nasza efektywność w zarządzaniu czasem zależy od tego, czy prowadzimy zdyscyplinowane życie.

Photoshop to nie sposób na poprawę życia

Zawsze szukamy szybkich i łatwych sposobów, by mieć silne i szczupłe ciało. Jedyną naprawdę prostą metodę poprawienia naszego wyglądu oferuje Photoshop. Ale to rozwiązanie jest dobre tylko do chwili, gdy ktoś znający nasze zdjęcia ujrzy nas w rzeczywistości. Zastosowanie Photoshopa nie jest więc najlepszym wyjściem. Inne rozwiązanie polega na wyrobieniu w sobie dobrych nawyków. Zabiera ono więcej czasu, ale dzięki niemu możemy wyglądać tak, jak na zdjęciu z facebookowego profilu. Jeśli naprawdę chcemy poprawić swój wygląd, musimy dzień w dzień robić to, co trzeba. Tak jest niemal we wszystkich dziedzinach życia. Jeżeli chcemy być bogaci, możemy osiągnąć ten cel. Będzie to wymagać czasu i właściwych nawyków w obracaniu pieniędzmi, ale możemy zostać bogaci. Z kolei jeden z najpewniejszych sposobów na bankructwo to próbować wzbogacić się za szybko albo zbyt małym nakładem sił.

Chodzi o to, że nie da się osiągnąć bogactwa, zdrowia i szczęścia z dnia na dzień. Wszystko to zdobywa się pomału, dzień po dniu. Jeśli zależy nam na osiągnięciu celów, do których dążymy w życiu, musimy przyjrzeć się swoim nawykom. Kiedy wyrabiamy w sobie dobre nawyki, zyskujemy. Kiedy nabieramy złych, tracimy. Tracimy zdrowie, pieniądze i radość, którą możemy znaleźć w życiu. Jest jeszcze jedna ważna rzecz, którą tracimy wskutek złych nawyków – czas. Jeśli będziemy cierpliwie nad tym pracować, możemy pozbyć się złych nawyków zarządzania czasem i wyrobić w sobie dobre. Im konsekwentniej będziemy to robić, tym większą zyskamy kontrolę nad swoim czasem.

Nowe nawyki są nietrwałe

Arystoteles najtrafniej ujął podstawową zasadę, którą musimy zrozumieć, chcąc właściwie zarządzać czasem. Blisko dwadzieścia pięć wieków temu grecki filozof napisał: „Jesteśmy tym, co stale robimy. Doskonałość zatem to nie jeden czyn, ale nawyk". Nawyki są kluczem do zarządzania naszym rozkładem dnia i maksymalnego wykorzystania czasu. Sęk w tym, że łatwo nabrać złych nawyków, a trudno wyrobić w sobie dobre. Aby nabrać złych nawyków, wystarczy po prostu żyć. Pojawiają się bez udziału naszej woli, uświadamiamy je sobie dopiero wtedy, gdy jest już za późno. Jak powiedział Warren Buffett: „Kajdany nawyku są zbyt lekkie, żeby je poczuć, aż stają się za ciężkie, by je skruszyć". Natomiast dobre nawyki nie powstają w sposób naturalny. Musimy się natrudzić, żeby je w sobie wyrobić.

Dobre nawyki najtrudniej wyrobić w sobie wtedy, gdy nie rozumiemy, w jaki sposób powstają. Kiedy zaczynamy wyrabiać w sobie nawyk, mamy skłonność do nierealistycznych oczekiwań. Nowe nawyki są nietrwałe. Nic szybciej nie zniszczy takich nietrwałych nawyków niż traktowanie ich jak od początku silnych i ugruntowanych. Kiedy zrozumiemy, jak powstają nawyki – że na początku są słabe i dopiero z czasem stają się silniejsze – będziemy mogli wyrobić w sobie takie, które okażą się trwałe.

Nawyki nie pojawiają się od razu w stanie doskonałym. Nie jest tak, że postanawiamy zmienić styl postępowania i z dnia na dzień zmieniamy go. Nawyki wyrabiamy w sobie powoli, mozolnie ucząc się unikać błędów. Weźmy dla przykładu zdrowe odżywianie. Aby maksymalnie wykorzystywać czas, potrzebujemy energii. Żeby mieć energię, musimy prowadzić zdrowy tryb życia. Zdrowy tryb życia wymaga dobrego odżywania się. To, co jemy na co dzień, nie dostarcza nam wszystkich substancji odżywczych, których potrzebuje nasz organizm. Najłatwiejszy sposób, żeby poprawić stan naszego zdrowia, to wyrobić w sobie nawyk przyjmowania codziennie multiwitaminy wysokiej jakości. Skoro z tego, co jemy, nie uzyskujemy odpowiednich substancji odżywczych, musimy skądś je czerpać i codzienne przyjmowanie multiwitaminy to dobry początek. Jeśli jeszcze jej nie bierzecie, namawiam.

Musisz wyrobić w sobie nawyk brania multiwitaminy. Codziennie bierzesz tabletkę, wkładasz do ust, popijasz wodą i połykasz. Nie sposób chyba wymyślić łatwiejszego do wyrobienia nawyku. W praktyce może być to trudniejsze, niż się wydaje. Dlaczego? Ponieważ wyrabiasz w sobie nowy nawyk, a nowe nawyki są nietrwałe. Jeżeli nie masz nawyku codziennego brania witamin, prawdopodobieństwo, że będziesz to robić codziennie przez następny miesiąc, jest znikome – mniej więcej takie, jak tego, że w sierpniu na Florydzie rozpęta się zamieć. W pierwszym miesiącu na pewno nie weźmiesz tabletki przez trzydzieści jeden dni w miesiącu. Przypuszczam, że jak dobrze pójdzie, będziesz pamiętał o niej tylko przez dwadzieścia pięć dni.

Wyrobienie w sobie nawet tak prostego nawyku jak codzienne branie witamin będzie ci na początku sprawiało kłopoty. Przez jakiś czas będziesz zapominał o wzięciu tabletki, aż w końcu nawyk się utrwali. Ta prosta czynność zajmuje sekundy i jest tak łatwa jak wypicie wody. Mimo to lepiej bądź przygotowany na niepowodzenia, gdy będziesz się starał, żeby weszła ci w nawyk.

Skoro wyrobienie w sobie nawyku brania witamin jest takie trudne, to można sobie wyobrazić, ile kłopotów czeka nas przy trudniejszych nawykach, na przykład codziennym planowaniu. Jeżeli nie miałeś dotąd tego zwyczaju, pięćdziesięcioprocentowa skuteczność w pierwszym miesiącu byłaby znakomitym wynikiem. A regularne ćwiczenia fizyczne? Niektórzy z nas rezygnują po dwóch opuszczonych treningach z rzędu – według nich świadczy to, że tak naprawdę nie traktują sprawy poważnie. Nie można jednak oczekiwać, że już w pierwszym tygodniu wyrobimy w sobie nadludzkie nawyki. Na początku każdy będzie opuszczać treningi. Sumiennie ćwiczę od dziesięciolecі, a mimo to dziś rano zapomniałem o treningu. Nie powinniśmy liczyć, że od razu wszystko będzie idealnie.

Cel dla postępu

Nadmierne oczekiwania mają szkodliwe skutki: za niepowodzenie wymierzamy sobie karę. Tymczasem powinniśmy być z siebie dumni, że w ogóle próbujemy. Załóżmy, że dotychczas nie brałem witamin i postanawiam zacząć w tym miesiącu. Zupełnie mi się nie udaje. W pierwszym miesiącu biorę tylko trzy razy. Jak mi poszło? Znacznie lepiej niż w poprzednim miesiącu. Jestem pewien, że mój organizm docenia substancje odżywcze, które otrzymał w tych trzech dniach. To z pewnością dużo lepiej niż dostarczanie mu tylko tego, co do tej pory. Jeżeli wyrabiamy w sobie dobry nawyk, musimy kierować się zasadą, że każdy sukces jest lepszy niż bezczynność.

Przypuśćmy, że w następnym miesiącu również idzie mi kiepsko, ale już nie tak fatalnie. Tym razem biorę witaminy przez pięć dni. Jak mi poszło w miesiącu numer 2? Możemy uznać, że naprawdę jesteśmy beznadziejni, bo wzięliśmy witaminy tylko osiem razy w ciągu sześćdziesięciu jeden dni. Albo możemy się ucieszyć, że w tym miesiącu poszło nam dużo lepiej niż w poprzednim. Robimy postępy, więc jest się z czego cieszyć. W ostatnich dwóch miesiącach nie tylko dostarczyliśmy organizmowi więcej substancji odżywczych niż w całym ubiegłym roku, lecz weszliśmy też na właściwą drogę. Jeżeli nadal będziemy robić postępy, w końcu zaczniemy brać witaminy prawie codziennie. Musimy myśleć w kategoriach postępu, a nie perfekcji. Podczas wykładów lubię dwojako ilustrować tę tezę.

Po pierwsze, pytam, czy jest wśród obecnych ktoś, kto chciałby nauczyć się żonglować. Znajduję ochotniczkę i zapraszam ją na katedrę, żeby zademonstrować pierwszy krok w nauce żonglowania. Wręczam jej trzy woreczki z fasolą i mówię, żeby je upuściła. Potem każę jej podnieść je z podłogi. Kiedy wykonuje polecenie, mówię, że w tej chwili uczy się pierwszej rzeczy o żonglowaniu. Musisz nauczyć się podnoszenia woreczków z podłogi, bo będziesz to robić bardzo często. Ucząc się żonglowania, nie liczysz od razu na to, że zawsze uda ci się utrzymać wszystkie trzy woreczki w powietrzu. To szybko nie nastąpi. Realistycznym celem na najbliższą przyszłość jest utrzymywanie woreczków w powietrzu coraz dłużej. Im dłużej udaje ci się ich nie upuścić, tym większe postępy zrobiłeś w nauce żonglowania. Nie miej jednak złudzeń: woreczki będą upadać na podłogę. Raz po raz któregoś nie zdołasz utrzymać w powietrzu. Tak to jest, kiedy człowiek uczy się żonglowania. I tak samo jest z wyrabianiem w sobie nawyków. Jeśli chcesz wyrobić w sobie jakiś nawyk, nie wyobrażaj sobie, że unikniesz niepowodzeń. Po prostu staraj się wydłużać czas dzielący jedno niepowodzenie od drugiego.

Mój drugi pokaz również zaczyna się od ochotnika z widowni. Proszę go, żeby wyciągnął palce wskazujące, złączył je i skierował w stronę sufitu. Wyjmuję szpulkę nici i raz lub dwa obwiązuję ochotnikowi palce wskazujące. Potem każę mu je rozłączyć. Udaje mu się to bez trudu. Powtarzam czynność, ale tym razem obwiązuję palce pięć albo sześć razy. Wciąż może je rozłączyć, chociaż teraz z nieco większym trudem. Za trzecim razem owijam jego palce trzydzieści albo i czterdzieści razy. Teraz nie jest już w stanie ich rozłączyć.

Wyjaśniam, że tak właśnie jest z nawykami. Nić jest jak nawyk, który zobowiązuje nas do pewnego działania. Powiedzmy, że staramy się wyrobić w sobie nawyk planowania dnia. Za każdym razem gdy zaczynamy dzień z planem, przypomina to jednokrotne obwiązywanie palców nitką. Kiedy opuszczamy jeden dzień, jest to jak jednokrotne odwiązanie nitki. Im więcej razy nam się udaje, tym mocniej jesteśmy przywiązani do planowania dnia. I odwrotnie – im więcej dni opuścimy, tym słabiej jesteśmy przywiązani do czynności planowania. Na ile mocno jesteśmy przywiązani do nawyku planowania dnia, można określić na podstawie tego, ile razy zaczynamy dzień z planem, a ile razy bez niego.

Opuszczenie jednego dnia w planowaniu nie ma większego znaczenia, pomijając to, że łatwiej wtedy opuścić następny dzień. Jeśli zmienimy tę tendencję, planując następny dzień, z powrotem przywiązujemy się do naszego nawyku. Jeśli jednak za bardzo przejmiemy się drobnym niepowodzeniem, cały trud wyrabiania nawyku może zostać zniweczony.

Z czasem nasze nawyki są coraz silniejsze, aż w końcu stają się trwałe. Około trzydziestu lat temu postanowiłem zaczynać dzień od prywatnego obrządku religijnego. Odczytywałem krótki fragment Biblii i modliłem się. W pierwszym roku zacząłem tak najwyżej osiemdziesiąt dni. Było to dużo mniej niż 365, jak się spodziewałem, podejmując postanowienie, ale znacznie więcej niż w poprzednim roku (czyli niż zero). W następnym roku było jeszcze lepiej, chociaż wciąż niewiele ponad sto dni. Po kilku latach modliłem się już prawie codziennie. Teraz robię to od tak długiego czasu, że właściwie nie potrafię zacząć dnia bez modlitwy. Nawet o niej nie myślę, po prostu co rano ją odmawiam. Jestem bardzo mocno przywiązany do tego zwyczaju. Ale początki nie były łatwe. Trzeba było lat, żebym wyrobił w sobie tak mocno ugruntowany nawyk.

Nawyki właściwego zarządzania czasem

Można zapytać, co to ma wspólnego z zarządzaniem czasem. Otóż, parafrazując Arystotelesa, właściwe zarządzanie czasem to nie jeden czyn, ale nawyk. W jaki sposób przestrzegamy procedury? Wyrabiamy w sobie nawyk. Jak wdrażamy system? Wyrabiamy nawyk. Można powiedzieć, że mamy system zarządzania czasem, jeśli nawykowo stosujemy ten system. Staje się on naszym nawykiem. Najtrudniejsze we wdrażaniu systemu zarządzania czasem jest wyrobienie w sobie nawyku stosowania go. Studiowanie procedur może być interesujące, tworzenie systemu może sprawiać frajdę, ale jedno i drugie jest bezużyteczne, jeśli nie mamy nawyku stosowania swojego systemu.

Jakie są więc nawyki właściwego zarządzania czasem? Poniżej podaję pięć nawyków, które uznaję za niezbędne we właściwym zarządzaniu swoim czasem. Twoje mogą być inne, ale poniższa lista być może skłoni cię do przemyślenia tego, jakie nawyki należy w sobie wyrobić, żeby właściwie zarządzać czasem.

Określ zadania: Mam aktualną listę zadań, które powinienem wykonać. Kiedy jakaś sprawa pojawia się nagle, nie rzucam tego, co akurat robię, żeby się nią zająć. Odnotowuję nową sprawę i dodaję ją do listy. Mam nawyk sporządzania listy najważniejszych spraw do załatwienia danego dnia. Kiedy dopisuję jakieś zadanie do listy, zawsze oceniam, ile czasu zajmie mi jego wykonanie. W ten sposób mogę sprawdzić, ile zadań jestem w stanie wykonać w ciągu dnia. Na liście umieszczam tylko tyle zadań, ile mogę ich wykonać w danym dniu.

Ustal priorytety: Kiedy decyduję, jakimi zadaniami zajmę się danego dnia, szereguję je pod względem znaczenia. Dzięki temu nawykowi mam pewność, że jeśli czegoś nie zdążę zrobić, nie będzie to zadanie, które koniecznie należało tego dnia wykonać. Zwykle w ciągu dnia dochodzi do jakiejś chaotycznej sytuacji. Dziś rano, zanim jeszcze wszedłem do gabinetu, w moim życiu wystąpiła chaotyczna sytuacja, na którą straciłem trzy kwadranse. Nie było jeszcze ósmej rano, a mój rozkład dnia już się zawalił. Było jasne, że nie zrobię wszystkiego, co zaplanowałem sobie na ten dzień. Z czegoś musiałem zrezygnować. Nie wpadłem jednak w panikę. Wiedziałem, co skreślić z listy. Skoro nie mam czasu załatwić jakiejś sprawy, powinna być ona najmniej, a nie najbardziej istotna.

Kontaktuj się z ludźmi: Odkryłem pewną prawdę o życiu. Sukces zawdzięczamy w większym stopniu ludziom, z którymi pracujemy, niż wykonywanym zadaniom. Pewien poziom sukcesu można osiągnąć samemu. Aby jednak naprawdę czegoś dokonać, musimy połączyć siły z innymi. Omówimy to bardziej szczegółowo w rozdziale poświęconym zasadzie zespołu. W procesie wykonywania zadań bardzo łatwo jest pominąć ludzi, z którymi pracujemy. Dlatego mam codzienny nawyk spotykania się ze współpracownikami lub telefonowania do nich. Przeznaczam na to pewną ilość czasu. W tym czasie również oddzwaniam, jeśli nie mogłem wcześniej odebrać telefonu. Mam też pewne nawyki, dzięki którym codziennie spędzam choć trochę czasu z rodziną.

Zarządzanie kontaktami: Powinniśmy nie tylko spotykać się z ludźmi i dzwonić do nich. Ważne jest także, byśmy przeznaczyli trochę czasu na sporządzenie notatek z tych kontaktów. Najlepszym autorem w tej dziedzinie jest chyba Harvey Mackay*, który powtarza: „Blady atrament jest pewniejszy niż najlepsza pamięć". Sporządzanie notatek z naszych spotkań i rozmów telefonicznych, kiedy jeszcze je żywo pamiętamy, ma wiele zalet. Przyzwyczaiłem się więc robić zapiski, ilekroć z kimś rozmawiam. Robię je na komputerze. Mam też nawyk ustalania daty następnego kontaktu. Kiedy ta data się zbliża, pamiętam, żeby uwzględnić ten kontakt w moim rozkładzie dnia. Zarządzanie ludźmi w naszym życiu to podstawowy element zarządzania czasem. Niewiele osób dba o to w sposób systematyczny. Aby na pewno nie stracić kontaktu z ludźmi, którzy są dla nas ważni, musimy wyrobić sobie odpowiednie nawyki. Innego sposobu nie ma.

Oceń swój dzień: Warto też przeznaczyć codziennie kilka minut na refleksję, jak udał nam się dzień. Lubię zapisywać w kalendarzu, czego dokonałem danego dnia. Mogę wtedy sprawdzić, czy rzeczywiście gospodaruję czasem w sposób, który pomaga mi osiągnąć wytknięte cele. Przyszłość może być złudna, ale przeszłość nigdy nie kłamie. Dobrze jest uczciwie ocenić, czego naprawdę dokonujemy w dostępnym nam czasie. Jest to dużo łatwiejsze, jeśli wyrobimy w sobie nawyk codziennego zapisywania, co w tym dniu zrobiliśmy.

Wymienione nawyki skutecznie pomagają mi zarządzać czasem. Twoje życie i zajęcia mogą być zupełnie inne, ale jedno z pewnością nas łączy. Nigdy nie będziemy efektywnie zarządzali czasem, jeśli nie wyrobimy w sobie pewnych ważnych nawyków.

Na wyniki trzeba poczekać

Wiele razy słyszałem powiedzenie, że my kształtujemy nasze nawyki, a potem nawyki kształtują nas. Staramy się wyrobić w so-

* Harvey Mackay nazywany jest mistrzem sprzedaży, autor książek biznesowych, m.in. *Pływaj z rekinami i nie daj się pożreć* (MT Biznes, Warszawa 2007) (przyp. red.).

bie dobre nawyki i pozbyć się złych. Powoli kształtujące się nawyki zmieniają nasze życie, które pomału staje się takie, jak chcemy. Sęk w tym, że najpierw musimy się napracować nad wyrobieniem w sobie nawyków, a korzyści z nich odnosimy dopiero wtedy, gdy zmienimy swoje postępowanie. Ponieważ nowe nawyki są nietrwałe, im wcześniejsza faza ich kształtowania się, tym jest nam trudniej. Jeśli mamy silnie ugruntowany nawyk, utrzymanie go nie wymaga wiele pracy. Najtrudniej jest wyrobić go w sobie.

Kiedy męczymy się, żeby te nietrwałe nawyki nie zanikły, trudno nam dojrzeć wynikające z nich korzyści. Przypomnij sobie, jak to jest, gdy zaczynasz cykl treningowy. Czujesz się lepiej? Po pierwszych kilku treningach na pewno nie. Wszystkie mięśnie, których przez lata nie używałeś, boleśnie dają znać o swoim istnieniu. W rzeczywistości czujesz się gorzej. To może wyglądasz lepiej? Nie bardzo. A przecież zacząłeś treningi, żeby czuć się i wyglądać lepiej. Tymczasem czujesz się gorzej, a wyglądasz mniej więcej tak samo. Musisz walczyć ze sobą, żeby nowy nawyk nie zanikł. Kusi cię, żeby zrezygnować. Nie rób tego!

Przy okazji zasady rzeczywistości pomówimy o tym, dlaczego tak trudno robić dziś coś, co dopiero jutro przyniesie nam korzyść. Nie jest łatwo wyobrazić sobie, że w przyszłości odniesiemy korzyść z tego, że dziś się męczymy nad wyrobieniem w sobie dobrych nawyków. Chcąc jednak maksymalnie wykorzystać swój czas, musimy to robić. Musimy powtarzać sobie, że korzyści w końcu przyjdą.

Powinniśmy też sprawdzać, czy naprawdę robimy postępy. W zeszycie do ćwiczeń *Living the Basics* prezentuję proste narzędzie, które pomoże nam wyrobić w sobie dobre nawyki i pozbyć się złych. Nazywa się to Szachownica Nawyków. Dzięki niej możemy obserwować, jak kształtują się dobre nawyki. Zawsze jest kilka dobrych nawyków, które pragnę w sobie wyrobić, i kilka złych, których chcę się pozbyć. Wyrabianie w sobie dobrych nawyków może być trudne, ale nigdy nie jest tak trudne, jak życie ze złymi nawykami.

Wyzwanie Arystotelesa:

Wyrób w sobie nawyk wyrabiania dobrych nawyków.

21
Dyscyplina

Zasada dyscypliny:
Bez samodyscypliny nie ma udanego życia

Co pokazuje kino i telewizja, starając się przedstawić obraz udanego życia? Bogactwo, sławę, pozycję w społeczeństwie, zmysłowe przyjemności, podróże, talent, osiągnięcia i wpływy. Niewielu dane jest zaznać ich wszystkich podczas swojej ziemskiej wędrówki.

Jednym z nich był słynny rosyjski powieściopisarz Lew Tołstoj. Urodził się w rodzinie arystokratycznej. Miejsce w elicie społeczeństwa zapewnił jego rodzinie car Piotr Wielki. Tołstoj był zapewne najbardziej utalentowanym pisarzem swego pokolenia. Dużo podróżował po świecie i korzystał z wszelkich dobrych i złych przyjemności tego świata. Już za życia był sławny i nawet po śmierci nie przestał wywierać wpływu. Mahatma Gandhi i Martin Luther King od niego zaczerpnęli ideę walki bez użycia przemocy. Ale to nie w sławie, fortunie ani przyjemnościach Tołstoj znalazł sedno udanego życia, lecz w samodyscyplinie. Napisał kiedyś: „Udane życie nigdy nie było i nie będzie możliwe bez samodyscypliny". Przekonał się, że wszystkie przyjemności, sława i fortuna nie dadzą ci nawet części tego, co da samodyscyplina.

W pierwszej połowie życia Tołstoj miał wszystko, w drugiej ze wszystkiego zrezygnował. Nie korzystał ze swego bogactwa, żył jak nędzarz. Wyrzekł się wszystkich przyjemności, jakie oferowało mu życie. Przyglądając się życiu Tołstoja, łatwo zrozumieć jego wybór.

Przez wiele lat nie robił właściwego użytku z majątku ani swojej pozycji społecznej. Były dla niego tylko narzędziami samolubnych rozkoszy. W końcu jednak dostrzegł marność takiego życia i porzucił je.

Czym jest samodyscyplina?

Późny okres życia Tołstoja nie był wzorem samodyscypliny, tak samo jak jego młode lata nie były wzorem udanego życia. Wyrzekł się wielu rzeczy, ale samo wyrzeczenie nie jest jeszcze samodyscypliną. Jesteśmy zdyscyplinowani, bo zależy nam na czymś i decydujemy się na wyrzeczenia, żeby to zdobyć. Chociaż samodyscyplina wymaga wyrzeczeń, nie rezygnujemy z czegoś tylko po to, aby się tego pozbyć. Wyrzekamy się, żeby dostać coś w zamian. Wyrzekamy się z uzasadnionego powodu i na pewien czas.

Samodyscyplina nie ma w sobie nic z palenia studolarowego banknotu. To raczej inwestowanie tych stu dolarów w przedsięwzięcie, które przyniesie sowity dochód. Dopiero wtedy, wydając je, odniesiemy większą korzyść, niż może nam dać sto dolarów. Odkładamy pieniądze nie dlatego, że są złe, ale ponieważ możemy mieć ich znacznie więcej, jeśli tylko będziemy gotowi do uzasadnionych wyrzeczeń. Problem nie polega na tym, że chcemy cieszyć się przyjemnościami, które oferuje nam życie. Chodzi o to, że szukamy ich tam, gdzie nie sposób ich znaleźć. Przez całe życie próbujemy znaleźć drogę do udanego życia, które nie wiedzie przez samodyscyplinę. Tymczasem droga taka nie istnieje. Nie będziemy mieli udanego życia, nie narzucając sobie samodyscypliny.

Tołstoj zrozumiał w końcu, że życie bez dyscypliny nie jest usłane różami. Jeśli chcemy, aby ciężko nam się żyło, możemy pójść śladem Tołstoja z wczesnych lat jego życia. Nie wyrzekać się niczego, używać, ile się da, nie myśląc o przyszłości. Życie bez samodyscypliny jest najtrudniejsze. Jeśli jednak chcemy mieć udane życie, prawdopodobnie nie powinniśmy naśladować wyrzeczeń Tołstoja z późniejszego okresu jego życia. Wyrzeczenia nie są dla nas sztuką dla sztuki. Godzimy się na nie, bo myślimy o lepszym jutrze. Żyjemy w sposób zdyscyplinowany, gdyż chcemy mieć udane życie.

Zarządzanie czasem wymaga dyscypliny

Brian Tracy jest autorem najobszerniejszej książki o samodyscyplinie. Napisał w niej: „Nie ma chyba w życiu dziedziny, w której samodyscyplina miałaby większe znaczenie niż w zarządzaniu czasem". Dlaczego? Przedstawimy kilka powodów, dla których samodyscyplina jest tak ważna w zarządzaniu czasem.

Musimy wyrabiać w sobie dobre nawyki

Jak już wiemy, właściwe zarządzanie czasem wymaga odkrycia procedury, a potem stworzenia systemu, który zapewni tej procedurze skuteczność. Następnie wyrabiamy w sobie nawyk stosowania systemu. Im silniejszy jest ten nawyk, tym bardziej korzystamy z efektów procedury. Wyrobienie w sobie nawyku wymaga zarówno dyscypliny, jak cierpliwości. Nie przepadam za planowaniem dnia. Lubię jednak spojrzeć wstecz i zobaczyć, czego dokonałem dzięki temu, że zacząłem dzień z konkretnym planem. Oczywiście cudownie byłoby wstać rano, nie mając żadnego planu. Jeśli jednak zmuszę się, żeby wyrobić w sobie nawyk codziennego planowania, osiągnę w życiu znacznie więcej.

Musimy wykonywać nudne i nieprzyjemne zadania, które mamy w planie

Nie tak dawno miałem prelekcję o tym, że musimy wykonywać również nieprzyjemne zadania, które mamy na swojej liście. Wyjąłem telefon komórkowy i wyświetliłem swoją listę zadań do wykonania. Patrząc na nią, opowiadałem słuchaczom, co czuję na widok każdej pozycji. „To nic fajnego, to nudy, to nic przyjemnego, tego nie znoszę, to jest trudne, to bardzo fajne, to nic zabawnego, a tego nie lubię". Tylko jedno zadanie należało do „fajnych". Większość była mało zabawna albo nieprzyjemna. Kilkoma najchętniej nigdy bym się nie zajmował. Nie narzekam, bo sądzę, że twój typowy dzień nie różni się zbytnio od mojego. Naprawdę kocham swoją pracę. Mimo to nie wszystkie zadania na swojej liście uważam za przyjemne.

Planując dzień, niechybnie ujrzymy w swoim planie rzeczy, które trzeba zrobić, ale które są nudne lub nieprzyjemne. Każdy plan dnia jest mieszaniną rzeczy przyjemnych i mało przyjemnych. Co jednak ciekawe, ludzie mający dość samodyscypliny, aby robić rzeczy nudne i nieprzyjemne, z czasem mają ich coraz mniej do zrobienia. Jak to się dzieje? Odnosimy sukces, gdy robimy to, od czego inni stronią. Sukces otwiera przed nami szersze możliwości. Dzięki niemu mamy większe szanse rozwoju kariery. Możemy wybrać pracę pozwalającą nam robić więcej rzeczy, które lubimy. Sukcesowi zawdzięczamy też pieniądze, za które możemy zatrudnić ludzi do wykonania nielubianych zadań.

Musimy skupiać się na zadaniu

Jednym z moich największych wyzwań związanych z zarządzaniem czasem jest koncentracja na zadaniu do wykonania. Nawet pisząc to zdanie, myślę o dziesięciu innych rzeczach, które próbują oderwać mnie od klawiatury. Jeśli jednak zacznę porządkować książki w pokoju dziecka, nie napiszę tego rozdziału. Jeśli po raz piętnasty dzisiaj sprawdzę pocztę, nie dokończę rozdziału. Jeśli zajmę się jakąś inną rzeczą, które tak łatwo odrywają moją uwagę od komputera, rozdział ten nie powstanie. Jedyny sposób napisania tego rozdziału to dotrzymać danego sobie słowa i skupić się na pisaniu. A to wymaga dyscypliny.

Potrzebujemy energii, aby utrzymać tempo

Zauważyłem ciekawą rzecz. Bardzo często, kiedy ktoś mówi: „Nie mam czasu", mówi tak naprawdę: „Nie mam siły". Przy swoim rozkładzie zajęć mógłby zrobić znacznie więcej, ale jest po prostu za bardzo zmęczony. Powinniśmy prowadzić zdyscyplinowane życie między innymi po to, żeby mieć siły, których wymaga nasz rozkład dnia. Jeśli dobrze się odżywiamy, ćwiczymy i odpowiednio odpoczywamy, możemy pracować w znacznie szybszym tempie bez zmęczenia. Wielkie znaczenie ma tutaj dyscyplina.

Brałem kiedyś udział w konferencji. Jeden z jej uczestników powiedział, że powinniśmy jeść codziennie sześć różnych gatunków owoców i warzyw. „Spróbuję" – pomyślałem. Przekonałem się, że moja awersja do owoców i warzyw niemal dorównuje słabości do pizzy i lodów. Odkryłem jednak, że jedząc owoce i warzywa, a nie pizzę i lody, mam znacznie więcej energii. Odkryłem też coś jeszcze, co mnie szczerze zdziwiło. Z czasem owoce i warzywa zaczęły mi bardziej smakować, a lody i pizza zdecydowanie straciły na atrakcyjności. W końcu zacząłem odnosić wszystkie korzyści z właściwego odżywiania się, a moje kubki smakowe przestały się buntować.

Konieczność rezygnacji

Jak już mówiliśmy, musimy zrezygnować z wielu dobrych rzeczy, jeśli chcemy mieć dość czasu na najlepsze. Czasami jednak rezygnacja przychodzi nam z wielkim trudem. Nie chcemy rezygnować z czegoś, co wydaje się fajne lub interesujące. Nie chcemy rezygnować z okazji, bo obawiamy się, że już się ona nie powtórzy. Elton John napisał piosenkę, w której były takie słowa: „«Przepraszam» to chyba najtrudniejsze słowo". Nie dla większości ludzi. Dla większości najtrudniejsze jest słowo „nie". Trzeba wielkiej samodyscypliny, żeby się na nie zdobyć.

Cztery klucze do samodyscypliny

Jak więc prowadzić zdyscyplinowane życie? Rzecz sprowadza się po części do czystej siły woli. Nie chcemy jednak utrudniać sobie sytuacji bardziej, niż to jest konieczne. Istnieją cztery klucze do zdyscyplinowanego życia. Pomogą nam one w pełni wyzyskać posiadaną siłę woli.

Wyeliminuj pokusy

Kiedy moja córka wyjechała na studia, znacznie łatwiej było mi przejść na właściwą dietę. Przez dwadzieścia lat pracowałem w swoim domowym gabinecie, który znajdował się za kuchnią. Kiedy wchodziłem do domu, musiałem przejść przez kuchnię. Nie mogłem nawet wejść do łazienki ani napić się wody, żeby nie przejść przez kuchnię. W pobliżu jedzenia zawsze dostaję apetytu, choćbym wcale nie był głodny. Nie chcę nawet myśleć, ile jedzenia opędzlowałem podczas tego ciągłego przechodzenia przez kuchnię. Kiedy córka się wyprowadziła, zająłem jej pokój. Teraz mój gabinet jest w innej części domu. Problem został rozwiązany. Rzadko przechodzę przez kuchnię i nie mam już pokusy ciągłego podjadania.

Ważnym kluczem do samodyscypliny jest zarządzanie pokusami. Leonardo da Vinci wyraził to trafnie: „Łatwiej się oprzeć na początku niż na końcu". Benjamin Franklin powiedział: „Znacznie łatwiej zwalczyć pierwsze pragnienie, niż zaspokoić wszystkie następne". Kiedy ulegamy pokusie, dzieje się to zwykle dużo wcześniej, niż nam się wydaje. Jesteśmy jak ów chłopiec, który wdał się w bójkę w szkole. Na pytanie dyrektora, co się stało, odpowiedział: „Wszystko zaczęło się, kiedy mi oddał". Oczywiście bójka zaczęła się wcześniej. Tak samo jest z nami, gdy poluzujemy samodyscyplinę. Przyczyna tkwi zwykle w czymś, co zrobiliśmy, zanim jeszcze ulegliśmy pokusie.

Załóżmy na przykład, że postanowiliśmy nie jeść deserów, dopóki nie zrzucimy kilku kilogramów. Wychodzimy na kolację z przyjaciółmi. Idziemy do restauracji, gdzie w barze serwują pyszne desery. Czy łatwiej nam dotrzymać zobowiązania za stołem czy przy barze? Jeżeli oprzemy się pokusie pójścia do baru, bardzo łatwo nam będzie zwalczyć pokusę zjedzenia deseru. Ale co będzie, gdy podejdziemy do baru, żeby „zobaczyć tylko, co mają"? Przepyszny czekoladowy deser zacznie nas nęcić i wołać: „Zjedz mnie". Odrobina czekolady nie może nam przecież zaszkodzić. Trzy pucharki później po naszym postanowieniu nie będzie nawet śladu. Najłatwiejszy sposób oparcia się pokusie to uciszyć ją, dopóki jest tylko szeptem.

Podejmij decyzję i przestań decydować

Słuszne decyzje podjąć tym łatwiej, im odleglejsza jest konieczność ich wprowadzenia w życie. Im bliżej jesteśmy realizacji swoich zamiarów, tym mniej atrakcyjny staje się nasz wybór. „Nie chcę" zaczyna wypierać „powinienem". „Nie chcę" wygrywa i wycofujemy się ze słusznej decyzji, zastępując ją błędną. Musimy walczyć, żeby wytrwać w słusznym postanowieniu.

Im bliżej jest urzeczywistnienie naszego postanowienia, tym większe prawdopodobieństwo, że zmienimy zamiar. Często odbywa się to tak: spoglądamy w przyszłość i decydujemy, co robić. Nasza decyzja opiera się na obiektywnej ocenie. Potem nadchodzi przyszłość i pora wprowadzić nasze postanowienie w życie. Wobec nowych okoliczności postanawiamy zrewidować swoją decyzję. Nie mam nic przeciwko zmianie decyzje na podstawie nowych informacji. Często jednak jedyna nowa informacja brzmi tak, że nie chcemy zrobić tego, co postanowiliśmy. Nie jest to uzasadniony powód, by zmienić zamiar.

Rozpatrzmy przykład z zakresu zarządzania czasem. Wieczorem postanawiamy, o której jutro wstaniemy, wiedząc, gdzie i kiedy mamy rano się znaleźć. Bierzemy pod uwagę, ile czasu zajmie nam mycie, ubieranie się, jedzenie śniadania itd. Uwzględniamy czas dojazdu i ruch uliczny o tej porze. Na podstawie tych danych ustawiamy budzik na szóstą trzydzieści. Taka była nasza decyzja i była ona słuszna. Nazajutrz rano dokładnie o szóstej trzydzieści budzik mówi nam, że pora urzeczywistnić wczorajsze postanowienie.

Możemy wprowadzić je w życie albo zacząć od nowa proces podejmowania decyzji. Jeśli zdecydujemy się na to pierwsze, dzień zacznie się dobrze. Jeśli jednak zaczniemy rozważać, co mamy robić, nie podejmiemy tak dobrej decyzji, jak poprzedniego dnia. Uznamy, że wstanie o szóstej trzydzieści to wcale nie taki świetny pomysł. Kilka razy wyłączymy budzik na kilka minut. W ostatniej chwili wyskoczymy z łóżka i ledwie się opłuczemy pod prysznicem. Śniadania w ogóle nie zjemy. Wybiegniemy do samochodu na wpół ubrani, zamierzając dokończyć ubieranie po drodze, na czerwonych światłach. Kilka razy złamiemy przepisy drogowe, a i tak przyjedziemy na miejsce spóźnieni. Właściwą porą do podejmowania decyzji był wieczór poprzedniego dnia. O szóstej trzydzieści przyszedł czas na urzeczywistnienie postanowienia. Podjąwszy decyzję, powinniśmy byli powstrzymać się od ponownego decydowania.

Użyj poczucia winy, by powrócić na właściwą drogę, a nie po to, by się zmotywować

Ważną częścią zdyscyplinowanego życia jest radzenie sobie z niepowodzeniami. Nikt z nas nie potrafi żyć w sposób doskonale zdyscyplinowany. Jest to po prostu niemożliwe. Noworoczne postanowienia nie zostaną spełnione. Dni będą toczyć się bezplanowo. Czekoladowe przysmaki będą nas odciągać od zdrowej diety. Będziemy przewracać się na drugi bok, zamiast wstać z łóżka o ustalonej godzinie. Kiedy ponosimy porażki, musimy uważać, żeby nie napełniły nas one poczuciem winy.

Poczucie winy służy odnajdywaniu drogi, ale bardzo szkodzi motywacji. Chociaż nie powinno być miarą tego, co słuszne i niesłuszne, często może nam podpowiedzieć, kiedy powinniśmy zmienić postępowanie. Oglądałem ostatnio film, w którym była ciekawa rozmowa między dwoma ojcami. Jeden miał świadomość swoich obowiązków, drugi, niebieski ptak, nawet jeszcze nie widział swojej czteroletniej córki. Zły ojciec wyznał przyjacielowi, że czuje się winny, i poprosił go o wyjaśnienie, dlaczego tak się czuje. Dobry ojciec odpowiedział: „Bo jesteś winny". Jego zdaniem zły ojciec powinien był posłuchać głosu sumienia, które mówiło mu, że pora dorosnąć do ojcowskich obowiązków. Poczucie winy podpowiadało złemu ojcu, jak powinien postąpić, czyli spełniało pożyteczną rolę. Pomaga nam ono odnajdywać właściwą drogę w dziedzinie moralności. Ostrzega, że zeszliśmy na manowce.

Kiedy jednak postanowiliśmy zmienić kierunek i wrócić na właściwą drogę, nie możemy używać poczucia winy do utrzymania się na tej drodze. Poczucie winy to bardzo zła motywacja. Dlaczego? Bo motywuje bardzo negatywnie. Bez przerwy myślimy o swoich niepowodzeniach, co może fatalnie wpłynąć na nasze wyobrażenie o sobie, a przecież zawsze działamy w sposób zgodny z tym wyobrażeniem. Poczucia winy możemy próbować użyć do ukarania się za niepowodzenia. Wydaje nam się, że jeśli psychiczny ból wywołany porażką jest odpowiednio duży, nie doznamy już niepowodzenia. Niestety, to płonne nadzieje. Poczucie winy nie zwiększa naszego zdecydowania, obniża samoocenę. A obniżona samoocena spowoduje kolejne porażki.

Dzięki poczuciu winy dowiemy się, kiedy nie prowadzimy zdyscyplinowanego życia, ale nie może nas ono zmotywować do zwiększenia samodyscypliny. Właściwą motywacją są korzyści, jakie możemy odnieść dzięki samodyscyplinie.

Ćwiczyć, ćwiczyć, ćwiczyć

Carnegie Hall to jedna z najwspanialszych sal koncertowych na świecie. Opowiada się o niej dowcip, który jest niemal tak stary jak sama Carnegie Hall. Turysta zatrzymuje nieznajomego przechodnia i pyta: „Jak się dostać do Carnegie Hall?". Przechodzień, który przypadkiem jest skrzypkiem wirtuozem, odpowiada: „Ćwiczyć, ćwiczyć, ćwiczyć". Tak samo można odpowiedzieć na pytanie: „Jak prowadzić zdyscyplinowane życie?". Trzeba ćwiczyć się w dyscyplinie. Ostatnio sporo czasu poświęciłem na studia nad neurofizjologią sukcesu. Dokonałem zaskakującego odkrycia: część mózgu odpowiedzialna za samodyscyplinę działa jak mięsień. Im częściej jej używamy, tym staje się silniejsza.

Oczywiście istnieje też zjawisko odwrotne. Im bardziej niezdyscyplinowane życie prowadzimy, tym trudniej nam się zdyscyplinować, gdy tego potrzebujemy. Jeśli nie ćwiczymy dyscypliny, ośrodki w naszym mózgu odpowiedzialne za dyscyplinę zaczynają obumierać. Jednym z wielkich wyzwań podczas podróży międzyplanetarnych są skutki, jakie miałoby dla organizmu długoletnie przebywanie w stanie nieważkości. Ponieważ astronauci rzadko używają mięśni, zaczynają one zanikać. Tak samo jest z osobą, która nie ćwiczy się w samodyscyplinie. Nie będziemy zdyscyplinowani bez regularnego ćwiczenia się w samodyscyplinie.

Któregoś roku jedną z największych sensacji ligi NBA podczas przerwy wakacyjnej było to, że LeBron James się odchudził. Wszyscy eksperci zachodzili w głowę, dlaczego to zrobił. Czy dlatego, że w poprzednim sezonie miał za mało energii? Czy po to, żeby móc rozegrać więcej sezonów przed zakończeniem kariery? A może chciał być szybszy pod koszem? W końcu, na pierwszej konferencji prasowej w nowym sezonie, zawodnik sam ujawnił, dlaczego postanowił schudnąć. Okazało się, że nie miało to nic wspólnego z koszykówką. Po prostu każdego lata LeBron James robił coś, co wymagało samodyscypliny. Tego lata tak się złożyło, że zdecydował przejść na dietę, dzięki której zrzucił trochę kilogramów. Wyszedł z założenia, że jeśli latem, kiedy nie ma wielu rygorów, potrafi przestrzegać dyscypliny, będzie mógł przyjechać na zgrupowanie jako bardziej zdyscyplinowany zawodnik. Nie chciał w ciągu lata stracić zarówno kondycji fizycznej, jak i wytrzymałości psychicznej.

Jeśli ćwiczymy się w dyscyplinie ćwiczeń fizycznych, właściwego odżywiania się, dotrzymywania zobowiązań, punktualnego chodzenia spać itd., znacznie łatwiej nam będzie utrzymać dyscyplinę potrzebną do sprostania wszystkim wyzwaniom związanym z zarządzaniem czasem. Musimy ćwiczyć się w samodyscyplinie, żeby móc ćwiczyć się w samodyscyplinie.

Łatwa droga

Często słyszałem powiedzenie, że łatwa droga staje się z czasem trudniejsza, a trudna łatwiejsza. Jest w nim wiele prawdy. Spójrz tylko na ludzi, którzy postanawiają odrzucić wszelką dyscyplinę i wieść „fajne życie". Poobserwuj ich przez kilka lat i zobacz, czy ich życie staje się z czasem lepsze czy gorsze. Przyjrzyj się też komuś, kto jest gotów do wyrzeczeń z uzasadnionego powodu i przez pewien czas. Zobacz, jak zmienia się jego życie. Pytanie brzmi: czy chcemy kilka kropli radości dziś, czy litry radości w następnych latach? Jakie życie będzie bardziej udane?

Wyzwanie dyscypliny:
Żeby prowadzić udane życie, utrzymuj wewnętrzną dyscyplinę.

22
Zespół

Zasada zespołu:
Żeby iść szybko, idź sam.
Żeby zajść daleko, stwórz zespół

Opowieść o Dawidzie i Goliacie od wieków fascynuje ludzi Zachodu. Kiedy w biznesie, sporcie lub polityce ktoś słabszy pokonuje znacznie silniejszego, często przypomina się tę legendę. Mały Dawid pokonał olbrzymiego Goliata. Niedawno przeczytałem tę opowieść i doszedłem do wniosku, że Dawid wcale nie był słabszy. Właściwie można się było spodziewać, że to on wygra pojedynek.

Chwila cierpliwości, a wszystko będzie jasne. Czytając ostatnio tę historię, zwróciłem uwagę na ciekawą rzecz. Dawid bardzo uważał, żeby Goliat nie wciągnął go w walkę wręcz. Chciał zachować zwinność podczas pojedynku, nie nosił więc zbroi, nie miał też miecza. Goliat natomiast był zakuty w zbroję, która spowalniała jego ruchy. Miał nie tylko miecz, ale także włócznię i nóż. Kiedy biegł w kierunku Dawida, ten uciekał przed nim. Dopóki dzięki szybkości i zwinności Dawid trzymał się z dala od Goliata, siła i oręż tego ostatniego znaczyły niewiele. Gdyby pozwolił mu zbliżyć się do siebie i wykorzystać swoją przewagę siły i uzbrojenia, nic by go nie uratowało. Ale dzięki szybkości i procy, czyli broni dalekiego zasięgu, w końcu pokonał Goliata.

Możesz nie zgodzić się z moim ujęciem tej biblijnej historii i nie mam zamiaru negować jej duchowego wymiaru. Ale przytoczyłem ją nie bez powodu. W pewnych okolicznościach zwycięża siła, w innych szybkość. Siła i oręż Goliata służyły do walki wręcz. Szybkość i broń Dawida były stworzone do walki na odległość. Dawid utrzymał przeciwnika na dystans i wygrał dzięki szybkości. W innych okolicznościach Dawid nie miałby szans przeciwko Goliatowi. Jeśli jesteś Dawidem, to mam nadzieję, że działasz w dziedzinie, w której szybkość jest ważniejsza niż siła. Jeżeli jesteś Goliatem, liczę, że jest odwrotnie.

Kwestia ta ma duże znaczenie. Człowiek pracujący w pojedynkę jest szybki, ale słaby. Grupa pracujących ludzi jest powolna, lecz silna. Co lepsze? Wróćmy do Dawida i Goliata. Co jest lepsze podczas bitwy: szybkość czy siła? To zależy od charakteru bitwy. Czy lepiej jest mieć siłę zespołu, czy szybkość pojedynczej osoby? To zależy od natury pracy. Jeśli chcesz zajść daleko, idź w zespole. Jeśli chcesz iść szybko, idź sam. Nie licz tylko, że będziesz szedł szybko w zespole albo że zajdziesz daleko w pojedynkę. Jest to tak zwana zasada zespołu. Żeby iść szybko, idź sam. Żeby zajść daleko, stwórz zespół. Duże zespoły nie poruszają się szybko, a samotni strzelcy nie zachodzą daleko. Liczba osób w zespole zależy od tego, jak daleko i jak szybko chcecie iść.

Zależy nam na sile czy szybkości?

Dlaczego zasada zespołu jest słuszna? Zespoły mają dwie wielkie zalety: siłę i różnorodność. Każdy robi dobrze pewne rzeczy, a inne nie najlepiej. Jeśli weźmiemy do zespołu właściwych ludzi, silne strony innych osób zrekompensują nasze słabości. Zespół jest też silny współdziałaniem swoich członków. Konie pociągowe to bardzo silne konie, używane do ciągnięcia zaprzęgów i wozów z ładunkiem. Wbrew obiegowej opinii wielkie konie rasy Clydesdale nie były hodowane do reklamowania piwa. To konie pociągowe wykorzystywane do transportu. Ciekawe jest to, że jeden koń Clydesdale może ciągnąć ładunek o wadze niecałych czterech ton, ale dwa zaprzężone razem są w stanie pociągnąć aż dziewięć ton. Policzmy. Dodanie drugiego konia Clydesdale więcej niż podwaja wagę ciągniętego ładunku. Na tym polega siła współdziałania i dlatego chcemy pracować zespołowo. Zespół potrafi dokonać więcej niż suma tego, czego mogą dokonać jego członkowie w pojedynkę.

Działanie zespołu związane jest jednak z dużymi kosztami ogólnymi. Są dwa główne rodzaje kosztów działania zespołu: komunikacja i koordynacja. Każdy lider ci powie, że jednym z największych problemów w kierowaniu zespołem jest właściwa komunikacja. Niełatwo sprawić, aby każdy członek zespołu wiedział i rozumiał, co robi cały zespół. Innym wielkim wyzwaniem jest dopilnowanie, żeby zespół pracował jako całość, a nie jako gromadka indywidualistów. Najlepsze zespoły to takie, w których wielu członków w doskonały sposób łączy właściwe tylko im zdolności, działając jak jedna wielka jednostka. Najgorsze natomiast są te, w których dominują osobiste ambicje członków i wzajemna rywalizacja. Odpowiednia koordynacja działań wymaga od liderów wiele pracy.

Zespoły mogą więc podejmować się wielkich zadań, ale nie potrafią reagować i działać tak szybko, jak pojedynczy człowiek. Mają większą różnorodność umiejętności i więcej środków, które mogą wykorzystać do rozwiązywania problemów. Muszą jednak zużywać cenny czas i środki na komunikację i koordynację. Jednostki nie muszą tego robić i dlatego mogą działać szybciej. Możliwości pojedynczego człowieka są jednak bardzo ograniczone.

Cztery sposoby odbywania podróży

Wiedząc to wszystko, możemy przejść do omówienia czterech sposobów odbywania podróży. Dwa z nich zapewniają sukces, dwa pozostałe powodują problemy.

Idziemy szybko w pojedynkę

Mając jakąś małą pracę do wykonania, nie musimy angażować całego zespołu. Możemy ją wykonać sami. W takich razach umiejętność zarządzania czasem bardzo się przydaje. Wyrabiamy sobie jasny pogląd na to, co mamy zrobić, i zaraz przechodzimy do działania. Zachowując koncentrację, szybko uwiniemy się z robotą.

Musimy jednak uważać. Ponieważ potrafimy działać w pojedynkę bardzo szybko, łatwo możemy ulec urokowi szybkości. Kiedy jesteśmy przyzwyczajeni do szybkiego działania, zwolnienie tempa może być dla nas bardzo przykre. Jest to jak przejście z szybkiego komputera na wolny. Jeśli pracowaliśmy na wolnym komputerze i przesiedliśmy się na szybki, prawie nie zauważymy różnicy. Kiedy pracowaliśmy na szybkim i przesiedliśmy się na wolniejszy, różnica bardzo nam doskwiera. Z przejściem od szybkiego do powolnego działania trudno się pogodzić. Nie powinniśmy jednak tak przywyknąć do szybkiego działania w pojedynkę, żeby bronić się przed zwolnieniem tempa, gdy potrzebujemy siły zespołu.

Idziemy daleko z zespołem

Zespoły posuwają się w wolnym tempie. Pomyśl jednak, o ile więcej możesz dokonać w zespole. Jeśli chcesz wejść na wzgórze, możesz to zrobić sam. Jeśli będziesz chciał wspiąć się na bardzo wysoką górę, taką jak Mount Everest, nie zrobisz tego w pojedynkę. Do tego potrzebna jest cała ekipa. Pojedyncze osoby odbywają wędrówki, zespoły idą na wyprawy. Gdybyś chciał wejść na Everest, samo zorganizowanie zespołu i wyposażenia mogłoby potrwać kilka lat. Budowanie zespołu jest powolne, ale w zespole możemy zajść znacznie dalej.

Iść szybko z zespołem?

Z zespołem nie da się iść szybko. Stephen Covey powiedział, że w grupie ludzi nie można być sprawnym. Można być efektywnym, ale sprawnym już nie. Jeżeli próbujesz poruszać się szybko w zespole, możesz doznać frustracji. Zespół spowalnia nas. Kiedy nasz cel nie jest odległy, nie tworzymy zespołu, o ile zależy nam przede wszystkim na szybkości. Nieraz jednak zdarza się, że chcemy zabrać ze sobą cały zespół, chociaż nie idziemy daleko. W takim wypadku nie powinniśmy iść za szybko, bo nasza podróż źle się skończy.

Kiedy nasza rodzina spotyka się, lubimy zjeść deser. Kto nie lubi? Czasami moja żona Lisa kupi coś szybko w sklepie. Innym razem wszyscy idziemy do sklepu, żeby wspólnie wybrać deser. Jaki sposób według ciebie jest szybszy? Jeśli Lisa wychodzi po deser, zjawia się on na stole błyskawicznie. Kiedy wszyscy idziemy do sklepu, trwa to całe wieki. Już samo wsiadanie do samochodu zabiera sporo czasu. To pierwsze ważne zadanie. W czasie, gdy wszyscy pakujemy się do auta, jeden z nas zdążyłby pojechać do sklepu, kupić deser i przebyć połowę drogi do domu. Po wejściu do sklepu nie możemy przystąpić do wybierania, dopóki wszyscy nie znajdą się w dziale z deserami. Kiedy w końcu jesteśmy tam w komplecie, trochę trwa, zanim uzgodnimy, jaki deser kupić. Potem znów trzeba wsiąść do samochodu.

Wysłanie jednej osoby do sklepu szybko załatwi sprawę. Wyprawa całej rodziny do tego samego sklepu odbywa się wolno. Dlaczego więc w ogóle jeździmy razem? Ponieważ czasami ważne jest, żeby w podróż udał się cały zespół, choć nie jest to najsprawniejszy sposób dotarcia do celu. Nie chodzi nam o to, żeby sprawnie dokonać zakupu deseru. Chcemy pobyć we własnym towarzystwie, bo to lubimy. Wspólne kupowanie deseru służy pielęgnowaniu uczuć rodzinnych.

Dam inny przykład. Należę do bardzo licznego komitetu parafialnego. Trzydzieści osób robi coś, co mogłyby zrobić dwie, a może nawet jedna. Chcemy jednak, żeby jak najwięcej ludzi akceptowało wyniki prac komitetu, staramy się więc wciągnąć do niego wiele osób. Nie chodzi o jak najszybsze wykonanie prac, ale o to, żeby wzięło w nich udział liczne grono.

Jeśli musimy posuwać się prędko, jeśli liczy się przede wszystkim szybkość, jeśli musimy dotrzeć gdzieś w krótkim czasie, nie zabieramy całego zespołu. Kiedy szybkość nie ma takiego znaczenia, możemy odbyć podróż w zespole. Pamiętaj tylko, że kiedy bierzesz cały zespół, nie będziesz poruszać się szybko. Nie próbuj zmuszać zespołu do prędkiego poruszania się. Nic nie wskórasz, a tylko rozdrażnisz zespół.

Zajść daleko w pojedynkę?

Z próbą osiągnięcia wielkich celów w pojedynkę jest jeden wielki problem. Nie uda nam się. Jak mówi John Maxwell: „Jeden to zbyt mała liczba, żeby coś znaczyć". Im większe są nasze marzenia, tym bardziej potrzebny jest zespół do ich spełnienia. Nie powinniśmy się łudzić, że idąc szybko, zajdziemy daleko. Jeśli chcemy zajść daleko, potrzebujemy zespołu.

Ludzie nie lubią działać zespołowo, bo wszystkie zespoły mają swoje wady. Żaden zespół nie będzie zawsze działać tak, jak naszym zdaniem powinien. Mój pastor powiedział kiedyś, że śmieszy go, gdy ludzie mówią, że nie wszystko w kościele im się podoba. Jemu też pewne rzeczy w kościele się nie podobają, a przecież to on nim zarządza. Nie zawsze też podobają mu się decyzje pastora, a przecież to on jest pastorem. Czasami dopiero poniewczasie uświadamia sobie, że powinien był podjąć zupełnie inną decyzję. Jest taki jak każdy z nas. Czyż nie wszystkim nam się zdarza, że po zastanowieniu dochodzimy do wniosku, iż popełniliśmy błąd? Dlaczego więc wymagamy perfekcji od naszych zespołów, którymi kierują tacy sami ludzie, jak my?

Żaden zespół nie jest doskonały, nawet jeśli to my nim kierujemy. Zespoły składają się z niedoskonałych ludzi, jak ty i ja. Warto jednak zwrócić uwagę na jedną rzecz. Dołączamy do zespołu, nie myśląc o tym, że wszystkie zespoły mają swoje problemy. Zaczynamy z wyidealizowanym poglądem na zespół. Z czasem nieuchronnie zaczynamy dostrzegać rzeczy, które nam się nie podobają. Coraz rzadziej myślimy o powodach, które skłoniły nas do przyłączenia się do zespołu, a coraz częściej o tym, co nam się w nim nie podoba.

W końcu wady zespołu zaczynają nam tak bardzo przeszkadzać, że odchodzimy. W chwili, gdy mieliśmy szansę osiągnąć wielki cel jako członek zespołu, postanawiamy działać w pojedynkę albo dołączyć do innego zespołu. Jeśli wybierzemy to pierwsze, nie osiągniemy wiele. Pamiętaj, sami nie zajdziemy daleko. Jeśli przyłączymy się do innego zespołu, to i tam w końcu natkniemy się na różne trudności. Chcąc zajść daleko, musimy odbyć tę podróż z ludźmi, którzy nie są doskonali. Rezygnując z towarzystwa niedoskonałych ludzi zapłacimy wysoką cenę – nie będziemy mogli daleko zajść.

Dopasowanie naszej osobowości do zespołu

Jak mamy rozstrzygnąć, czy stworzyć zespół, czy też działać w pojedynkę? Wszystko zależy od tego, czy chcemy iść szybko, czy zajść daleko. Jak w praktyce podejmujemy taką decyzję? Zbyt często ma ona więcej wspólnego z tym, czy wolimy pracować z innymi, czy samotnie. Około dwóch trzecich z nas jest nastawionych na wspólne działanie. Nie przeszkadza nam wolne tempo. Po prostu lubimy pracować z ludźmi. Pozostała jedna trzecia jest nastawiona na osiągnięcie celu. Nie obchodzi nas, czy ktoś z nami pracuje. Często uważamy wręcz, że inni nas spowalniają i tylko przeszkadzają. Nie chcemy pracować z innymi. Zależy nam na tym, żeby praca została wykonana jak najszybciej.

Zgadnij, kto chce należeć do zespołu? Nie zawsze są to ludzie, którzy mają jakiś odległy cel. To ci z nas, którzy są nastawieni na wspólne działanie. Zgadnij, kto chce działać sam? Nie zawsze są to ci, którzy muszą szybko przejść krótki dystans. To jedna trzecia, która jest nastawiona na wykonanie zadania. A przecież nie powinniśmy uzależniać swojej decyzji o tym, czy działać w pojedynkę czy w zespole, od wrodzonej skłonności do działania zespołowego lub samotnego. Powinniśmy decydować na podstawie tego, jak daleko i jak szybko musimy iść. Jeśli jesteśmy nastawieni na wspólne działanie, musimy czasami zwiększyć tempo, pracując w pojedynkę. Jeśli jesteśmy nastawieni na wykonanie zadania, czasem musimy zwolnić tempo i dostosować je do tempa zespołu.

Jak zapewnić efektywność pracy zespołowej?

Prawda czasami wywołuje śmiech, a czasami jęk. Podczas wykładów pokazuję studentom zestaw diagramów, a wtedy w sali rozlega się zbiorowy jęk. Jeżeli braliście na studiach udział w grupowych projektach, mogliście widzieć ten zestaw i też jęknąć. To dwa diagramy kołowe. Jeden jest zatytułowany: „Czego mają cię nauczyć projekty grupowe". Koło jest podzielone na kilka wycinków, takich jak: praca zespołowa, umiejętność porozumiewania się, współpraca. Drugi diagram nosi tytuł: „Czego nauczyły mnie projekty grupowe". Około 95 procent powierzchni koła zajmuje wycinek z napisem: „Nie ufaj nikomu".

Studenci przekonują się na własnej skórze, że praca w grupie bywa trudna. Mimo to zmuszamy ich do niej, bo w życiu zawodowym nie unikną tego typu pracy. Uczymy studentów pracy zespołowej, bo muszą się dowiedzieć, jak poprawić efektywność działania zespołu. Rozumienie pracy zespołowej najbardziej przydaje się wtedy, gdy prowadzimy zebranie, przewodniczymy komitetowi, kierujemy zarządem firmy itd. Zebrania mogą być jedną wielką stratą czasu, rzadko jednak da się stworzyć zgrany zespół, nie spotykając się razem. Zebrania umożliwiają wymianę idei i połączenie różnych umiejętności. To często najskuteczniejszy sposób skoordynowania działań i ułatwienia komunikacji. Z właściwie poprowadzonego zebrania mogą odnieść korzyść wszyscy członkowie zespołu. Jak więc zapewnić, żeby działanie grupowe miało sens? Są cztery wytyczne, które pomagają zapewnić efektywność pracy zespołowej.

Wytyczna nr 1: Pracuj poza zebraniami

Niektórzy sądzą, że podczas zebrania wykonuje się pracę. To pomyłka. Prawdziwa praca zaczyna się po zakończeniu zebrania. Celem zebrania jest poinformowanie, co zostało zrobione od czasu ostatniego zebrania, skoordynowanie działań planowanych do czasu następnego zebrania i uzyskanie jasności co do celów zespołu. Jeśli przewodniczysz zebraniu, zadbaj o to, żeby pracownicy mieli między zebraniami konkretne zadania do wykonania. Nie czuj się też zmuszony do zwołania następnego zebrania, ilekroć pojawi się jakaś drobna sprawa. Spotykaj się z pracownikami w cztery oczy albo w małych grupach. Im mniejsza liczba osób, którą angażujesz w danej chwili, tym szybciej zespół będzie podążał do celu. Nie ma nic gorszego od wysiadywania na zebraniu, na którym omawia się nieistotne dla nas sprawy.

Wytyczna nr 2: Strzeż się porywaczy

Nie pozwól, żeby ktokolwiek przejął kontrolę nad zebraniem. Strzeż się osób, które chciałyby przepchnąć swój program działania albo zmonopolizować obrady. Niektórzy lubią dużo mówić na zebraniach. Zwykle wkład takiego gaduły w wyniki zebrania nie jest wart czasu, jaki inni uczestnicy poświęcili na słuchanie jego wywodów. Są też ludzie, którzy wolą milczeć. Mogliby wnieść znacznie więcej, ale siedzą jak trusie. Dobry lider umie uciszyć gadatliwych i skłonić do mówienia małomównych. Wielki lider potrafi tego dokonać, nie urażając nikogo.

Wytyczna nr 3: Spraw, by członkowie poczuli się właścicielami

Jest takie stare powiedzenie: „Obowiązek wszystkich nie jest niczyim obowiązkiem". Jak sprawić, żeby wszyscy członkowie zespołu czuli się jego właścicielami? To jedno z największych wyzwań podczas tworzenia zespołu. Własność jest najpotężniejszym czynnikiem motywacyjnym pod słońcem. Kiedy ludzie czują się właścicielami, pracują nad własnymi projektami i robią wszystko, żeby się udały. Jeśli natomiast nie czują się nimi, wykonują tylko swoją pracę i nic więcej. Jeśli nie możesz skłonić ludzi, żeby poczuli się właścicielami projektu, skłoń ich, aby poczuli się przynajmniej właścicielami jego części. Strzeż się jednak. Im większa liczba osób zaangażowanych, tym mniej ludzi czuje się właścicielami. Tak dochodzimy do ostatniej z naszych wytycznych.

Wytyczna nr 4: Staraj się, żeby zespół był jak najmniejszy

W miarę jak zespół się rozrasta, pracuje coraz wolniej. Powinniśmy więc dbać, żeby nasz zespół był jak najmniejszy w stosunku do swoich zadań. Im większy zespół, tym bardziej będzie marnować cenny czas i umiejętności swoich członków. Jednym z najważniejszych pojęć w ekonomii jest pojęcie kosztów alternatywnych. Jeżeli wykorzystujemy jakieś środki, żeby wykonać jedno zadanie, nie użyjemy ich do wykonania innego. Koszt użycia pewnych środków należy rozpatrywać pod kątem tego, do czego środki te mogły zostać użyte, lecz nie zostały. Jeśli mam w zespole pięciu ludzi i każdy z nich zarabia średnio 25 dolarów na godzinę, to koszt godziny zebrania wynosi co najmniej 125 dolarów. Mówię „co najmniej", bo przecież nie płacimy pracownikowi 25 dolarów za pracę wartą 25 dolarów. Nie mielibyśmy z tego żadnego zysku. Rzeczywisty koszt zebrania jest więc sumą tego, czego jego uczestnicy dokonaliby, gdyby przez godzinę nie siedzieli na zebraniu. Zebrania bardzo szybko mogą stać się niezwykle kosztowne. Jestem przekonany, że wyniki większości zebrań nie uzasadniają poniesionych kosztów.

Trzeba także pamiętać, że gdy powiększamy zespół, staje się on bardziej złożony. Jest przez to trudniejszy do kierowania, bardziej skomplikowana jest też komunikacja wewnątrz zespołu. Nawet ustalenie godziny zebrania z udziałem wszystkich członków staje się trudne.

Żeby niepotrzebnie nie powiększać zespołu, można zrobić dwie rzeczy. Po pierwsze, nie powielać umiejętności. W zespole powinni być ludzie o różnych umiejętnościach, nie bierzmy więc dwóch księgowych, jeśli jeden wystarczy. Po co nam dwóch sprzedawców, którzy umieją to samo? Po drugie, nie zdawajmy się na ochotników. Wyszukujmy ludzi, których chcielibyśmy mieć u siebie, a potem dzięki darowi perswazji skłońmy ich do przejścia do naszego zespołu.

Kogo byś wybrał?

Wyobraź sobie, że musisz stoczyć bitwę. Kogo byś wybrał, żeby walczył po twojej stronie? Wolałbyś prędkość Dawida czy siłę Goliata? W naszej kulturze utarło się traktować Dawida jako słabszego, a jego zwycięstwo nad Goliatem uważać za niespodziewane. Nie bierzemy pod uwagę, że chociaż Goliat jest silny, to Dawid szybki. Chcesz mieć prędkość, żeby poruszać się szybko, czy siłę, by zajść daleko? Od tego powinno zależeć, czy postanowisz razem z małym Dawidem działać w pojedynkę, czy z olbrzymim Goliatem utworzyć zespół.

Wyzwanie zespołu:
Działaj w pojedynkę, gdy potrzebujesz szybkości,
stwórz zespół, kiedy potrzebna ci siła.

23
Równowaga

Zasada równowagi:
By osiągnąć równowagę, spędzaj czas jakościowy
w pracy i dużo czasu w domu

Dzięki dobremu zarządzaniu czasem możemy nie tylko zrobić więcej, ale także zrobić więcej rzeczy ważnych. Osiągnięcie znaczenia to więcej niż znaczne osiągnięcia. Do tego konieczna jest równowaga w życiu. W tym rozdziale omówimy najtrudniejszą do osiągnięcia równowagę w zarządzaniu czasem. Jest to równowaga między rodziną a pracą. Jeśli masz zarówno pracę zawodową, jak i rodzinę, to prawdopodobnie pochłaniają ci one większość czasu. Jednakże zasada równowagi nie dotyczy tylko tych dwóch stron życia. W niemal wszystkim, czym się zajmujemy, należy zachować równowagę. Kiedy to się nie udaje, powstają problemy.

Potrzeba równowagi jest wszędzie

Jadłem wczoraj obiad z szefem trenerów baseballu na naszej uczelni. Rozmawialiśmy o tym, że trenerom na tym szczeblu rozgrywek bardzo utrudniają życie kontuzje zawodników, zwłaszcza miotaczy. Jeżeli miotacz rzuca piłką z prędkością 150 kilometrów na godzinę, to pewna część jego ciała musi przyspieszyć do tej prędkości, a potem równie szybko wyhamować do zera. Wszystko to dzieje się w czasie potrzebnym do rzucenia piłki. Aby sprostać temu wyzwaniu, masażyści poświęcają wiele czasu na wzmocnienie mięśni miotacza, które odpowiadają za spowolnienie ruchu ramienia po wyrzucie piłki. Większość kontuzji powstaje bowiem podczas zatrzymywania ręki po wyrzucie. Sztuczka polega na tym, żeby ramię miotające było zdolne zarówno przyspieszyć dla nadania piłce odpowiedniej prędkości, jak i wyhamować po wyrzuceniu piłki. Jeżeli między mięśniami, które przyspieszają ramię, a tymi, które je wyhamowują, nie ma równowagi, dochodzi do kontuzji.

Wieczorem wtajemniczałem dzieci w arkana fotografii. Rozmawialiśmy o tym, że fotografia to jedno wielkie dążenie do równowagi. Przy danym oświetleniu fotograf musi rozstrzygnąć, jak osiągnąć równowagę między czasem naświetlania, wielkością przesłony a czułością filmu (ISO). Jeśli zależy ci na głębi ostrości, potrzebujesz mniejszej przesłony. Wskutek tego jednak do aparatu wpada mniej światła, należy więc albo zwiększyć ISO, albo wydłużyć czas naświetlania. Niestety, przy dłuższym czasie naświetlania każdy ruch fotografowanych przedmiotów powoduje rozmazanie obrazu, a im większe ISO, tym obraz staje się bardziej ziarnisty. Dobry fotograf umie osiągnąć równowagę między tymi trzema czynnikami, uzyskując największą głębię ostrości, najmniejszą ziarnistość obrazu i najmniejsze jego zniekształcenie spowodowane rozmazaniem.

Po tych dwóch rozmowach pomyślałem, że wszystko zawsze wydaje się wracać do stanu równowagi. Gdziekolwiek spojrzymy, widać potrzebę równowagi. Kiedy rzucamy piłką baseballową, potrzebujemy równowagi. Kiedy robimy zdjęcie, potrzebujemy równowagi. Skoro równowaga jest wszędzie, to czy można się spodziewać, że właściwe zarządzanie czasem obejdzie się bez równowagi?

Jednym z największym wyzwań, przed jakimi stajemy w życiu, jest bez wątpienia nauczenie się zachowywania równowagi. A najważniejsze ze wszystkiego jest utrzymanie równowagi między pracą a pozostałymi zobowiązaniami. Pragniemy osiągnąć jak najwięcej w pracy, ale nie chcemy, żeby odbyło się to kosztem rodziny. Kluczem jest spędzanie czasu jakościowego w pracy i dużej ilości czasu w domu. W pracy najbardziej liczą się wyniki, w domu – czas. Właściwe zarządzanie czasem ma nam zapewnić jedno i drugie. Zobaczmy, jak tego dokonać.

Osiąganie wyników w pracy

Jeśli w pracy nie wykonujemy powierzonych zadań, mamy trzy wyjścia: zmienić posadę, spędzać w pracy więcej czasu albo robić więcej w czasie, którym dysponujemy. Innej drogi nie ma.

Zmiana posady

Był kiedyś chłopiec, który prawie nie widywał swojego ojca pracoholika. Któregoś dnia zapytał matkę, dlaczego ojca nigdy nie ma w domu. Matka wyjaśniła mu, że ojciec ma w biurze tyle pracy, że musi zostawać po godzinach. Chłopiec, uczeń szkoły podstawowej, zrozumiał to po swojemu: „To czemu nie przeniosą go do klasy o obniżonym poziomie?" – zapytał. Czasem rzeczywiście powinniśmy się przenieść do takiej klasy. Nie musi to znaczyć, że dla rodziny spychamy naszą karierę zawodową na drugi plan. Nie należy stawiać sprawy tak, że „albo jedno, albo drugie". Po prostu powinniśmy dążyć do swoich celów zawodowych w wolniejszym tempie, żeby móc wywiązać się z domowych obowiązków. Oczywiście z uzasadnionych powodów i na pewien czas. Chociaż dziś zwalniamy tempo, nie znaczy to, że nie możemy przyspieszyć, gdy dzieci dorosną i nasza obecność w domu nie będzie tak potrzebna.

Wydłużenie czasu pracy

Zdarza się, że naprawdę musimy ograniczyć czas spędzany w gronie rodzinnym, aby zapewnić sobie i rodzinie jasną przyszłość finansową. Przy czym znów, jak już wielokrotnie zaznaczaliśmy w tej książce, powinniśmy to robić tylko z uzasadnionego powodu i na określony czas.

Dziś właśnie rozmawiałem ze studentem, który postanowił jak najszybciej ukończyć naukę. Powiedział, że kiedy był mały, jego ojciec chodził na studia i praktycznie w ogóle nie miał dla niego czasu. Na szczęście skończył studia, znalazł lepiej płatną pracę i znów mogli spędzać ze sobą więcej czasu. Mój student rozumiał, że na dzisiejszym rynku pracy dobre wykształcenie jest niezbędne. Rozumiał też, że jeśli nie skończy studiów przed założeniem rodziny, zmusi później bliskich do wyrzeczeń. Chciał się więc wykształcić jak najszybciej.

Inni nie mają takiego wyboru. Z wykształceniem, jakie zdobyli, nie osiągną już więcej w swoim zawodzie. Jeśli rodzina może się przez krótki czas poświęcić, odniesie w przyszłości wiele korzyści. To jeden z przypadków, kiedy warto ponieść ofiarę – oczywiście z uzasadnionego powodu i na określony czas.

W życiu często się zdarza, że musimy pracować dłużej. Kiedy kontynuujemy naukę albo staramy się o awans, musimy zainwestować w karierę zawodową więcej godzin. Dla jednych może to oznaczać pracę do późna nad czymś, co zwiększy naszą wartość na rynku. Dla innych – założenie firmy albo wzięcie drugiej posady, o ile jedno lub drugie ma szansę zastąpić w końcu dotychczasowe źródło dochodów.

Możemy też pracować w branży, w której jest „pora żniw", czyli największych obrotów. Mówiliśmy już o tym. Ile czasu spędzają farmerzy na polu w czasie żniw? Tyle, ile trzeba do zebrania plonów. Byłoby z ich strony głupotą, gdyby „odbijali kartę" o piątej po południu, zostawiając na zmarnowanie owoce swojej ciężkiej pracy. Zdają sobie sprawę, że w pewnym okresie roku będą musieli pracować ciężej i dłużej. Nie dotyczy to tylko farmerów. W wielu branżach istnieją miesiące, które wymagają więcej pracy. Księgowi nazywają to sezonem podatkowym, sprzedawcy detaliczni – szczytem świątecznym. W moim zawodzie jest to sesja egzaminacyjna. Pamiętajmy jednak, że w końcu plony znajdą się w stodole, formularze podatkowe zostaną przekazane do urzędu skarbowego, przedświąteczna gorączka się skończy, a stopnie z egzaminów zostaną wystawione. Jeśli w czasie „żniw" ograniczymy czas spędzany z rodziną, musimy ponownie go zwiększyć, gdy sytuacja się uspokoi.

Chociaż jest wiele słusznych powodów, żeby czas przeznaczony dla rodziny poświęcić na pracę, istnieją też po temu nieuzasadnione powody. Niektórzy nie potrafią zapanować nad wydatkami, więc biorą godziny nadliczbowe. Pod koniec miesiąca pieniędzy i tak nie ma, dzieci są zaniedbywane, a stan równowagi między pracą a domem jest tak samo zachwiany jak przed miesiącem. Powinniśmy unikać siedzenia do późna w pracy i zaniedbywania rodziny, jeśli chodzi nam tylko o zaspokojenie nienasyconej żądzy posiadania.

Nie powinniśmy też zaniedbywać rodziny dlatego, że bardziej lubimy być w pracy niż w domu. Jack Welch* był bardzo inteligentnym biznesmenem. Sam przyznał, że kiedy kierował fabryką, chciał tak uatrakcyjnić menedżerom miejsce pracy, żeby soboty spędzali w fabryce, a nie w domu. Gdyby mu się udało, menedżerowie pracowaliby sześć, a nie pięć dni w tygodniu.

Poruszę teraz delikatną sprawę, więc będę bardzo ostrożny. Mimo wszystko trzeba to powiedzieć. Rzecz jest prawdziwa tylko czasami, więc możecie wierzyć albo nie. Niemniej jednak jest to bezsporny fakt. Wielu ludzi uchodzących za „pracoholików" wcale nimi nie jest. Wybierają po prostu przyjemniejsze wyjście. Praca jest dla nich większą frajdą niż dom, zostają więc dłużej w pracy, żeby wrócić później do domu. Jeżeli masz małżonka „pracoholika", staraj się go z tego wyleczyć, ale nie za pomocą zrzędzenia albo wzbudzania poczucia winy. Spraw, żeby dom był fajniejszym miejscem niż praca. Jeżeli musi pracować w sobotę, niech czuje, że się poświęca, a nie że ucieka z domu. Nie zmuszaj go, żeby się tłumaczył „Muszę w tę sobotę iść do pracy", by uniknąć przyznania się: „Tak naprawdę nie chce mi się malować tego pokoju".

Jeśli więc nasza kariera zawodowa kwitnie, nierealistycznie byłoby wymagać, żeby praca nigdy nie odbywała się kosztem rodziny. Może i powinna, ale tylko przez określony czas i z uzasadnionych powodów. Nie może to być stałym elementem naszego trybu życia. Praca nie powinna być też pretekstem do wykręcania się od obowiązków rodzinnych.

Możemy dokonać więcej w tym samym czasie

Tak doszliśmy do trzeciego sposobu na osiągnięcie w pracy lepszych wyników. Możemy skoncentrować się na tym, żeby spędzając w pracy tyle samo czasu, robić w tym czasie więcej. Jak to zrobić? Chodzi o to, żeby czas spędzany w pracy był czasem jakościowym. Czas, w którym opowiadamy dowcipy przy automacie z wodą pitną, nie jest czasem jakościowym. Czas, który trawimy na surfowaniu po

* Jack Welch, właśc. John Francis Welch – przewodniczący i dyrektor generalny amerykańskiego koncernu General Electric w latach 1981–2001. Nakładem Wydawnictwa Studio Emka ukazała się w 2010 roku jego książka pt. *Winning znaczy zwyciężać* (przyp. red.).

sieci albo na układaniu wizytówek według alfabetu, nie jest czasem jakościowym. Czas spędzany na tysiącach innych rzeczy, które codziennie rozpraszają naszą uwagę we wszystkich biurach, sklepach i fabrykach na świecie, nie jest czasem jakościowym.

Czym więc jest czas jakościowy? *Czas jakościowy to czas poświęcany na osiąganie wyników, za które płaci nam rynek.* Jeśli jesteś sprzedawcą, czas jakościowy to dla ciebie czas, w którym jesteś zajęty sprzedawaniem. Jeśli jesteś kierownikiem, czas jakościowy to czas poświęcany przez ciebie na kierowanie. Jeśli jesteś liderem, czas jakościowy to czas, w którym przewodzisz grupie. Nic innego się nie liczy.

Dopóki rynek nie będzie cenił naszych dowcipów, to czas spędzany na ich opowiadaniu nie będzie czasem jakościowym. Dopóki rynek nie będzie cenić naszej wiedzy o wynikach walk bokserskich z poprzedniego wieczoru, to do czasu jakościowego nie będzie się zaliczać czas, w którym czytamy kolumnę sportową albo relacjonujemy przebieg wczorajszego meczu. Dopóki rynek nie będzie cenił nawiązywania kontaktów towarzyskich przez internet, czas spędzany w pracy na Facebooku nie będzie traktowany jako czas jakościowy. Czas jakościowy to czas poświęcany działalności, którą ceni osoba lub instytucja kupująca nasz czas, pod warunkiem że działamy w sposób jak najbardziej efektywny. Nasze wielkie wyzwanie to rzetelnie pracować w pracy. Jest tam przecież tyle rzeczy, które rozpraszają uwagę. Musimy ignorować wszystko, co odciąga nas od czynności, za które nam płacą.

Czas spędzany w domu

Swego czasu popularne stało się powiedzenie, którym tłumaczono spędzanie czasu z dala od rodziny: „No cóż, nie mam wiele czasu, więc spędzam czas jakościowy". Problem polega na tym, że czas spędzany w domu może być czasem jakościowym tylko wtedy, gdy dłużej przebywamy z rodziną. Nie możesz wejść do pokoju dzieci, przycupnąć na łóżku i powiedzieć: „Mam pięć minut. Może spędzimy czas jakościowy?". Tak się nie da. Czas jakościowy zdarza się w szczególnych chwilach, kiedy dwoje lub więcej ludzi dłużej przebywa ze sobą.

Jak już wspomniałem, lubię ilustrować swoje wykłady piosenkami country and western. Przy okazji zasady równowagi zawsze wyświetlam studentom wideo z nagraniem piosenki Trace'a Adkinsa. Nosi ona tytuł *Just Fishin'* (*Na ryby*) i mówi o ojcu i córce, którzy idą nad jezioro łowić ryby. Ojciec opowiada, jak są sobie bliscy i jak ich wzajemna więź staje się coraz mocniejsza. Cała piosenka jest o tym, co dzieje się podczas ich wyprawy na ryby, ale kończy się słowami ojca: „Tu nie chodzi o łowienie ryb".

Trace Adkins trafił w sedno. Jeśli chodzi o nasze rodziny, czas jakościowy to czas, w którym wspólnie robimy pewne rzeczy. Chociaż to, co robimy, jest znacznie mniej ważne od tego, że jesteśmy razem. Są jednak sposoby, żebyśmy spędzali z rodziną czas jakościowy.

Nie rozpraszaj się

Przebywanie z kimś pod jednym dachem nie oznacza jeszcze, że razem spędzamy czas. Jednym z miejsc, w których czułem się najbardziej samotny, był środek tłumu. Na tym polega wyzwanie: powinniśmy tak zorganizować sobie czas domowy, aby spędzać go z rodziną. Nie jest to łatwe, bo wiele rzeczy pochłania naszą uwagę i przeszkadza być razem.

Kilka pokoleń temu, kiedy byliśmy w domu, nie pozostawało nam właściwie nic innego, jak dotrzymywać towarzystwa przebywającej tam osobie lub osobom. Drzwi, przez które inni ludzie mogli wejść do naszego domu, były wąskie. Potem wynaleziono telefon i radio. Ludzie mogli nam towarzyszyć w domu, nawet nie będąc w nim fizycznie obecni. Drzwi do domu zrobiły się szersze. Telewizja poszerzyła je jeszcze bardziej. Dziś drzwi do naszego domu są jak wrota stodoły. Przy obecnej technice setki, a nawet tysiące ludzi codziennie może przez nie przejść. Dość pomyśleć o wszystkich muzykach, którzy dla nas grają i śpiewają, aktorach, którzy nas zabawiają, dziennikarzach, którzy nas informują, hakerach, którzy nas atakują, elektronicznych przyjaciołach rozmawiających z nami, firmach reklamujących swoje produkty, politykach agitujących nas… A także o wszystkich drogach, którymi do nas przychodzą. Jest przecież radio, telewizja, komputer, Internet, konsole do gier wideo…

Jeżeli bardzo staramy się spędzać dużo czasu w domu, pamiętajmy, żeby spędzać go z rodziną. Nie bądź ojcem, który świetnie wie, co się dzieje w Waszyngtonie, Afganistanie i Afryce Południowej, ale nie ma pojęcia, co słychać u syna. Nie bądź matką, która śledzi na bieżąco perypetie bohaterów ulubionego serialu, lecz nie wie, co robi i myśli jej córka. Nie pozwól, by wchłonął cię świat wirtualny, bo stracisz kontakt z osobą, z którą związałeś się na całe życie.

Niech czas z rodziną będzie czasem sztywnym

Pamiętasz, że czas sztywny wypiera elastyczny? Jakim czasem jest czas, który spędzamy z rodziną? Czy w całości jest to czas elastyczny? Jeśli tak, powinniśmy sprawić, aby część czasu spędzanego z rodziną stała się sztywniejsza. W wielu rodzinach pora kolacji jest święta. Wszyscy spotykają się przy stole i nic poza tym nie powinno ich zajmować. Telewizja i muzyka zostają wyłączone. Jeśli dzwoni telefon, nikt go nie odbiera. Żaden dzwoniący nie jest tak ważny, jak osoby siedzące przy stole. W niektórych rodzinach również inny okres dnia lub tygodnia bywa czasem sztywnym. W naszej jest to wieczorna modlitwa. Nikt nie idzie spać, dopóki nie zbierzemy się na wspólną modlitwę. Świetną okazją są rodzinne wakacje, a także krótkie wyjazdy czy tygodniowe rytuały, takie jak wyjście do restauracji czy wieczór tylko dla rodziny. Najważniejsze to ustalić, że określony czas jest w naszej rodzinie „święty", i dbać o to, aby nic go nie zakłócało.

Maksymalnie wykorzystaj czas w samochodzie

Samochód to świetny wynalazek. Najbardziej chyba lubię spędzać czas z innymi ludźmi właśnie w samochodzie. Dlaczego? Kiedy wyłączę wszystko, co może zajmować naszą uwagę (na przykład radio), pozostaje nam tylko być ze sobą. Zawsze korzystam ze sposobności, żeby podwieźć żonę lub dzieci. Nie ma lepszej okazji nawiązania z nimi kontaktu niż razem pojechać dokądś samochodem. Gdy dwoje ludzi jedzie samochodem i nic nie zajmuje ich uwagi, pustkę zaraz wypełnia poważna rozmowa. Jest wręcz niesamowite, jak szybko to następuje.

Interesuj się innymi

Zacytujmy słynne słowa Dale'a Carnegiego*: „Chcesz być interesujący – okazuj zainteresowanie". Sam Carnegie objaśnił je tak: „Interesując się innymi ludźmi, możesz w dwa miesiące zyskać więcej przyjaciół, niż zyskasz przez dwa lata, próbując zainteresować ich sobą". Sprawdź prawdziwość tej sentencji na małżonce lub dzieciach. Nie próbuj ich ekscytować rzeczami, które cię interesują. Okaż zainteresowanie tym, czym się zajmują lub co jest im drogie. Albo jeszcze lepiej, połącz jedno z drugim. Pewien człowiek uwielbiał oglądać sport, jego żona jednak nie lubiła gapić się na zgraję spoconych facetów, którzy uganiają się za piłką i co chwila wpadają na siebie. Bardzo lubiła natomiast dowiadywać się różnych ciekawych rzeczy o ludziach. Zainteresowała się więc życiem osobistym ludzi z boiska. Kiedy przechodziła przez pokój, jej mąż nie mówił odtąd o przyłożeniach i strzelonych golach, ale opowiadał ciekawe historie o trenerach i zawodnikach. Spoceni faceci stali się nagle interesującymi ludźmi. Kobieta dołączyła do męża i zaczęła obserwować w telewizji, co robią jej nowi znajomi.

Stwórz pustkę, a potem pozwól rodzinie ją wypełnić

Zasada wykluczającej alternatywy mówi, że jeśli decydujemy się na coś, rezygnujemy z czegoś innego. Prawdziwe jest też twierdzenie odwrotne. Jeśli z czegoś zrezygnujemy, powstałą pustkę wypełnimy czymś innym. Wiele rodzin jest zżytych ze sobą dzięki temu, że zrezygnowało z wielu rozrywek. Ograniczyli czas spędzany przed telewizorem. Nie wszyscy mają własny komputer z podłączeniem do internetu. Dzieciom nie wolno grać w gry wideo bez ograniczeń. Nie wyeliminowali tych rozrywek całkowicie, po prostu je ograniczyli. Nie cofnęli dzieci do roku 1850, najwyżej do 1965.

Skoncentruje się na ognisku domowym, a nie na domu

Aby mieć idealny dom, trzeba zapłacić wysoką cenę, zarówno dosłownie, jak i w przenośni. Jeśli nie mamy w nadmiarze pieniędzy

* Dale Carnegie (1888–1955) – amerykański pisarz specjalizujący się w książkach z zakresu coachingu. Nakładem Wydawnictwa Studio Emka ukazały się m.in. *I ty możesz być liderem* (1995) czy *Jak przestać się martwić i zacząć żyć* (2003) (przyp. red.).

i czasu, musimy dokładnie policzyć koszty i zdecydować, czy dom jest ich wart. Kiedy będę umierał, w zlewie nadal pewnie będą brudne naczynia i mogę się założyć, że w moim nekrologu nie będzie o nich słowa. Nie zrozumcie mnie źle. Tu też chodzi o równowagę. Powinniśmy dbać o dobra materialne, które posiadamy. Jeśli jednak cały czas i energię zużywamy na utrzymywanie wszystkiego w doskonałym porządku i nieskazitelnym stanie, będziemy może mieć cudowny dom, ale nasze ognisko domowe na pewno nie będzie cudowne. Sprzątaj, jak należy, lecz nie trać na to całego czasu, jaki mógłbyś spędzić z rodziną. Nie sądź, że twój dom musi wyglądać tak, jak na obrazku w telewizji.

Co się naprawdę liczy?

Koncentrujemy się na rodzinie, ale nie zamykamy oczu na to, co jest poza nią. Nazywa się to zasadą równowagi. Dlaczego rodzina jest tak ważną częścią tej równowagi? Bo w ostatecznym wyniku mamy tylko ją. Któregoś dnia będziemy żegnać się ze światem. Będą to nasze ostatnie chwile w towarzystwie wszystkich i wszystkiego, co jest na tej ziemi. Ludzie, którzy będą się nami opiekować, nie powiedzą: „Przynieśmy grę wideo, niech sobie pogra ostatni raz". Nie zadzwonią po naszego szefa ani kolegów z pracy. Nie włączą telewizora, żebyśmy mogli obejrzeć ostatni odcinek naszego ulubionego serialu. Nie opowiedzą nam, jak idzie naszej ukochanej drużynie. Nie przyniosą nam gazety z najnowszymi wiadomościami z Waszyngtonu.

Ludzie opiekujący się nami zadzwonią do naszych bliskich. Wszyscy wiemy, że w tej ostatniej godzinie naprawdę liczy się tylko rodzina. A skoro tak, to czy nie wypadałoby od czasu do czasu sprawdzić, ile dziś znaczy ona dla nas? Dzięki książkom, prelekcjom i wykładom miałem okazję wywrzeć pewien wpływ na wielu ludzi. Ale wiem jedno. Koniec końców najważniejszy będzie wpływ, jaki wywarłem i wywieram na swoją cudowną żonę i czworo fantastycznych dzieci. A jest to możliwe dzięki temu, że stosuję zasadę równowagi, robiąc maksymalny użytek z czasu, który spędzam w pracy, i jak najwięcej czasu spędzając w domu.

Wyzwanie równowagi:
Osiągaj ważne cele dzięki zachowaniu równowagi.

24
Rzeczywistość

Zasada rzeczywistości:
Przyszłość jest bardziej rzeczywista, niż się wydaje

Pierwszą zasadą zarządzania czasem była zasada percepcji. Głosiła ona, że zawsze jest później, niż ci się wydaje. Musimy zrozumieć, jak cenny jest czas, bo inaczej będziemy traktować go jak byle co, a nie jak skarb. Bez zrozumienia wartości czasu nigdy się nie dowiemy, jak możemy go wykorzystać.

Omówimy teraz ostatnią zasadę zarządzania czasem. W tym wypadku również chodzi o coś, co koniecznie trzeba zrozumieć. Aby mieć władzę nad teraźniejszością, muszę jasno sobie uświadomić, że człowiek z mojej przyszłości to naprawdę ja. Niełatwo jest pojąć, że to, co robię dziś, będzie miało wpływ na moją przyszłość, zwłaszcza im odleglejsze w czasie są skutki moich działań. Wracając do naszej definicji zarządzania czasem: zarządzam czasem w takiej mierze, w jakiej moje obecne działania są zgodnie z tym, gdzie chcę być w przyszłości. Dlatego właśnie musimy wyraźnie widzieć i czuć swoją przyszłość.

Co jest najważniejszą rzeczą, jaką można zrobić, żeby właściwie zarządzać czasem? Trzeba nawiązać tak ścisły kontakt z przyszłością, żeby troszczyć się o swoje przyszłe „ja" tak samo, jak troszczymy się o siebie w tej chwili. Im lepiej potrafimy przeżywać radość i ból swojego przyszłego „ja", tym sprawniej będziemy dzisiaj zarządzać czasem. Niestety, nie za bardzo umiemy wczuć się w swoje przyszłe

„ja". Czasami wyrządzamy mu krzywdę, bo wolimy choćby najdrobniejszą przyjemność w chwili obecnej.

Kim jest przyszłe „ja"?

Szczególna budowa naszego mózgu utrudnia nam kontakt z przyszłością. Grupa neuropsychologów przeprowadziła ciekawy eksperyment. Jego celem było zbadanie, jak nasz mózg postrzega innych ludzi. Uczestników eksperymentu podłączono do specjalnej aparatury. Chciano ustalić, które obszary mózgu są najaktywniejsze, gdy badani myślą o innych osobach. Po zidentyfikowaniu tych obszarów uczeni zadali sobie pytanie, czy te same obszary mózgu pozostają aktywne, kiedy myślimy o sobie. Okazało się, że nie. Do myślenia o sobie służy nam zupełnie inny ośrodek mózgu niż do myślenia o innych. Wygląda więc na to, że w mózgu istnieją dwa odrębne ośrodki: jeden zwany „ja" i drugi zwany „inni".

Neuropsychologowie postanowili następnie zbadać, które obszary mózgu są aktywne, gdy myślimy o sobie w przyszłości. Rezultaty okazały się interesujące. Otóż kiedy myślimy o sobie w przyszłości, nasz mózg działa tak, jakbyśmy myśleli o kimś innym. Do myślenia o swoim przyszłym „ja" posługujemy się więc ośrodkiem mózgu zwanym „inni". Oznacza to, że tak naprawdę nie postrzegam przyszłego siebie jako siebie, ale jako obcego człowieka.

Wyniki tych badań były dla mnie bardzo pouczające. Kiedyś na przykład dziwiłem się, dlaczego młodzi ludzie zaczynają palić, choć wiedzą, że od tego mogą umrzeć. Na widok młodej osoby zaciągającej się papierosem kręcę głową i zastanawiam się, po co to robi. Chce wcześniej umrzeć? Bynajmniej. Gdyby jakiś przestępca wymierzył do niej z pistoletu, zrobiłaby niemal wszystko, żeby nie pociągnął za spust. A jednocześnie będzie kopcić papierosy, chociaż wie, że w ten sposób ryzykuje szybszą śmierć.

Sprawa polega na tym, że mózg takiej osoby nie myśli w ten sposób. Jest przekonany, że od palenia umrze jakiś „inny" biedak, żyjący w przyszłości. Nie używa nawet tych samych szarych komórek do myślenia o sobie, co do myślenia o kimś, kto kiedyś umrze od palenia. Gdyby mózg mówił takiej osobie, że powoli się uśmierca, instynkt przetrwania kazałby jej pewnie rzucić palenie. Ale ponieważ jej mózg myśli, że to jakaś „inna" osoba w przyszłości dostanie raka płuc i umrze, nie bardzo się tym przejmuje. Nie robi nic, żeby się ratować, bo traktuje swoje przyszłe „ja" jak obcego człowieka.

Widzenie swojego przyszłego „ja"

Osobliwy mechanizm działania naszego mózgu stwarza dużą trudność ludziom, którzy chcą zarządzać czasem. Na czym ona polega? Właściwe zarządzanie czasem ma tak wpłynąć na nasze postępowanie w chwili obecnej, abyśmy dotarli tam, gdzie chcemy być w przyszłości. Sęk w tym, że trudno nam wyobrazić sobie tę przyszłość. A przecież żeby wiedzieć, jak dziś spożytkować czas, musimy ujrzeć siebie w przyszłości. Problem ten dobrze ilustruje historia opowiedziana przez prelegenta i pisarza Jacka Canfielda*.

Pewnego dnia Canfield wygłaszał prelekcję o spełnianiu naszych marzeń. Po jej zakończeniu podeszła do niego jakaś kobieta. Powiedziała, że chciałaby zostać pielęgniarką, ale jest to mrzonka. Canfield zapytał dlaczego. Kobieta odpowiedziała, że aby zostać wykwalifikowaną pielęgniarką, potrzebuje pięciu lat. A ponieważ ma już trzydzieści osiem, za pięć lat będzie miała czterdzieści trzy, jeśli pójdzie do szkoły pielęgniarskiej. Canfield zapytał więc: „A jeśli nie pójdzie pani do szkoły pielęgniarskiej, to ile będzie pani miała lat?".

Za pięć lat kobieta miała skończyć czterdzieści trzy lata. To ona byłaby ową czterdziestotrzyletnią kobietą z przyszłości, tyle że pięć lat starszą. Gdyby przez następne pięć lat dobrze zarządzała swoim czasem, w wieku czterdziestu trzech lat robiłaby codziennie dokładnie to, co kocha. Gdyby zarządzała nim źle, byłaby czterdziestotrzyletnią kobietą mającą przed sobą wiele lat pracy, której nie lubi. Nie zależało od niej, czy w przyszłości będzie czterdziestotrzyletnią kobietą, czy nie. Ale tylko od niej zależało, co ta czterdziestotrzyletnia

---

* Jack Confield – jeden z czołowych amerykańskich ekspertów w dziedzinie motywacji, autor międzynarodowego bestselleru *Zasady Canfielda. Rusz się stąd gdzie jesteś i idź tam, gdzie chcesz być!*, Studio Emka, Warszawa 2009 (przyp. red.).

kobieta będzie w przyszłości robić. Musiała tylko zdecydować, co zrobić z następnymi pięcioma latami swego życia.

Gdzie to jest?

Żeby właściwie zarządzać dniem dzisiejszym, musimy wyraźnie widzieć jutro. Chcąc jasno uświadomić to moim studentom, przeprowadziłem pewien test. Powiedziałem, że w sobotę jadę na ślub i muszę wiedzieć, jak tam dojechać. Zapytałem więc studentów o drogę, ale nie powiedziałem, gdzie odbywa się ślub. Jeden ze studentów zadał więc logiczne pytanie: „A gdzie jest ślub?".

Odpowiedziałem na to, żeby nie zmieniał tematu. Muszę tylko wiedzieć, jak dostać się na ślub. Studenci popatrzyli na mnie dziwnie. Stałem w milczeniu i czekałem. W końcu jeden ze studentów odezwał się:

– Powie nam pan, gdzie jest ten ślub?

– No proszę, znów zmieniacie temat. A ja chcę tylko wiedzieć, jak tam dojechać.

– Doktorze Muncy, nie możemy panu powiedzieć, jak tam dojechać, jeśli nam pan nie powie, gdzie to jest.

– No właśnie – odparłem. – Nikt wam nie powie, jak tam dojechać, jeśli nie wiecie, gdzie to jest.

Chcemy dowiedzieć się, jak zarządzać czasem. Zarządzanie czasem mówi o tym, jak dostać się do pewnego miejsca w przyszłości. Ale jeśli nie wiemy, co to za miejsce, skąd możemy wiedzieć, jak się do niego dostać?

Wszyscy dokądś zmierzamy, powinniśmy więc dokładnie wiedzieć, dokąd prowadzi nasza droga. Czasami jest to bardzo trudne. Jesteśmy tak zaabsorbowani samą drogą, że nie widzimy celu, do którego ona prowadzi.

Na właściwe pytanie łatwiej odpowiedzieć

Nieco na południe od Valdosty leży miasteczko Lake City. Krzyżują się tam autostrady międzystanowe nr 10 i 75. Jeśli jesteś w Lake

City, trudno powiedzieć, która z tych autostrad jest lepsza. Autostrada nr 75 może być lepsza, bo ma po trzy pasy w każdą stronę, a autostrada nr 10 ma tylko po dwa pasy. Poza tym, ponieważ autostrada nr 10 biegnie ze wschodu na zachód, słońce czasami świeci kierowcy prosto w oczy. Z kolei autostrada nr 75 to główna arteria łącząca cały Środkowy Zachód z Florydą, więc jest zatłoczona ciężarówkami i samochodami prowadzonymi przez starszych wiekiem kierowców. W dodatku, jeśli nie będziesz uważać, z autostrady nr 75 możesz omyłkowo wjechać na płatną szosę. Przydrożne parkingi też mają znaczenie. Moim zdaniem autostrada nr 75 ma lepsze parkingi. Która autostrada jest więc lepsza? Trudno odpowiedzieć na to pytanie.

W rzeczywistości odpowiedź jest trudna tylko dlatego, że zabieram się do niej w niewłaściwy sposób. Wybierając autostradę, nie kierujemy się przecież względami, które wymieniłem. Tylko jedno pytanie pozwoli nam rozstrzygnąć, która autostrada jest lepsza. Brzmi ono: dokąd jadę? Jeżeli jadę do Atlanty, autostrada nr 75 jest lepsza. Jeśli jadę do Jacksonville, lepsza będzie autostrada nr 10. Nie ma co patrzeć na liczbę pasów, ciężarówek albo staruszków za kierownicą. Nie ma sensu martwić się o kierunek, w jakim świeci słońce, ani o przydrożne parkingi. Wszystko to nie ma znaczenia. Mogę z przyjemnością jechać autostradą nr 10 od Atlantyku do Pacyfiku, ale jeśli chcę jechać do Atlanty, muszę wybrać inną autostradę.

Jeśli jestem w Lake City i mam zdecydować, którą autostradą jechać, sprawa jest prosta. Muszę tylko zadać jedno pytanie: dokąd chcę jechać? Dopóki na to pytanie nie odpowiem, trudno będzie powiedzieć, która autostrada jest lepsza. Kiedy planujemy podróż, pytanie takie jest oczywiste, ale gdy zarządzamy czasem, często o nim zapominamy. Mamy wiele rzeczy do zrobienia, więc musimy wybrać, co robić w następnej kolejności. Co chciałbym robić? Co według innych ludzi powinienem robić? Z powodu czego będę czuł się winny, jeśli tego nie zrobię? Co wydaje się logiczne w tej sytuacji? Co zazwyczaj robię?

Wszystko to są bardzo interesujące pytania, ale pomijają sedno sprawy. Patrzę na różne drogi, które mogę wybrać. Dokąd one prowadzą? Czy tam, gdzie chciałbym być? W którymś momencie w przyszłości znajdę się w pewnym miejscu. Nie będzie to jakaś inna osoba, lecz ja. Czy od tej chwili za pięć lat będę zadowolony z tego, jak wykorzystałem czas, który miałem do dyspozycji? Czy znów będę się zastanawiał, dlaczego zawsze chciałbym być w innym miejscu, niż jestem?

Wybiegając nieco dalej w przyszłość

Brian Tracy uważa, że dobre zarządzanie czasem zawsze opiera się na metodzie myślenia, którą nazwał „powrotem z przyszłości". Zaczynamy od tego, gdzie chcemy być w określonym momencie w przyszłości i cofamy się do chwili obecnej. Decydujemy, co musimy zrobić na każdym etapie, aby dostać się ze swojego obecnego miejsca do miejsca, w którym widzimy siebie w przyszłości. Często największym problemem jest wyobrażenie sobie przyszłości. Im lepiej to nam się uda, tym sprawniej będziemy potrafili zarządzać czasem.

W drugiej klasie szkoły średniej bardzo lubiłem grać w szachy z kolegami. Lubiłem dlatego, że zawsze wygrywałem. Byłem dobry w szachy, bo patrząc na szachownicę, widziałem nie tylko aktualną pozycję, ale także tę, która powstanie po następnym posunięciu. Tymczasem moi koledzy mieli przed oczami tylko bieżącą pozycję na szachownicy. Po zakończeniu roku szkolnego przez całe lato trenowałem koszykówkę, a koledzy w tym czasie dużo grali w szachy. Pod koniec wakacji wciąż widziałem o jedno posunięcie naprzód, ale moi koledzy – o dwa posunięcia. W trzeciej klasie nie lubiłem tak bardzo grać w szachy, jak w drugiej. Koledzy widzieli dalej ode mnie i zawsze wygrywali. W szachach musisz widzieć nie tylko aktualną pozycję. Kto widzi dalej, zawsze zwycięży.

Nie dotyczy to tylko szachów, lecz całego życia. Im dalej do przodu widzimy w życiu, tym nasze życie będzie lepsze. Znakomicie ilustruje to klasyczny eksperyment przeprowadzony przez Waltera Mischela, psychologa z Uniwersytetu Stanforda. W eksperymencie wzięła udział grupa dzieci. Każde zostało zaproszone do osobnego pokoju, gdzie na stoliku leżał cukierek ślazowy. Mischel mówił dziecku, że może od razu zjeść cukierek, ale jeśli wstrzyma się przez kilka minut, dostanie drugi. Potem wychodził z pokoju. Kiedy wracał i cukierek wciąż leżał na stoliku, dziecko otrzymywało drugi i mogło zjeść oba.

Badana grupa podzieliła się na dwie części. Jedne dzieci zjadały cukierek, jak tylko psycholog znikał za drzwiami. Inne siedziały cierpliwie, nie odrywając oczu od przysmaku i czekając na drugi. No i co z tego? – można zapytać. – Kogo obchodzi, czy dzieci jedzą jeden czy dwa cukierki ślazowe? Mischel ustalił tylko, które dzieci zjadły jeden, a które czekały na dwa.

Eksperyment przyniósł interesujące wyniki dopiero kilka lat później. W tym czasie Mischel śledził losy małych uczestników swojego eksperymentu. Chciał się przekonać, czy będzie różnica między drogami życiowymi dzieci z jednej i drugiej grupy. To, co odkrył, zdumiało go. Różnica była ogromna. Niemal pod każdym względem dzieci, które czekały na drugi cukierek, osiągnęły większy sukces, niż te, które zjadły pierwszy. Lepiej się uczyły, były zdrowsze.

Przez następne kilka dziesięcioleci eksperyment Mischela wielokrotnie powtarzano. Badacze kusili dzieci różnymi smakołykami, ale otrzymywali zawsze takie same wyniki. Wszystko jedno, czy używali ciastek czy obwarzanków, eksperyment kończył się tak samo. Dzieci, które potrafiły zrezygnować z natychmiastowej nagrody, żeby dostać większą w przyszłości, osiągały w życiu więcej.

Znaczenie tego klasycznego eksperymentu jest od lat przedmiotem dyskusji. Rozmaicie tłumaczy się to, dlaczego dzieciom, które zjadły pierwszy cukierek, nigdy nie wiedzie się tak jak tym, które czekały na drugi. Mam na to własny pogląd. Po prostu niektórzy ludzie potrafią lepiej niż inni wyobrazić sobie własną przyszłość. Dlatego gotowi są robić dziś pewne rzeczy, które w przyszłości przyniosą im korzyść.

Inni natomiast nie są w stanie powiązać teraźniejszości z przyszłością. Pozostają w błędnym przekonaniu, że obecne wyrzeczenia nic im nie dadzą. Wydaje im się, że wyrzeczenia te przyniosą korzyść tylko osobie, którą ich mózg uważa za obcą. A gdyby neuropsychologowie, o których mówiliśmy na początku tego rozdziału, przed podłączeniem uczestników swojego eksperymentu do aparatury rozdali im cukierki? Może okazałoby się, że osoby zjadające pierwszy cukierek mają inną budowę mózgu od tych, które cierpliwie czekają na drugi.

Horyzont czasowy

Omówimy teraz pojęcie zwane *horyzontem czasowym*. Są ludzie, którzy idą przez życie z odległym horyzontem czasowym. Potrafią podejmować decyzje dziś zależnie od tego, co chcą osiągnąć jutro. Myślenie o sobie z przyszłości jest dla nich rzeczą naturalną. Potrafią powiązać to, co robią w danej chwili, z tym, czego pragną na przyszłość. W pewnym sensie są gotowi na rzeczy, dzięki którym ich przyszłe „ja" będzie szczęśliwe, spełnione i odniesie sukces. To oni czekają na drugi cukierek, zamiast zadowolić się jednym.

Istnieją też ludzie, którzy idą przez życie z bliskim horyzontem czasowym. Nie są źli, przeciwnie, niektórzy mogą być bardzo sympatyczni. Mają jednak problem. Kiedy patrzą w przyszłość, nie widzą tam siebie. Widzą kogoś innego, więc sądzą, że mają taki wybór: moja satysfakcja w tej chwili albo satysfakcja nieznanej mi osoby w przyszłości. Decyzja jest więc łatwa: trzeba zapewnić sobie satysfakcję natychmiast. Tacy ludzie z czystym sumieniem ignorują ową osobę z przyszłości. Na nieszczęście dla nich, kiedy nadchodzi przyszłość (a nadchodzi zawsze), okazuje się, że zrobili niewiele, żeby się do niej przygotować. Osoba z ich przeszłości zjadła cukierek, więc teraz zastanawiają się, dlaczego tylu znanych im ludzi ma do zjedzenia dwa cukierki.

Skieruj spojrzenie w przyszłość

Stworzywszy sobie jasny obraz przyszłości, znamy podstawowe zasady budowy swojego systemu zarządzania czasem. Będziemy zarządzać czasem w takim stopniu, w jakim nasza obecna działalność służy urzeczywistnieniu tego obrazu. Mózg może łatwo mi wmówić, że owa osoba z przyszłości nie jest mną. Muszę więc ciągle przekonywać sam siebie, że to nieprawda.

Słyszałem niedawno, jak ktoś opowiadał o swojej młodości na farmie mlecznej w Pensylwanii. Kiedy miał kilkanaście lat był bardzo podekscytowany, gdy ojciec pierwszy raz powierzył mu kluczyki do traktora. Siedział za kierownicą traktora koszącego siano, a za nim, traktorem belującym skoszone siano, jechał ojciec. Po pierwszym przejeździe przez pole ojciec nie ukrywał irytacji. Syn jechał zakosami, bo nie umiał utrzymać traktora w linii prostej.

Ojciec udzielił mu więc krótkiej lekcji właściwego prowadzenia traktora. Problem polegał na tym, że syn patrzył tylko w to miejsce, w którym się znajdował, i jego uwagę pochłaniało najbliższe otoczenie. Ojciec pouczył go, co ma zrobić: kiedy zaczniesz jechać przez pole, wybierz sobie jakiś obiekt po jego drugiej stronie. Może to być kołek w płocie, drzewo, słup telegraficzny, a nawet odległy budynek. Jedź prosto w jego kierunku, aż znajdziesz się na końcu pola. Jeśli nie spuścisz wzroku z owego obiektu, twój traktor będzie jechał prosto.

Żeby właściwie zarządzać czasem, musimy zrobić to samo. Nie kierujemy spojrzenia na jakiś fizyczny obiekt, ale na przyszłą wizję nas samych i podążamy prosto w jej stronę. W ten sposób będziemy zmierzać najszybszą i najkrótszą drogą w kierunku przyszłości, której pragniemy. Im lepiej zarządzamy swoim czasem, tym szybciej tam dotrzemy.

Wielu ludziom trudno jest zarządzać czasem, bo nie znaleźli dotąd niczego, w czym mogliby utkwić wzrok. Dlatego ciągle skręcają a to w lewo, a to w prawo, zamiast cały czas podążać prosto. Każdy skręt w lewo lub w prawo oznacza zboczenie z drogi do przyszłości. Właściwe zarządzanie czasem rozpocznie się dla nich wtedy, gdy w końcu zrozumieją, na czym powinni się skupić, i zaczną zmierzać do tego w prostej linii.

Odkryj, co liczy się najbardziej

Johann Wolfgang von Goethe napisał: „Rzeczy, które znaczą najwięcej, nigdy nie powinny być na łasce tych, które znaczą najmniej". Sztuka polega na tym, żeby dowiedzieć się, co ma największe, a co najmniejsze znaczenie. Jeżeli widzimy tylko to, co jest dzisiaj, to największe znaczenie ma dla nas teraźniejszość. Robiąc rzeczy, które w tej chwili wydają nam się dla nas najlepsze, zmarnujemy dużo czasu. Jeśli na przykład za najlepsze uznamy spędzanie długich godzin przed telewizorem, przy grach komputerowych albo w Internecie, to będziemy je spędzać przed telewizorem, przy grach i w internecie. Kiedy nie ma jutra, największe znaczenie ma zawsze to, co dziś wydaje się najlepsze.

Wszyscy jednak wiemy, że jutro istnieje. Wiedzą o tym przynajmniej niektóre obszary naszego mózgu. Inne nie są tego pewne. Musimy starać się stworzyć sobie wizję tego, co będzie miało dla nas największe znaczenie na dłuższą metę, a nie tylko tego, co ma największe znaczenie dziś. W gruncie rzeczy największe znaczenie ma dziś uświadomienie sobie, że przyszłość się zbliża. Nie jest to abstrakcyjna idea, z którą musi się zmierzyć jakaś nieznana osoba. Tą osobą, którą widzę w przyszłości, jestem ja. Przyszłość jest bardziej realna, niż to sobie wyobrażamy, i nadejdzie szybciej, niż nam się wydaje. Największe znaczenie ma dla mnie takie zarządzanie czasem, żebym w przyszłości nie przeżył rozczarowania.

Wyzwanie rzeczywistości:
Spraw, żeby osoba, którą będziesz w przyszłości,
była zadowolona z wyborów, jakich dziś dokonałeś.

ZAKOŃCZENIE

Życie według zasad

Zacząłem tę książkę od zasady percepcji, a skończyłem na zasadzie rzeczywistości. W środkowych rozdziałach odbyliśmy podróż od percepcji do rzeczywistości. Naszym celem jest teraz zastosowanie zdobytej wiedzy tak, aby nasza percepcja życia, którego pragniemy, stała się rzeczywistością.

Poznając przedstawione w tej książce zasady, nieraz myślałeś pewnie: „Wiem o tym" albo „To brzmi sensownie". Przeczytałem wiele książek poświęconych rozwojowi osobowości. Największy wpływ wywarły na mnie te, których lektura skłoniła mnie do podobnych uwag. Albo wiedziałem już to, o czym pisze autor, albo jego wywody były dla mnie łatwe do zrozumienia. Zanim otworzyłeś tę książkę, prawdopodobnie znałeś już na pewnym poziomie większość przedstawionych w niej zasad. Zrozumienie tych, których nie znałeś, nie sprawiło ci pewnie kłopotu.

Skoro więc zasady te są tak dobrze znane lub łatwo zrozumiałe, dlaczego poświęciliśmy im ponad dwieście stron? Ponieważ życie nie nagradza nas za to, co wiemy, ani za to, co rozumiemy. Życie nagradza nas za to, co robimy. Życie reaguje na nasze działania, a nie myśli. Oczywiście nasze myśli są niezwykle ważne, kierują tym, co robimy. Jeśli jednak nie robimy, co trzeba, to nasza wiedza nie ma znaczenia.

Najwyższa wartość podstawowych zasad

Tak więc prawdziwą korzyścią z lektury tej książki nie będzie to, że zmieni ona twoje myślenie o czasie. Prawdziwa korzyść będzie polegać na tym, jaki użytek zrobisz z omówionych tu podstawowych zasad. Jak zmienią one sposób gospodarowania przez ciebie czasem?

Czy będziesz traktować czas jak byle co, czy jak skarb? Czy zaczniesz decydować świadomie, a nie mimowolnie? Czy różne rzeczy trafią do twojego dwudziestoczterogodzinnego pudełka? Czy w swoim najwartościowszym czasie będziesz robił najwartościowsze rzeczy? Czy oprzesz się temu, co cię rozprasza i sprowadza z drogi do celu? Czy będziesz się bronił przed chaosem? Czy będziesz planował? Czy znajdziesz skuteczną procedurę zarządzania czasem i przekształcisz ją w system zarządzania czasem? Czy będziesz ostrożnie podejmował sztywne zobowiązania? Czy nie będziesz niepotrzebnie wydłużał czasu pracy i będziesz się starał pracować efektywnie? Czy będziesz zwlekał z załatwianiem nieistotnych spraw, a nie zwlekał z załatwianiem ważnych? Czy nabierzesz impetu i będziesz bronił się przed tym, co wyhamowuje impet? Czy wykorzystasz jasność do nabrania szybkości? Czy nie zwolnisz tempa, żeby mieć poczucie porządku i wygody? Czy będziesz wybierał ważne działania zamiast jałowej krzątaniny? Czy będziesz zajmował się ważnymi sprawami, a nie reagował na pilne? Czy zadowolisz się jako takim efektem, kiedy zadanie nie wymaga perfekcyjności? Czy zadowoli cię tylko najlepszy efekt, gdy pracę rzeczywiście trzeba będzie wykonać idealnie? Czy będziesz pracował nad rozwijaniem swoich umiejętności, wyrabianiem w sobie nawyków i samodyscypliny? Czy poświęcisz czas na stworzenie zespołu, gdy zadanie będzie przerastać twoje możliwości? Czy będziesz działał w pojedynkę, kiedy trzeba zrobić coś szybko? Czy będziesz spędzał czas jakościowy w pracy i dużo czasu w domu? Czy dokonasz takich wyborów, że po kilku latach będziesz z siebie zadowolony?

W niektóre dni pewnie tak, w inne zapewne nie. Ja z pewnością nie zawsze odpowiadam „tak" na wszystkie te pytania. Ale parafrazując świętego Pawła, to jedno czynię: zapominam o błędach, które są już za mną, i dążę do celu, który jest przede mną. Chcę jak najlepiej wyzyskać swój czas, bo wierzę, że kiedyś będę rozliczony z każdej godziny, którą miałem do dyspozycji na tej ziemi.

Biegłe opanowanie podstawowych zasad

Jak osiągnąć biegłość w stosowaniu podstawowych zasad? Oto kilka metod, które wymyśliłem w ciągu wielu lat wykładów o zarządzaniu czasem.

Przeczytaj je jeszcze raz

Książki, która wywiera na mnie wpływ, nigdy nie czytam tylko raz. Wracam do niej wielokrotnie. Jest kilka książek, które prawie znam na pamięć. Czasami czytam książkę i uświadamiam sobie, że powinienem doskonale opanować jej treść. Kupuję więc tę książkę w wersji do słuchania. Zabieram do samochodu i słucham wiele razy. Kiedy prowadzę samochód, treść książki coraz głębiej zapada mi w pamięć. Jeśli uważasz, że podstawowe zasady zarządzania czasem polepszą twoje życie, nie poprzestawaj na jednorazowej lekturze tej książki. Czytaj ją albo słuchaj jej ciągle.

Naucz się ich na pamięć

Możesz też nauczyć się na pamięć zasad przedstawionych w tej książce. Wymagam tego od studentów, którzy chodzą na moje wykłady z zarządzania czasem. Pięć razy w semestrze każę im recytować je z pamięci. Przyznają, że zapamiętane zasady często zmieniały ich postępowanie. Mogli na przykład zwlekać ze zrobieniem czegoś, ale wewnętrzny głos pytał: „Czy odkładając sprawę do jutra, nie będę żałował, że nie załatwiłem jej wczoraj?". Mogli też marnować za dużo czasu na jakąś błahą sprawę, a wtedy znów słyszeli wewnętrzny głos: „Nie ma nic zbędniejszego niż robić dobrze coś, czego nie należy w ogóle robić". Już zamierzali zdecydować się na coś, ale wewnętrzny głos przypomniał: „Zdecydować się na coś, to zrezygnować z czegoś innego". Namawiam, żebyś przeniósł nasze dwadzieścia cztery podstawowe zasady z kart tej książki do swojej głowy. Na stronie timebacics.com można znaleźć pomoce, które ci to ułatwią.

Buduj na ich podstawie

Dwadzieścia cztery podstawowe zasady to fundament zarządzania czasem. Ale położyć fundament i nie zbudować na nim domu to działanie mało sensowne. Nikt nie buduje swojego wymarzonego fundamentu, buduje się tylko wymarzony dom. Podczas budowy wymarzonego domu trzeba koniecznie sprawdzić, czy ma on solidny fundament. Bez odpowiedniego fundamentu żaden dom długo nie postoi. Nie można jednak budować fundamentu dla domu swoich marzeń, a potem do końca życia mieszkać na betonowej płycie. Jak budować na podstawowych zasadach? Proponuję, żebyś nadal studiował zarządzanie czasem. Jest wiele świetnych książek poświęconych temu zagadnieniu. Kiedy będziesz uczył się maksymalnie wykorzystywać swoje dwadzieścia cztery godziny, z różnych książek dowiesz się różnych rzeczy. Jak już wspomniałem, istnieje też zeszyt ćwiczeń do tej książki. Nosi tytuł *Living the Basics* i jest do nabycia na stronie timebasics.com. Przestrzegaj zasady zwlekania, wejdź zaraz do internetu i zamów go. Ćwiczenia zamieszczone w zeszycie pomogą ci stosować zasady zarządzania czasem w codziennym życiu.

Co zawdzięczamy podstawowym zasadom?

Zakończę tę książkę historią studentki o imieniu Tiffany. Ukończyła ona studia biznesowe i dostała dobrze płatną pracę. Przekonała się jednak, że to nie dla niej, i założyła własną firmę. Odniosła wielki sukces, więc zaprosiliśmy ją na uczelnię, żeby wygłosiła specjalny wykład dla wszystkich studentów biznesu. Zapytana, jakie wykłady miały największy wpływ na jej sukces, bez wahania odparła, że moje wykłady z zarządzania czasem. W trakcie prelekcji często przypominała, ile zawdzięcza tym wykładom.

Jestem pewien, że Tiffany skorzystała z wielu wykładów, których słuchała na studiach. Chodziła na wykłady z rachunkowości, które pomogły jej nie zgubić się w gęstwinie liczb. Przeszła kurs wykładów z finansów, dzięki czemu udało jej się zapewnić swojej firmie początkowy kapitał. Z pewnością nauczyła się wiele o marketingu, bez czego jej interesy nigdy nie ruszyłyby z miejsca. Jestem też przekonany, że wykłady z zarządzania bardzo jej się przydały w kierowaniu firmą.

A mimo to raz po raz wspominała tylko o wykładach z zarządzania czasem.

Nie sądziłem, żeby moje wykłady mogły być bardziej wartościowe niż jakiekolwiek inne. I wtedy dotarło do mnie, o co chodzi Tiffany. Na innych wykładach uczyła się, co należy robić, lecz jedynie dzięki moim robiła to, co należało. Znajomość rachunkowości przyda nam się tylko wtedy, gdy znajdziemy czas, by spojrzeć na księgi rachunkowe. Ze znajomości finansów skorzystamy tylko wtedy, gdy znajdziemy czas na pozyskiwanie kapitału. Znajomość marketingu pomoże nam tylko wtedy, gdy znajdziemy czas na reklamę i sprzedaż. Znajomość zarządzania opłaci nam się tylko pod warunkiem, że będziemy mieli czas na kierowanie firmą. A kiedy rozpoczynamy działalność, znalezienie czasu na to wszystko bywa prawdziwym wyzwaniem.

Na moich wykładach Tiffany nie nauczyła się, jak stworzyć firmę, ale jak znaleźć czas, żeby wprowadzić w życie to wszystko, co przyswoiła sobie na pozostałych wykładach. Cała wiedza pod słońcem jest bezużyteczna, jeśli nie nauczysz się, jak znaleźć czas na jej zastosowanie w praktyce. Dotyczy to działalności w biznesie, ale także całego naszego życia. Wszystko jedno, czy zarządzamy firmą, rodziną, swoim zdrowiem, instytucją dobroczynną czy zwykłą wycieczką w góry, musimy znaleźć czas na to, co pozwoli nam dobrze wykonać swoje zadania. Dlatego musimy znać zasady zarządzania czasem. Nie tylko pomagają nam one zarządzać czasem. Zapewniają też czas na to, żeby właściwie zarządzać wszystkim innym.

SPIS TREŚCI